语文教学论与实践探索

段全林 著

上海交通大学出版社

内容提要

　　本书分为四大块。第一大块为语文课程与教学的基本理论和理念（第一章）；第二大块围绕中小学语文教学的四大领域——阅读、写作、口语交际和综合性学习展开阐述（第二至第五章）；第三大块从理论与实践层面对语文教学中几个特殊领域，如单元教学、美育、教学评价等展开探讨（第七、八、九章）；第四大块探讨语文教师的专业成长（第六、第十章），包括说课、教学设计、科研等。各章节紧紧围绕新课程的理念和实施，既有理论性，更有实践性，力求做到理论性和实践性的结合。

　　本书适用于中小学语文教师、高校汉语言文学教育专业或语文教育专业的本科生、研究生。

图书在版编目（CIP）数据

语文教学论与实践探索/段全林著. —上海：上海交通大学出版社，2019
ISBN 978-7-313-22890-1

Ⅰ.①语… Ⅱ.①段… Ⅲ.①中学语文课—教学研究 Ⅳ.①G633.302

中国版本图书馆 CIP 数据核字(2020)第 011680 号

语文教学论与实践探索
YUWEN JIAOXUELUN YU SHIJIAN TANSUO

著　　者：段全林			
出版发行：上海交通大学出版社		地　　址：上海市番禺路 951 号
邮政编码：200030		电　　话：021-64071208
印　　制：当纳利(上海)信息技术有限公司		经　　销：全国新华书店
开　　本：710mm×1000mm　1/16		印　　张：15
字　　数：269 千字		
版　　次：2019 年 12 月第 1 版		印　　次：2019 年 12 月第 1 次印刷
书　　号：ISBN 978-7-313-22890-1		
定　　价：69.00 元		

前　言

　　30 多年来,我一直奋战在语文教学的第一线,曾执教"文选与写作""汉语基础知识""古代文学""中学语文教学法"等多门课程。在教书育人的同时,我也在潜心学习最新的教育理论,借鉴他人最新的研究成果,总结自己的教学经验,尝试进行教学改革。进入 21 世纪以来,新课程理念拓宽了我的视野,激发了我的热情。新课程的实施,为我的教学实践提供了肥沃的土壤,也为我带来了压力和挑战。从2003 年开始,我有幸成为一名高校教师,从事"中学语文教学法"和"古代文学""现代汉语"等课程的教学工作。面对一部分大学生对语文新课程知识和技能的渴求,在内容多、课时又相对较少的情况下,怎样做到"多快好省",成为一个亟待解决的现实问题。而另一部分大学生和一些校内外同仁所说的"素质教育喊得轰轰烈烈,应试教育搞得扎扎实实,学习新课程,有什么用"这样的话使我扼腕长叹,也使我平添了几分使命感。长期以来语文教学在应试教育的阴影下所存在的低效、高耗、少慢差费的现象,何时才能得到根本好转? 怎样通过我们高校的教学培养出适应素质教育要求的师资,使他们对新课程不再冷漠、迟滞? 怎样使新课程的理念和好的做法深入人心? 在上述情况下,我加快了对语文新课程的研究步伐,也加快了对有关文稿的整理节奏。于是,本书诞生了。

　　本书主要有以下三个特点:

　　一是理论性和实践性的结合,也就是"明理"与"明法"的结合。理论性着重从中学语文教学的四大领域——阅读、写作、口语交际和综合性学习展开,涵盖了我对语文教学特别是对语文新课程的诸多认识、体会、心得,试图给读者以理论指导("明理");实践性着重以实例、示例的形式体现方法、模式、策略、步骤等,其中涉及我的教学经验和基于教学实践的科研成果,目的是给读者示范引路("明法")。

　　二是力求突出实用性,并给读者以启迪。比如,在"语文教师的科研方法示例"和"语文教师学术论文的写作角度"等章节中,本书没有阐述理论,试图用我已经发表或尚未发表的论文做例子,从而起到"明法"的作用。

三是瞄准语文新课程的理念,紧紧抓住语文新课程的实施不放。本书各章都渗透着新课程的理念,或多或少体现了新课程的方法、模式、策略、步骤等。

需要说明的是,本书中至少有一半的内容为我已经发表的论文或文学作品。另外,本书在撰写过程中也引用了他人的一些相关研究成果,得到了三亚学院校长陆丹教授、校长助理隋姗姗以及人文与传播学院院长刘伟博士的倾心指导与帮助,在此一并表示诚挚的谢意。

段全林

2019 年 11 月 13 日于三亚学院

目 录

绪论

对语文教学"三大准则"的认识

"在新课程背景下,参与课程研制、用教材教、为了每一个学生的发展,将成为语文教师专业工作——语文教学的三大准则"。然而,在新课程背景下,有些教师对这三大准则的认识往往有偏颇和失当之处。那么,应该怎样认识和看待这三大准则呢?

一、怎样认识和看待教师"参与课程研制"这一准则

"参与课程研制",从实践层面来说,可以指教师的参与,也可以指学生的参与,还可以指教师、学生的共同参与。比如,学生开发和设计的语文综合性学习内容、研究性学习内容,等等。这里,我们重点谈谈教师"参与课程研制"的问题。

教师"参与课程研制",是新课程提出的要求。我们可从宏观、中观、微观三个层面来认识它。

从宏观层面说,教师"参与课程研制"就是参与课程的一些基本的、重大问题的研究,如对某课程的课程目标、性质、作用等方面的论述、分析。从中观层面说,教师"参与课程研制"就是参与课程设计或参与课程内容的编制,包括参与编写课程标准,参与教材、教学参考书、练习册的编写,参与开发校本课程等。从微观层面说,通常指对课程、教材、教学的分析和评价或对课程、教材、课程标准等某个具体方面的开发、利用,如开发和利用课程资源,发现并纠正教材编写中的不当之处,发现并纠正教材中正文或注释存在的问题,还包括对"教材的处理"等。

对教材的"处理",可以说是教师"参与课程研制"最常见、最重要的体现。对教材的"处理",包括对课文的处理,即哪些课文重点讲,哪些课文略讲,哪些课文让学生自读(不是不讲、不指导,自读又分为课内自读、课外自读),也就是讲读课文和自读课文的确定;对重点讲读段落的确定,对非重点段落的略讲或自读;对教学目标、重点难点的把握和确定;根据学生的实际情况,对课本内容和练习题的增减与处

理;对课本中涉及的语文知识和能力训练点的增删与提炼;对课时的安排,比如本来一般教师教读某文需要 2 课时,必要时根据多方面的考虑,特别是从教学改革的角度考虑只安排 1 课时,或本来一般教师教读某文需要 1 课时,必要时根据多方面的考虑,特别是从教学改革的角度考虑可安排 2 课时等。以上这些都是对教材的"处理"。

教师"参与课程研制",重要的是实践和体验。只有从实践中去参与,才能从深层次上体验到其重要性,才能深深体验到"参与课程研制"给语文课程或教学带来的质量和效益。

二、怎样认识和看待"用教材教"这一准则

"用教材教"是语文教学的另一准则。新课程提出"用教材教",是不是不用"教教材"了呢? 怎样认识和看待"用教材教"呢?

从理论上说,"教教材"与"用教材教"有联系,也有区别。"教教材"和"用教材教"都要教师深入理解教材的编写意图,但两者对教材的理解层次不同。"教教材"是较低的层次,"用教材教"是较高的层次。"教教材"是把教材作为教学的全部内容,因而教师的教学行为等同于教材的表现形式,而"用教材教"是把教材作为一个例子,教师把这个例子用活,从而超越教材的表现形式。"教教材"是教师围着教材转,以言语内容为中心价值取向,属于以知识带动能力的教学,"用教材教"是教师和教材围着知识转,是以言语技能为中心的价值取向,属于能力带动知识转动的教学。"教教材"以言语内容为中心,其结果是"授之以鱼";"用教材教"以言语技能为中心,其结果是"授之以渔"。"教教材"与"用教材教"的本质区别在于前者为授之以"鱼"式的语文教学,后者是授之以"渔"式的语文教学。传统的语文教学,大体可用"一个基本点,一个中心"来概括。所谓"一个基本点,就是指课文;"一个中心",是指言语内容中心或言语技能中心。语文教学中,不管是以言语内容还是以言语技能为中心,都是围绕课文或选文来实施的。前者通过课文,重在讲解文本内容、分析文本结构,学生所获得的主要是文本的字词句含义、思想情感、人物形象或主题等,我们不妨称之为授之以"鱼"式的语文教学,后者通过课文,重在学习读写规程、训练读写技能,学生所获得的是读解或表现文本主题、思想情感的行为能力,我们不妨称之为授之以"渔"式的语文教学。

然而,从教学实践来看,是不是不用"教教材"了呢? 不是。在语文教学中,"教教材"与"用教材教"的问题可以说最终要看语文教材编写的质量,如果教材有用并

且好用,教师自然可以把教材作为教学的主要凭借,如果教材不能对教学起到很好的引领和指导作用,教师就要根据自己的理解来处理教材,由"教教材"上升到"用教材教"了,此其一;其二,就语文教学的一般情况而言,我们在课堂上使用与处理语文教材(语文教科书)的时候,既不能单纯地"教教材",也不能一味地"用教材教",通常的做法是既要"教教材",又要"用教材教"。扎实地"教教材",本身就是我们的教学任务,这样可以避免东拉西扯,天马行空,使教学目标落到实处;科学地"用教材教",是更高层次上对教材的理解与处理,这样可以防止照本宣科,生硬灌输。应该说当我们需要"教教材"时,就实实在在地"教教材";当我们需要"用教材教"时,就灵活地"用教材教",具体情况具体分析,才是我们不懈追求的课堂理想。不看具体情况,把"教教材"当作一种传统的不合时宜的说法和做法来批判,那是错误的。

三、怎样认识和看待"为了每一个学生的发展"这一准则

"为了每一个学生的发展",从逻辑意义上有三层含义:其一是面向全体学生,而不是部分尖子生;其二,对于每一位学生来说要全面发展;其三,怎样"发展"呢?那就要让学生积极主动、生动活泼地发展,而不是一味地教师讲、学生听的被动式学习、机械式学习、接受式学习,而应倡导自主性学习、合作性学习、探究性学习。上述三层含义,恰恰是素质教育的精髓,也是教育的根本出发点和归宿。

这里重点谈一谈就语文学科而言"全面发展"的内涵。

对语文教学来说,"全面发展"主要涉及德育目标、智育目标和美育目标的内容。德育目标的内容有:政治品质发展目标、思想品质发展目标、道德品质发展目标、个性心理发展目标等。智育目标的内容有:知识发展目标、能力发展目标、智力发展目标。美育目标的内容有:审美知识发展目标,审美能力发展目标,还有立美教育的发展目标,如语言美、行为美、仪表美、心灵美等。

对语文教学来说,学生的全面发展还表现在识字与写字、阅读、写作、口语交际、综合性学习五大领域的全面发展上。过去,我们重视识字与写字、阅读、写作的训练,忽视口语交际的训练,缺失综合性学习的训练,因此,语文新课程提出这五个方面要协调发展,对学生进行全面训练。

当然,我们还可以从其他不同角度来理解"全面发展"的内涵。比如,它是智力因素和非智力因素的全面发展,是三维目标的全面达成。

语文教学,有逻辑地蕴涵着教师参与课程研制、用教材教、为了每一个学生的

发展等理念。然而,在"教学大纲"时代,这些理念受到了严重的歪曲。"教学大纲"时代的教学,是"教教材",是灌输,往往是教材内容(教学参考书的结论与答案)的搬运。究其原因,主要在于教师被剥夺了课程研制的参与权和教材重构的自主权,语文教学内容趋于僵化、呆化。因此,在新课程背景下,需要语文教师参与课程研制、用教材教,需要语文教师基于学理的专业反应——不但要有专业的知识、能力,而且要将专业知识、能力建筑在一切为了学生发展的基础上。这就是成长为胜任语文教学的好教师、实现语文教师专业化的三大准则。这三大准则,既是教学理念,又包含着方法与途径(参与课程研制、用教材教)、目的与结果(为了每一个学生的全面发展),三者是密切联系又统一在一起的。

第一章

语文课程与教学总论

第一节　对"语文课程与教学论"课程的认识

语文课程与教学论,是教育学门类下的一门应用理论科学,同时也是研究中小学母语教育的一门学科。其核心内容是通过让汉语言文学专业的学生大致了解语文教育的历史和现状,系统学习中小学语文教学的基础知识和基本理论,能够运用相关语文教育理论研究当前的语文教育现象和规律,形成从事中小学语文教学的基本技能,为教育行业输送具有扎实的教育理论基础与过硬的教学能力的中小学语文教师。

语文课程与教学论主要探讨四大内容:一是"是什么"(课程性质、教学本质和规律、教学目标)的问题;二是"教什么"(教材和教学内容)的问题;三是"怎么教"(教学方法、教学手段和教学模式)的问题;四是"教得怎样"(教学效果和教学评价)的问题。

语文课程与教学论这一名称孕育于民国初期的教育学(1902—1918 年),其标志是 1902 年京师大学堂设立的师范馆开设的《教育学》中有"各科教授法"。后来,演变为国文教授法(1918—1924 年);又演变为国语教学法(1924—1949 年)。新中国成立后,演变为语文教材教法(1950—1978 年)、语文教学法(1978—1989 年)、语文教育学(1989—2001 年)、语文学科教学论(1997—2001 年)。21 世纪初,定名为语文课程与教学论(2002—现在)。

1949 年,教育部接受叶圣陶等人的建议,决定取消"国语""国文"这两个名称,统称"语文",即口头语言和书面语言的合称。1950 年 6 月,中央政府出版总署推出了全国统一的"语文"课本。明确了语文"学科的内涵——书面语言和口头语言统一,听、读、写全面训练"。

第二节　语文新课程"新"在哪里

　　课程是学校培养未来人才的蓝图,体现着一个国家对学校教育的基本要求,影响着学校教育的总体水平和人才培养质量。课程是教育观念和教育思想的集中体现和反映,是实现教育培养目标的重要途径,是组织教育教学的主要依据,课程直接影响教师的教学方式和学生的学习方式,从而对教育质量产生深远而重大的影响。正因为课程在基础教育中的核心位置,20世纪80年代以来,世界各国都要从课程入手进行基础教育改革。

　　我国开展以课程改革为核心的基础教育改革一方面反映了课程在基础教育中的核心作用与独特地位,另一方面也与我国现行中小学课程已明显不能适应培养新世纪高素质国民的需求直接相关。近年来,特别是第三次全国教育工作会议以来,素质教育的观念深入人心,素质教育正在逐步得到推进。但是,素质教育的成效还不够明显,尚未取得突破性的进展。出现这种情况的原因是多方面的,但其中,现行课程在课程目标、课程结构、课程内容、课程实施、课程评价等方面存在着不少弊端,难以实现素质教育的要求,也是非常重要和不容忽视的原因。为此,必须以课程改革为核心,加强基础教育改革,这既是教育发展的要求,也是推进素质教育的必然要求。新中国成立以后,共进行了8次课程改革,分别是1950年、1952年、1956年、1963年、1978年、1981年、1988年、2001年。

　　从2001年上半年开始,教育部确定了27个省(自治区、直辖市)的38个区(县、市)为基础教育课程改革国家级实验区,从此拉开了新中国成立后第8次基础教育课程改革的序幕。现在,全国中小学阶段各年级的学生都已进入新课程。那么,语文新课程"新"在哪里呢?

一、新课程"新"在哪里

综观新课程的基本精神和基本理念,我认为至少有十大亮点。

(一)"课程目标"新

把现行课程的"教学目的"这一名称改为"课程目标",提出了知识与技能、过程与方法、情感态度与价值观三位一体的课程目标。改变现行课程过于注重知识传授的倾向,强调使学生形成积极主动的学习态度,使获得知识与技能的过程成为学会学习和形成正确价值观的过程。

（二）课程结构新

由过分强调单一的学科课程改为多元型课程，提出了四结合：分科课程与综合课程相结合，必修课程与选修课程相结合，学科课程与经验课程相结合，国家课程与地方课程、校本课程相结合。改变传统的课程结构过于强调学科本位、科目过多和缺乏整合的现状，九年一贯整体设计课程门类和课时比例。

（三）课程内容新

改变课程内容繁、难、偏、旧和过于注重书本知识的现状，加强课程内容与学生生活以及现代社会、科技发展的联系，关注学生的学习兴趣和经验，精选终身学习必备的基础知识和技能。课程内容进一步满足了学生多样化发展的需要，使课程目标实现了由知识本位向学生发展本位的转变。

（四）课程设计、开发和管理模式新

在课程设计、开发和管理方面，提出了三级模式：国家课程、地方课程、校本课程。国家课程是国家教育行政部门规定的统一课程，它体现着国家意志，是专门为未来公民接受基础教育之后所要达到的共同素质而开发的课程。地方课程的主导价值在于通过课程满足地方社会发展的现实需要，校本课程可展示学校的办学宗旨和特色，三者结合可改变现行课程管理过于集中的状况，打破过去课程过于单一的格局（指国家课程），有利于调动国家、地方、学校三方面的积极性。

（五）"课程标准"新

将"课程标准"代替目前的"教学大纲"。这不仅仅是一个简单的词语更换，二者的内涵有明显差异。教学大纲中表述的是各学科的最高要求，而课程标准是一个最低标准，是绝大多数学生都能达到的标准；教学大纲过分强调"结果性目标"，课程标准以促进学生全面发展为宗旨，强调结果性目标和体验性目标并重；教学大纲关注的焦点是教师教学，缺乏对学生学习过程的关注，而课程标准从教学大纲的"教与学的内容纲要"转到"学生学习的结果纲要"；教学大纲"刚性"太强，不利于教师创造性的发挥，没有给教材特色化和个性化发展留下足够的空间，而课程标准提出了课程的三级管理体系，教师可以选教材，可以编教材，可以灵活处理教材，弹性较大，可选择的余地较大。

（六）对教师的角色重新定位

教师的角色由灌输者、教授者，改为学生学习的促进者，学生人生的引路人，教育教学的研究者。"为了每一个学生的发展"是新课程的核心理念，为此，教师再也不能把只是传授知识作为自己的主要目的和任务，而应成为学生学习的激发者、辅导者、各种能力和积极个性的培养者,把教学的重心放在如何促进学生的"学"上,从而真正实现教是为了不教。教师要引导学生沿着正确的道路前进,并且不断地在他们成长道路上设置不同的路标,引导他们不断地向更高的目标前进。要从过去作为"道德说教者""道德偶像"的传统角色中解放出来,成为学生健康心理、健康品德的促进者、催化剂,引导学生学会自我调适、自我选择。教师要以研究者的心态置身于教学情景之中,以研究者的目光审视和分析教育实践中的各种问题,对自身的行为进行反思,对出现的问题进行探究,要成为课程的建设者和开发者。为实现教师角色的转变,新课程提出要致力于建立两大关系:一是建立以民主、平等和促进学生个性发展为特征的新型师生伦理关系;二是建立以师生个性全面交往为基础的,以和谐、真诚和温馨为特点的新型师生情感关系。

（七）提出新的三大学习方式

学生的学习方式由被动接受式转变为主动性学习、研究性学习、合作性学习。改变过于强调接受学习、死记硬背、机械训练的现状,倡导学生主动参与、乐于探究、勤于动手,培养学生搜集和处理信息的能力、获取新知识的能力、分析和解决问题的能力以及交流与合作的能力,突破以教师为中心、教室为中心、书本为中心的传统观念。

（八）设置了一门新的必修课——综合实践活动课

"综合实践活动"课程从小学三年级起开设,每周平均3课时,内容主要包括信息技术教育、研究性学习、社区服务与社会实践、劳动与技术教育。综合实践活动课,作为一门必修课程和综合性课程,强调通过实践增强探究和创新意识,培养科学态度和科学精神,发展学生综合应用知识、发现问题和解决问题的能力;增进学校与社会的密切联系,丰富学生的社会经验,培养学生的社会责任感;了解必要的通用技术,养成良好的劳动习惯,形成初步的技术意识和技术实践能力。

（九）构建了新的评价关系

新课程力求构建新的促进学生发展的评价体系,促进教师发展的评价体系,促进学校发展的评价体系。在评价指标上,从过分关注学业成绩转向对学生综合素质的考察。综合素质包括文化素质、身体素质、心理素质;包括学业成绩和个体发展的其他方面,如积极的学习态度、创新精神、分析与解决问题的能力以及正确的人生观、价值观等;包括学到了什么和是否学会学习、学会生存、学会合作、学会做人等。在评价方法上,强调定性和定量相结合,改变现行的重定量、轻定性的评价体系。在评价重心上注重过程,改变现行的课程只强调终结性评价,忽视形成性评价的做法。

（十）强调开发和利用课程资源

课程资源包括校内课程资源和校外课程资源。校内课程资源：如必修教材、各种选修教材、教师、教辅人员、图书馆、阅览室、实验室、操场、校园网络、资源库等；校外课程资源：如校外学者、专家、公共图书馆、博览馆、工厂、农村、政府机关、企事业单位、自然资源、名胜古迹、音像资料等。

以上是新课程的十大亮点。围绕十大亮点去实施新课程，必将使基础教育出现新局面、新境界，使素质教育焕发出勃勃生机，结出丰硕的成果。

二、语文新课程"新"在哪里

以上所谈的新课程的十大亮点，适合于基础教育的各个学科，是共性。既然是共性，语文学科也不例外。比如，语文校本课程及其建设问题，语文课程评价、语文教师的角色转变等。那么，对于新课程中的语文来说，个性体现在哪里呢？也就是语文新课程"新"在哪里呢？

首先是理念新。提出了四个具体"理念"：全面提高学生的语文素养，正确把握语文教育的特点，积极倡导自主、合作、探究的学习方式，努力建设开放而有活力的语文课程。提出了学科的实践性和综合性这两大特点。

其次是对语文课程性质的重新审视和认定，提出了工具性与人文性统一的论断。新的《语文课程标准（实验稿）》指出："语文是最重要的交际工具，是人类文化的重要组成部分。工具性与人文性统一，是语文课程的基本特点。"这样的表述，是对长达半个世纪以来人们对语文学科性质不断认识、讨论的大总结，也使 20 世纪末关于语文学科性质的争辩告一段落，预示着在此问题上"我也说两句"式的"研究"将逐渐失去市场，人们开始思考并直接面对语文课程与教学的多元性。

第三，制定了新的《语文课程标准（实验稿）》。在设计思路上，课程目标按照九年一贯整体设计，在"总目标"之下，按 1—2 年级、3—4 年级、5—6 年级、7—9 年级这四个学段，分别提出了"阶段目标"，体现了语文课程的整体性和阶段性。在《语文课程标准（实验稿）》的"实施建议"部分，对教材编写、课程资源的开发与利用、教学、评价等，提出了实施的原则、方法和策略，也为具体实施留有创造的空间。

第四，教材的编写理念、体例和教学内容新。教材的编写理念，正如《语文课程标准（实验稿）》在"教材编写建议"中指出的"教材应体现时代特点和现代意识，关注人类，关注自然，理解和尊重多样文化"，还指出："教材要有开放性和弹性，在合理安排基本课程内容的基础上，给地方、学校和教师留有开发、选择的空间，也为学生留出选择和拓展的空间，以满足不同学生学习和发展的需要"。教材的编写体例和内容，以"人教版"初中语文实验教材为例，该套教材以语文与生活的联系为编排线索，按人与自我、人与自然、人与社会三大板块组成单元，每册六个单元，每个单元由阅读系统和综合性学习系统两大系统组成，即阅读、写作、口语交际大融合，构成阅读系统；写作和口语交际整合，并融合语文知识的综合运用及课内外实践活动等，以此构成综合性学习系统。阅读系统，以阅读能力的发展为内在线索，抓住主要实践环节，如整体感悟、理清思路、体验情境、把握意蕴、品味语言、鉴赏评价等，并以各种常用的阅读技能与上述能力发展线索相配合，进行专题设计。综合性学习系统设计了六个综合性学习实践活动，包括"三大""三小"，即大型综合性学习与小型综合性学习各三次，其中每一、三、五单元为小型综合性学习，在规模小、层次少的活动中培养语文的综合素质，尤其是培养学生的口语交际和写作能力。第二、四、六单元为大型综合性学习，以培养学生自主、合作、探究的学习习惯为主要目标，在为学生提供一个母课题的前提下，又设计了若干层次的子课题，倡导学生发挥自主精神，自行设计、自行组织、自行探究，在活动中培养学生发现问题、分析问题、解决问题的能力，培养学生搜集、筛选、整理资料的能力。

"语文与生活的联系"中的"生活"，包括社会、自然以及自我。以往教材的内容，主要是"社会"和"自然"两大块，"自我"这一部分非常薄弱。该套教材在构建新体系时加入了"语文与自我"这一内容，按人与自我、人与自然、人与社会三大板块组成单元，在此基础上再进一步细化单元专题。以七年级上册为例，共有五个专题：人生（第一、二单元）、四季（第三单元）、科学（第四单元）、亲情（第五单元）、想象（第六单元）。这五个专题组成了六个单元。

第五，提出了语文综合性学习、把"口语交际教学"代替原来的"听说教学"、"用教材教而不是教教材"。

第三节　语文新课程的基本理念

根据《全日制义务教育语文课程标准（试验稿）》，语文新课程的基本理念可以概括为"一二三四"。

一、"一"，就是一个根本出发点

根本出发点是什么？是面向全体学生，为了每一位学生的发展。

发展什么？什么样的发展就是全面发展？首先，表现在德、智、体、美的全面发展上。人的全面发展是指人的一切属性的发展。人具有自然属性和社会属性两种属性。人的社会属性的发展，实质是指人的心理的发展。作为对客观现实反映的大脑机制，它一方面反映的是人与人的关系，即人的社会关系。这种社会关系体现在个体身上，表现为个体的政治品质、思想品质、道德品质以及个体的情感、意志、性格等个性心理品质。这些方面的总和就是我们平常所说的德育中的"德"。另一方面反映的是人与自然的关系。社会生产力的发达程度在个体身上的表现则是人对科学技术和文化知识的掌握程度，以及人的智力和能力的发展程度。这些方面的总和就是我们平常所说的智育中的"智"。人的自然属性的发展既包括人的自然生长、发育和成熟，也包括生理结构的发展和运动机能的完善，这就是我们平常所说的体育中的"体"。需要指出的是，随着现代教育的发展，作为人的一种心理属性，受教育者个体的审美心理发展正越来越受到重视，并且具有相对的独立性，因此美育即审美教育对培养和造就全面发展的人才具有特殊重要意义。还有劳动教育也越来越受到人们的关注，通过综合实践活动课来落实。上述德、智、体、美、劳的全面发展，构成了我国现行教育目标体系的基本框架，其逻辑结构可用表1-1表示。

表1-1　人的全面发展目标

人的全面发展目标	社会属性发展目标	德育目标	政治品质发展目标　思想品质发展目标　道德品质发展目标　个性心理品质发展目标	
		智育目标	知识发展目标　智力发展目标	能力发展目标
		美育目标	审美知识发展目标	审美能力发展目标
		劳动教育目标	知识发展目标	能力发展目标
	自然属性发展目标	体育目标	体形体态发展目标	运动能力发展目标

事实上，对语文教学来说，主要涉及上表中的德育目标、智育目标和美育目标的内容。

其次，对语文教学来说，学生的全面发展表现在识字与写字、阅读、写作、口语交际、综合性学习五大领域内容的全面发展上。过去,我们重视识字与写字、阅读、写作的训练,忽视口语交际的训练,缺失综合性学习的训练,语文新课程提出五个方面要协调发展,对学生进行全面训练。

二、"二",就是语文课程性质的二元融合

语文课程性质的二元融合,就是坚持工具性与人文性的统一。

工具性与人文性的含义分别是什么呢? 语文是最重要的交际工具,体现在听、说、读、写四个方面;语文是思维工具,体现在利用母语展开形象思维和抽象思维,利用母语界定概念,形成判断、进行推理等多方面。有专家指出:工具性着眼于语文课程培养学生语文运用能力的实用功能和课程的实践性特点。人文性着眼于语文课程对于学生的思想感情的熏陶感染的文化功能和课程所具有的人文学科的特点。[①] 具体说,在语文学科,人文性主要体现在四个方面:第一,是课文内容以及在语文教学中对它们所作的阐释、评价,或者扩大一点,是由读什么、写什么、听什么、说什么中的"什么"来进行的;第二,是通过语言(言语)本身,即语言(言语)内涵的"人文性"——汉民族的文化意识;第三,是通过读、写、听、说的行为,即怎么读、怎么写、怎么听、怎么说;第四,人文性还有更深一层含义,之所以是这样的而不是那样的"人文",都是经特定的价值观"筛选"的结果。

有研究者认为:语文课程的内在价值和意义集中体现在其人文性上。一方面,语文是一种文化的构成,负载着多姿多彩的人类文化,包孕着无限丰富的人文精神。任何民族的语言都是该民族认识世界、阐释世界的意义符号体系和文化价值体系,语言的文化代码性质决定了它鲜明的人文属性,而汉语汉字的人文属性则尤为突出,它重人生、人伦、人情、人性,讲审美、体验、感悟、直觉,体现了独特的心理结构和思维方式,积淀着深厚的历史文化传统和丰富的民族情感。所以,从根本上说,学习汉语言,就是让学生感受先贤智者强大的心灵、深邃的思想、超凡的智慧、杰出的创造力,就是接受博大精深的文化的熏陶和感染。语文人文性的另一层含义就是强调对人、对人的生命价值的尊重,强调对学生健康个性、健全人格的培养。语文教育活动绝不仅仅是一个纯粹的语言习得过程,更是教师与学生双向的积极的生命运动过程。因为语言是人自身功能的一部分,语言活动是人生命活动的一种方式,任何一种语言形式背后都跃动着一种生命形式,学生阅读一个个文本

① 巢宗祺:《关于语文课程性质与基本理念的对话(一)》,载《语文建设》,2002(7),第11页。

的过程,就是以自己的全部生命体验、生命情感和生命意识与文本背后潜藏着的生命对话的过程,就是学生自我成长和提升的过程。正因为语文课程蕴藏着这种高度的生命价值和意义,所以,尊重人、尊重人的生命价值、尊重人的独特体验和感受,尊重人的文化及其多样性,培养健康个性,形成健全人格,同样是语文课程人文性的应有之义。

三、"三",就是语文课程的三维目标

语文课程的目标根据知识与能力、过程与方法、情感态度价值观三个维度设计、三个方面融为一体。在这里,知识与技能是指在语文课程中对学生而言最有价值的知识点。过程与方法是指对所选择的知识技能的反思、批判与运用。唯有如此,知识技能的意义才能不断重新构建出来。情感态度价值观就语文课程而言是课文的思想内容、人文因素以及伴随着对该课程的知识技能的反思、批判与运用所实现的学生个性和非智力因素的培养。当语文课程真正实现了三者统一的时候,就完成了知识的转型,走向了素质教育的轨道。

四、"四",就是四个具体"理念"

四个具体"理念",指的是全面提高学生的语文素养,正确把握语文教育的特点,积极倡导自主、合作、探究的学习方式,努力建设开放而有活力的语文课程。

(一) 全面提高学生的语文素养

何谓素养? 素,有"向来"之意。故"素养",一般指平时的修养和训练的意思。什么是语文素养呢?"语文素养是指学生在语文方面表现出的比较稳定的、最基本的、适应时代发展要求的学识、能力、技艺和情感态度价值观,具有工具性和人文性统一的丰富内涵。"[①]那么,如何确定语文素养的内涵呢? 语文素养是一个复合性概念,知识、能力仅仅是"素养"的重要组成部分,它的内涵和构成要素是十分丰富的,它们并不平行并列,并不处于一个层面之中。韩雪屏老师在《语文素养的冰山模型》一文中把语文素养大致归纳为四个层级:听、说、读、写,是形之于外的显性言语行为。支配这些行为的智能因素是语文知识、言语技能、语文感悟和语文思维,参与和支配这些行为的直接心理因素是语文的动机、情感和态度、语文的习惯

---

① 巢宗祺等主编:《普通高中语文课程标准解读》,湖北教育出版社,2004年,第65页。

和行为意志,作为言语行为的背景要素则涉及言语主体的思想品德修养、文化知识积累、智力水平、人格个性以及具体的语言环境等。

（二）正确把握语文教育的特点

重人文体验：语文课程丰富的人文内涵对学生精神领域的影响是深远的,学生对语文材料的反映又往往是多元的,因此,应该重视语文的熏陶感染作用,注意教学内容的价值取向,同时也应尊重学生在学习过程中的独特体验。

重言语实践：语文是实践性很强的课程,应着重培养学生的语文实践能力,而培养这种能力的主要途径也应是语文实践,不宜刻意追求语文知识的系统和完整。语文又是母语教育课程,学习资源和实践机会无处不在,无时不有。因而,应该让学生更多地直接接触语文材料,在大量的语文实践中掌握并运用语文的规律。

重语感和整体把握：语文课程应考虑汉语言文字的特点对识字、写字、阅读、写作、口语交际和学生思维发展等方面的影响,在教学中尤其要重视培养良好的语感和整体把握的能力。

（三）积极倡导自主、合作、探究的学习方式

自主学习是相对于被动学习、机械学习和他主学习而提出的。是指学习主体有明确的学习目标,对学习内容有自觉的意识并积极主动地投入学习的过程。

合作学习是相对于个体学习而提出的。通常是指学生在小组或团队中为了完成共同的任务,有明确责任分工的互助性学习。在语文课程中,显性的合作学习通常是在阅读教学中给学生创造分组讨论的机会,或者在课余同学合作完成一个小课题。除此之外,我们还应该看到在语文学习中有许多隐性的培养合作精神的机会,合作意识应该存在于运用语言文字进行交际的所有场合。

探究学习是相对于接受学习而提出的。是学生自主、独立地发现问题,并通过各种途径寻求问题答案的学习方式。与接受性学习相比,探究性学习的特点主要表现为：问题意识,即带着问题去学习;实践能力,即在直接阅读课文及课外读物的过程中,去获得感受、理解、欣赏、评价等阅读能力;开放视野,即在探究过程中,不断发现问题,引起思考,从而培养不迷信权威、不盲从成见的探索精神。

实施自主、合作、探究的学习方式,关键在于教师转变观念,建立民主、平等、和谐的师生关系,充分发挥师生双方在教学中的主动性和创造性,做到以下三点。

（1）教学应在师生平等对话的过程中进行。

（2）学生是语文学习的主人,语文教学应激发学生的学习兴趣,注重培养学生自主学习的意识和习惯,为学生创设良好的自主学习情境,尊重学生的个体差异,鼓励学生选择适合自己的学习方式。

（3）教师是学习活动的引导者和组织者。教师应转变观念，更新知识，不断提高自身的综合素养。应创造性地理解和使用教材，积极开发课程资源，灵活运用多种教学策略，引导学生在实践中学会学习。

（四）努力建设开放而有活力的语文课程

这主要是针对课程内容和结构而言的，主要包括两层意思：第一，语文课程要沟通与其他学科之间的联系，沟通语文课程内部各部分之间的联系。即我们要树立和坚持"大语文观"。要实现这一理念，就必须切实增强课程资源意识，积极合理地引进现代教育技术，拓宽学语文用语文的天地。第二，语文课程应增加弹性，适应不同地区、不同学校、不同学生的需求。当前多样化的教材体系和新教材中适当的"空白"设计等均是语文课程"开放而有活力"的具体体现。

建设开放而有活力的语文课程，是针对以往语文课程的封闭和缺少活力而言的，它要求语文课程必须突破"三中心"，即突破以"课堂为中心、教材为中心、教师为中心"的框框。建设开放而有活力的语文课程可以有多个角度、多种途径。比如，从课程形态看，语文课程不应该是单一的，而应该是多元的；从教材选文看，它应该文质兼美，在弘扬优秀文化传统的同时，与时俱进，突出时代性，包容民族和世界的先进文化；从课程内容看，它要贴近社会生活，反映社会生活，应用于社会生活；从促进学生发展看，它应该贴近学生，符合学生的认知特点和经验；从课程资源看，它应该具有大语文观，广开社会教育资源。

第四节　《语文课程标准》：课程内容与课程目标的一致性

众所周知，语文课程内容是语文课程层面的概念，是语文课程的基本问题之一，回答的是语文课程"教什么"这一问题；从学生学的角度，它是学习的对象，因而也是对"学什么"的规定。然而，对这样的基本问题，在2001年颁布的全日制义务教育《语文课程标准》（实验稿）中没有做明确的、具体的阐述，在"前言"中也没有做概要的解说，只是在《附录》中提出了"关于优秀诗文背诵推荐篇目的建议"，提出了"关于课外读物的建议"，提出了"语法修辞知识要点"。而且这些也主要是以"建议"的形式提出来的，显得比较笼统，不像1992年国家教委颁布的《九年制义务教育初级中学语文教学大纲（试用）》那样除"总纲"外，设有"教学目的""教学内容"等部分，具体规定了教学内容的范围。这使人禁不住要问：难道《语文课程标准》忽略了对属于语文课程基本问题的"教什么"或"学什么"的规定了吗？当我们在研读

《语文课程标准》的时候,我们还会发现它的显性线索是各个学段的识字写字、阅读、写作、口语交际及综合性学习等五大学习领域,隐性线索是知识与能力、过程与方法、情感态度与价值观三维目标。而且《语文课程标准》对"总目标"和"阶段目标"做了较为详细的"规定"。我们禁不住会发问:语文课程目标和课程内容是不是一回事呢? 如果不是,有没有内在的一致性?

一、在《语文课程标准》中课程内容与课程目标的一致性

语文课程内容和语文课程目标虽然不是一回事,但在《语文课程标准》关于"课程目标"的具体表述中二者在很大程度上具有内在的一致性。为什么这样说呢?

首先,巢宗祺先生在《〈语文课程标准〉解读》中说得明明白白:"从义务教育语文课程的特点考虑,语文课程标准不设'内容标准'这一部分。《语文标准》包含'前言''课程目标''实施建议'三个部分,课程的内容结合在'目标'中叙述。"[①]这就说明《语文课程标准》中的目标与内容是混合在一起的。事实上,当我们阅读并研究《语文课程标准》中的"课程目标"的时候,很多情况下我们很难分清哪儿是课程内容,哪儿是课程目标。

其次,我们再来看董蓓菲博士的看法:"语文课程内容属于语文课程层面的概念,在课程标准中得到明确规定和表达,其终极目标就是学生语文课程的习得素质——语文素养。它具体描述了学生经过一个阶段学习后,在知识与技能、过程与方法、情感态度价值观三个领域的学习结果。"[②]显然,董蓓菲博士也认为课程标准中"得到明确规定和表达"的课程内容指的是课程标准中的"总目标"和"阶段目标",指的是"知识与能力、过程与方法、情感态度价值观三个领域"。

再次,我们来看一下河南师范大学王文彦、蔡明先生的说法:"语文教学内容是非常复杂的,纵向有情感态度价值观、知识与能力、过程与方法的三个维度,横向有识字写字、阅读、写作、口语交际及综合性学习的五个领域"。[③]"阅读教学有以下主要内容:指向情感、态度、价值观目标的阅读习惯态度,指向知识与能力目标的阅读能力,指向过程和方法目标的阅读方法。"[④]虽然王文彦、蔡明先生是从语文教学乃至阅读教学的角度谈的,但反映出王文彦、蔡明先生同样认为语文课程内容与

---

① 巢宗祺等:《〈语文课程标准〉解读》,湖北教育出版社,2002年,第31页。
② 董蓓菲:《语文教育心理学》,上海教育出版社,2006年,第14页。
③ 王文彦等:《语文课程与教学论(第二版)》,高等教育出版社,2006年,第198页。
④ 王文彦等:《语文课程与教学论(第二版)》,高等教育出版社,2006年,第198页。

目标在某种程度上是一致的。

二、为什么说完整意义上的语文课程内容与三维目标具有一致性

事实上,完整意义上的语文课程内容是由三维结构组成的。倪文锦先生在《新编语文课程与教学论》中引用夏特的研究结果,认为"语文课程内容由学习语言、通过语言学习、关于语言的学习(这里的"语言"与我们的"语文"是同义词)三个部分组成。"①这三个组成部分构成了语文课程内容的三维结构。语文课程内容的三维结构与语文课程的三维目标是一致的。让我们来做以下剖析。

"学习语言"是由语文学科的工具性决定的,是指对识字写字、阅读、写作、口语交际和语文综合性学习等五大领域的学习,是通过言语实践活动,让学生掌握听、说、读、写方面的知识,培养学生正确理解和运用祖国语言文字的能力。显然,"学习语言"主要指向的是"知识与能力"目标。

"通过语言学习"是由语文学科的人文性决定的,是指通过语言中介对文学、文化和语言本身的学习(其实,文学和语言本身是广义的文化的一个组成部分)。中国的文化体现了我们民族的情感、习俗、习惯、传统,是积淀在每个中国人身上的"性"。中国人历来讲究修身养性。语文教育要使学生"移情-修心-养性",传承中华文化的血脉,让成长的新一代把生命之根深深扎进民族文化之中,这是语文教育义不容辞的责任。"通过语言学习"以"关于语言的学习""学习语言"为基础,以语文学习过程中掌握的语文知识和形成的语文能力为依托,通过文学、文化的学习使学生具有高尚的情操、坚定的信念、深厚的文化底蕴、高雅的审美情趣。显然,"通过语言学习"主要指向的是"情感态度价值观"目标。

"关于语言的学习"是关于语文的元学习。元学习是旨在改善语文学习品质的活动,包括语文策略、语文态度(含兴趣、动机、意志、习惯、情感等)等方面的改善,这些策略、态度的改善有助于学习者有效发挥自身语言能力,也是学习者在品味文学作品、学习本民族和多元文化过程中所需具备的语文方面的策略、态度。显然,"关于语言的学习"主要指向的是"过程与方法"目标。

通过以上分析,可看出"学习语言、通过语言学习、关于语言的学习"三维结构与语文课程的三维目标大体上是一致的。当然,正如三维目标是彼此渗透、相互交融的一样,"学习语言、通过语言学习、关于语言的学习"三者之间也是不可分离的。

---

① 倪文锦主编:《新编语文课程与教学论》,华东师范大学出版社,2006年,第25页。

三、正确理解关于语文课程内容的不同说法

语文课程内容是个复杂的问题。目前各种版本的《语文课程与教学论》著作或诸如此类的著作对它的解说各不相同,甚至在同一位语文学科理论专家的不同著作里有不同的说法。

说法一:"将综合性学习跟识字与写字、阅读、写作(写话、习作)、口语交际相提并论,它同样既是语文课程的内容,也是语文教材的内容。"①

说法二:"总体来看,各国的语文教育都离不开语言、文学、文化的学习"。② "无论是从语文教育的实际出发,还是从语文课程理论来看,语文课程由语言、文学、文化三个组成部分来构成是被国内外研究者所普遍认可的。"③

说法三:"语文科的课程内容,大致可归纳为两大块:一块是形成一定的文学、文化素养而必须研习的作家、作品及学术界对它们的权威阐释,……用'定篇'(语文课程标准规定的篇目)来指称;第二块是达到《标准》所规划的阅读、写作、口语交际等能力目标而必须教与学的概念、原理、技能、策略、态度、价值观等。"④

面对以上不同的说法,我们到底应该怎样看待语文课程内容呢?

如果我们根据语文课程内容的三维结构来做具体分析的话,我们会发现前两种说法分别从不同角度概括了语文课程内容的不同维度,但不能概括语文课程内容的全部:说法一主要是从工具性角度提出来的,工具性着眼于语文课程培养学生运用能力的实用功能和课程的实践性特点,侧重的是识字写字、阅读、写作、口语交际中的基本知识(综合性学习是对识字写字、阅读、写作、口语交际等方面的综合性实践和运用)以及听、说、读、写的能力训练内容。显然,说法一属于"学习语言"这一维度。说法二是从人文性角度提出来的,文学、文化和语言本身所折射的人文性,着眼于语文课程对于学生思想感情的熏陶感染的文化功能和课程所具有的人文学科的特点。显然,说法二属于"通过语言学习"这一维度。说法三是从工具性和人文性相统一的角度提出来的,其中"定篇"是课文,学生在学习"定篇"的过程中同时要学习事实、概念、原理、技能、策略、态度、价值观等,这里的"事实、概念、原理"是语言、文学、文化中的事实、概念、原理,这属于"通过语言学习";而"技能"是

① 周庆元:《语文教育研究概论》,湖南人民出版社,2005年,第173页。
② 王荣生:《语文课课程论基础》,上海教育出版社,2003年,第149页。
③ 倪文锦主编:《新编语文课程与教学论》,华东师范大学出版社,2006年,第81页。
④ 倪文锦主编:《初中语文新课程教学法》,高等教育出版社,2003年,第147页。

听、说、读、写的技能，即在识字写字、阅读、写作、口语交际、综合性学习中应该掌握的技能，这是"学习语言"；"策略、态度、价值观"显然是在学习语言、文学、文化中的策略、态度、价值观，是听、说、读、写过程中的策略、态度、价值观，这些显然属于"关于语言的学习"这一维度。因此，这一说法与语文课程内容的三维结构相吻合，是从整体意义上对语文课程内容的解说。

通过对上述三种说法的分析，我们可以看出，完整意义上的语文课程内容是由多侧面组成的复合体，单从某一个侧面看，构不成语文课程内容的全部，完整的语文课程内容应当从三个维度来看，那就是前文论述的听、说、读、写所指向的"学习语言"维度；语言、文学、文化所指向的"通过语言学习"维度以及语文策略、语文态度（含兴趣、动机、意志、习惯、情感、价值观等）所指向的"关于语言的学习"维度。

总之，语文课程内容和语文课程目标虽然不是一回事，但在《语文课程标准》关于"课程目标"的表述中在很大程度上二者有内在的一致性，也就是说，课程目标中蕴涵着课程内容，课程内容一定程度上也指向课程目标，二者是融合在一起的。也许这就是为什么《语文课程标准》中不设"内容标准"的原因。这种把内容标准和目标标准合二为一、融为一体的做法显然是一种创新。因此，《语文课程标准》没有忽略对内容标准的规定，而是把它融进了"课程目标"中。即使这样，笔者仍然认为《语文课程标准》的缺陷在于在"前言"中少了些对课程内容的概括说明，少了些必要的解释。语文学科乃至研究语文学科的课程与教学论要走科学化道路，早已成为人们的共识，课程内容作为语文课程的基本问题之一，《语文课程标准》如果能够给出一个概要的解说，或者做出必要的解释，想必对促进其科学化会大有裨益的。

第五节　把"数学思维"应用于语文教学中

学文科的学生老是说学数学没用。其实学数学不仅学到的是数学的一系列符号和公式、定理，更是数学的思维方法、思维技巧，学到的是数学精神。笔者把以上这些内容概括为"数学思维"。"数学思维"主要包括两个方面：内在精神和外在形式。前者体现的是数学精神，后者体现的是数学的思维符号、思维方法和思维结构形式。把"数学思维"应用于语文教学不仅具有重要性，还具有必要性。

一、把"数学思维"应用于语文教学的重要性

(一)把"数学精神"应用于语文教学的重要性

"数学思维"的内在精神体现在思维的严谨、缜密、符合逻辑上,体现在概念的准确、判断的真实和推理的严密上。然而,在语文教学中,学生在写作、口语交际等语言表达方面,常常与数学思维的这一精神特质相背离。表现在概念的运用不准确;滥用、错用关联词语;没有因果意,乱用"所以、因此"等关联词语;没有转折意,乱用"但是、不过"等关联词语;没有递进意,滥用"不但,而且"等关联词语;在复句以及句群的运用中,分句之间前后脱节,缺乏紧密联系;句子之间前后不连贯,重复、多余甚至结构混乱、层次不清等。请看下面几个在语法方面有问题的句子或句群。

(1)报晓的公鸡是集合的信号。

(2)校长、副校长和其他学校领导出席了这届迎新会。

(3)他小学毕业,就回乡参加生产,所以很能干,也吃得苦。

(4)这部作品虽然写的是农民,却也深刻地表现了广大农民的愿望。

(5)大家如果不认真学好语文,就不会有较高的思想水平。

(6)在抢险防洪的战斗中,经过四个多小时惊心动魄的同洪水搏斗,同志们奋不顾身地跳进汹涌澎湃的激流,保住了大坝,战胜了洪水。

例句1表达不缜密,概念的运用不准确,其实该句想要表达的是"公鸡的报晓是集合的信号"。例句2也犯了"概念的运用不准确"的毛病,应为"学校其他领导"而不是"其他学校领导"。例句3判断不真实,句意没有因果关系,滥用关联词语"所以"。例句4句意没有转折关系,滥用关联词语"虽然""却"。例句5推理不严密,两个分句之间缺乏密切联系。例句6结构混乱,层次不清,应把"经过四个多小时惊心动魄的同洪水搏斗",放在"同志们奋不顾身地跳进汹涌澎湃的激流"之后。

针对以上例子中出现的毛病,语法学得好的或语感好的同学固然可以纠正。其实如果我们把"数学精神"应用于语文的学习中,同样也能纠正这些语言表达方面的错误。

学生在修辞方面也常出现"词语选用不精当,句子表意不畅达"等问题[1],重点体现在词语重复、词语堆砌,语意重复,句子表达不连贯等方面。例如:

---

[1] 黄伯荣等:《现代汉语(增订三版)》,高等教育出版社,2002年,第294页。

(1) 你看,那一只只璀璨夺目、熠熠闪光、银光四射、晶莹耀眼的国产手表,构成了一幅幅五彩缤纷的图画。

(2) 1 000 多万万颗,你一口气数下去,不休息、不停歇,得数 1 000 多年。

(3) "工作忙,没有时间学习",这是一部分同志摆出的一对矛盾。雷锋同志是怎样处理学习和业务这对矛盾的呢? 他说:"我们在学习问题上,也要提倡'钉子精神,善于挤和善于钻'。"

(4) 在海外,我是个穷孩子,当时不必说读书,就连日常生活都不能维持。我爸为了一家人的生活,替资本家做苦工给折磨死了。爸爸死以后,我就没有书读了。

(5) 今年暑假是我在校期间的最后一个假期。在放假前夕,我正在考虑如何度过这最后一个假期时,我收到了我在南京的老同学小张的来信,邀请我在假期内到南京玩,因此我高兴地接受了邀请,决定到南京去度过这最后一个假期。

(6) 我们每一个人都应该去植树,不能去毁树。植树和毁树是一对矛盾。要做到这一点,是很不容易的。现在社会上还有毁树的现象。

例句 1 堆砌了不少漂亮的形容词,它们都是表示光亮耀眼的意思,选用一个"璀璨夺目"就可以了。另外,"五彩缤纷"是指颜色繁多,非常好看,用来形容手表是不贴切的。例句 2 语意重复,"一口气"就是"不休息,不停歇"的意思,如果删去"不休息,不停歇",句子就显得简练明确了。例句 3 犯了"思维混乱,答非所问"的毛病。例句 4 中前后几个句子句意不连贯,表达不严谨。例句 5 句意有重复多余的现象,应把"决定到南京去度过这最后一个假期"删去。例句 6 几个句子之间有东拉西扯、前后脱节的毛病。

如果我们能把"数学精神"自觉地运用于语文的学习中,在表达上做到严谨、缜密,同样能较好地解决以上这些问题。

(二) 把"数学思维"的外在形式应用于语文教学的重要性

"数学思维"的外在形式表现在数学的思维方法、思维技巧、思维符号、思维形式甚至推理步骤上。把"数学思维"的外在形式运用于语文的教与学中,会收到很好的效果。如:

(1) 工厂通知,今天下午 30 岁以下的人去修堤,30 岁以上的人仍在工厂做工。

(2) 他的表率作用激发了全厂工人的劳动热情,产量一下子提高到百分之二十。

如果我们这样来分析,例句 1 就显得十分简洁、明了:工厂里的人有大于($>$)、等于($=$)、小于($<$)30 岁的人,句子只表述了其中的两种(大于、小于 30

岁的人），而漏掉了等于（＝）30 岁的人。怎么改呢？不妨引进数学中的"大于等于"符号（≥），用不满 30 岁（<30 岁）的人和已满 30 岁（≥30 岁）的人来表述。

例句 2 想要表达的是"产量一下子提高了百分之二十"，用数学的思维方式来表示的话，就是：A＋A×20％，这样显得简洁、明了，易于理解。

再看一个笑话——《谁的脸皮更厚》：

妻子和丈夫吵架。妻子说："我还从来没见过世上有像你脸皮这样厚的。""不，你错了。我的脸皮厚，胡子还能长出来？而你的脸皮居然连世界上最尖锐的胡子都长不出来。"

从逻辑上分析，这个笑话为偷换概念，违反了同一律。同一律是逻辑思维的一条基本规律，学生学起来比较困难。如果教师在给学生讲这个笑话的时候，应用一个简单的数学公式，那就是：A＝A，将会把同一律讲得生动而有趣：这个公式里的"A"表示任一概念、任一判断、任一问题。这个公式里的"A＝A"，表示在同一思维过程中，同一概念不管它出现多少次，同一个判断不管它用了多少回，同一个问题不管你是赞成还是反对，它们的内容应当是确定的，是什么含义就是什么含义，自身始终不变，前后如一，保持思维的确定性。

再看《史记·滑稽列传》中的一个故事——《戏子巧谏楚庄王》：

楚庄王十分钟爱他的一匹马，"衣以文绣，置之华屋之下，席以露床，啖以枣脯。"可这匹马由于养尊处优，无所事事，生了肥胖病，不给楚庄王面子——死了。于是，楚庄王下令群臣为死马服丧，按一棺一椁的大夫礼举行葬仪。大臣们议论纷纷，都说不可。楚庄王动了肝火，下令说："谁再阻止，判死罪！"

宫中有个戏子听说此事，进入殿门便仰天大哭。楚庄王问他为什么哭，他答道："这匹马呀，是大王最心爱的。以楚国之大，什么东西弄不到，现在以大夫礼埋葬这匹马，太寒酸了！我要求用君王的礼仪来埋葬。"

楚庄王问："怎么个埋葬法呢？"戏子说："我请求雕玉作棺，刻梓为椁，齐、赵王走在送殡队伍之前，韩、魏王担任后卫。这样，各诸侯知道了，就晓得大王贱人而贵马的事了！"

楚庄王听了如梦初醒："我的过错到这步田地了吗？这怎么办呢？"戏子说："请大王改用六畜之礼葬之。这就是：以灶为椁，以锅为棺，以火光为衣裳，用枣、姜、木兰为祭品，并祭以米饭，埋葬到人的肚子里去！"

对这样一个故事，如果我们探讨为什么大臣们的纷纷议论不能制止楚庄王的愚蠢做法，而一个戏子的一席话就使楚庄王幡然悔悟，改弦更张了？我们应用数学上的反证法思维方法和结构来分析，就变得非常容易理解。

求证：A 真（论题）。

证明：假设非 A 真（反论题），那么 B、C、D 真。

已知 B、C、D 假，那么 A 非假。

所以非 A 假，A 真。

上述那位戏子运用反证法的论证过程是：他要论证的论题是——"不该用重礼葬马"。为了论证这个论题，他先提出一个反论题——"该用重礼葬马"。从这一反论题引出的判断是：各诸侯会晓得大王贱人而贵马的事。而这种结果对楚庄王来说是十分危险的。所以，楚庄王如梦初醒，知道自己错了。既然"该用重礼葬马"这一论题是荒唐的，那么，"不该用重礼葬马"就是真的了。这样戏子一方面说服了楚庄王，另一方面又因为是间接论证，避免了直接触犯"龙颜"。

有一个《上帝万能》的故事十分耐人寻味：

这天，一位教徒来到教堂向神甫请教这样一个问题。

他说："神甫大人，我是信教的，但不知上帝能给我什么帮助。"神甫平静地说："上帝是万能的，他可以帮助你所需要的一切，只要你祈祷。"教徒忧虑地说："我邻居也是信教的，如果我祈祷上帝下雨，他祈祷天晴，那么上帝会做出怎样的决定呢？"

神甫：……

在上面这个故事中，教徒用归谬法来反驳神甫，使神甫无言以对。说起归谬法，同学们在学数学的时候，对它并不陌生。如果教师用数学的表达结构来阐述语文中的归谬法这一反驳方式，用数学思维来解读这段话的话，那就是：

假设：上帝是万能的。

则我祈祷上帝下雨，上帝让下雨；他祈祷天晴，上帝让天晴；

现在，我和他同时祈祷，那么，上帝是下雨呢，还是让天晴呢？

所以上帝不是万能的。

二、把"数学思维"应用于语文教学的必要性

把"数学思维"应用于语文教学不仅具有重要意义，也是很有必要的。

在语文的"教"与"学"中，不光运用形象思维，也要运用抽象思维。"数学思维"作为一种具有学科特点的抽象思维，在语文教学中是客观存在的。把数学思维应用于语文教学中，教师可把抽象的、概括的东西讲得准确、科学，让学生易于理解；学生可少犯语法、修辞方面的错误。然而，在语文教学中，学生欠缺的往往是不能

自觉地把数学思维,特别是数学精神应用于语文学习中;教师欠缺的往往是不能把数学的思维方法和结构形式自觉地应用于语文的讲解中。

张传宗先生说:"写作教学的要求,概括地说,可分两个层次,一要写通,二要写好。写通是写好的基础。写通有六条标准:①用词准确(包括用字);②句子完整;③句意明确;④句子与句子连贯;⑤段落层次清楚;⑥思路清晰。思路清晰这条标准是总的要求,前面五条都是思路清晰的表现。写好则还需要有较多的生活体验和较高的认识水平,有较好的语言和表现方法。"把数学思维应用于语文教学中,可帮助学生自觉地解决用词不准确、句子不完整,句意不明确,句子与句子不连贯,段落层次不清楚、思路不清晰等方面的问题,养成严谨、缜密的科学态度。

逻辑学和数学本来就有不可分割的密切联系。因为它们都涉及思维过程和思维规律:思维过程是人脑反映客观事物的一般程序,思维规律既可以理解为"它是人脑本身活动的规律,又可以理解为它是客观事物的一定特性在人的意识中的反映"。无论是思维过程还是思维规律,数学、逻辑学都各行其道,又殊途同归。当我们翻开各种版本的《普通逻辑学》教材时,我们会发现里面大量用数学的表达形式来分析其思维过程,阐释其思维规律。由此可见,数学和逻辑学有不可分割的密切联系:学好数学是学好逻辑学的基础,逻辑学凭借数学,变得生动、有趣、易于理解了。

学生需要学习一定的语法、修辞知识,需要掌握一些逻辑学知识。然而,在今天的基础教育课程体系中,在语法、修辞内容日益减少,逻辑学几乎没有时间触及甚至束之高阁的情况下,把数学思维应用于语文教学中,可大大弥补由于内容和时间的减少给语文教学带来的损失或缺憾,收到省时而高效的教学效果,也可激发偏爱数学的学生学习语文的兴趣。

第六节   在语文教学中培养学生的批判性思维

西方教育界把批判性思维看作是学习的一个不可分割的部分,把它与解决问题并列为思维的两大基本技能。他们提出,提高学生的批判性思维能力是学校的关键目标之一,应当把它放在教改的重要位置。然而,我国教育战线的广大教师对批判性思维的理论知之不多,有意识地在教学实践中的运用也比较欠缺。这里笔者想从理论与实践两个层面做一简介和探讨。

一、什么是批判性思维

人们对所看到或听到的东西的性质、价值、精确性和真实性等方面作出个人的判断、评价,这种思维就是批判性思维。如果说发散思维是所谓的多谋,那么批判性思维就是所谓的善断。进行批判性思维要像评论家和法官那样审、查、判、断。

批判性思维中的"批判"有评论、评价、判断的意思,如判断证据的准确性和可靠性,判断推理的质量和逻辑一致性,察觉出那些已经明说或未加明说的偏见、立场、意图、假设、观点,评价价值和意义,预测可能的结果等。批判性思维包括智力技能和批判精神两个组成部分。批判精神左右着一定的心向,即一定的态度和倾向,激发个人朝某个方向去思考的动力。一个人要想成为一个批判性思维者,不仅需要获得批判性思维技能,而且还要获得使用这些技能的心理状态、意愿和倾向,即具有批判精神,时刻用批判的眼光来看待问题。

批判精神包含着这样一些要素:独立意识、头脑开放、全心全意、智力、尊重他人。

批判性思维包含以下三个大类、十二种基本技能。

1. 定义和明确问题

(1)识别中心论题或问题。识别一篇文章、一篇评论、一幅政治讽刺画的中心大意或包含在评论中的理由和结论。

(2)比较异同点。能比较各种人物、观点、同一时刻或不同时刻的情境的相同点和不同点。

(3)确定哪些信息是相关的,能识别可证实的和不可证实的、相关的和不相关的信息之间的差别。

(4)形成适当的疑问。这个疑问能引导人们对某个问题或情境进行更深刻、更清楚地理解。

2. 判断相关信息

(1)区别事实、观点和合理的判断。能运用某个标准去判断某个观察和推理的质量。

(2)核查一致性。能确定某种论述或符号在上下文中是否彼此一致,例如,一场辩论中的不同观点是否和中心议题相关和一致。

(3)识别字里行间的假设。能识别那些没有明白表述但可推想得到的假设、观点和结论。

（4）识别原型和套话。能识别对某个人、团体或观点的陈词滥调或惯用语，这些套话的含义一般都是恒定的。

（5）识别偏见、情感因素以及语义的倾向性。能识别包含在一篇文章或图表中的偏见，确定来源的可靠性。

（6）识别不同的价值系统和意识形态。能识别不同的价值系统和意识形态之间的异同。

3. 解决问题、做出结论

（1）识别材料的适当性。能决定所提供的信息在质和量上是否足以证明一个结论、决定、概括性的命题或似乎合理的假设。

（2）预测可能的结果。能预测某个事件或一系列事件的可能的后果。

以上这些技能并不是一系列按顺序进行的步骤，而是学生为了评价信息是否确实而采取的一系列可能的方法。

为什么要培养学生成为批判性思维者呢？第一，它在日新月异的信息社会里，具有重要的意义。在信息社会里，谁能获取并评价信息，谁就更能获取成功。因为，我们的现代生活处处充斥着各种宣传媒介，如广告、新闻报道、科学评论等，我们不得不随时对它们做出评价。例如，某一则护肤霜的广告说，99％的用户都取得了明显的增白和柔嫩皮肤的效果，并列举了不少个案。你挡不住诱惑，想要购买，然而，你是否问过自己：该公司调查了哪些人，是如何挑选的？公司的调查过程是怎样进行的？那些个案是真的吗？第二，我们每天在工作和生活中，都要解决问题，大多数问题都有几种解决方案，你是否比较、分析和判断哪一种方法最有效呢？第三，在当今社会，我们每天都离不开社会交往，在和他人交往时，你随时需要识别他人观点中所包含的立场、观点并判断真假信息。所有这些，都表明批判性思维在学生的社会生活中具有重要意义。

二、在语文教学中怎样培养学生成为批判性思维者

一是结合常规课在课内进行训练。批判性思维与布鲁姆教育目标分类中的"评价"是等同的，它建立在"分析"和"综合"的基础之上。例如，在语文课上，让学生找出一篇文章中的事实和观点，这属于"分析"层次的教学目标；让学生根据给定的事实或材料，写出三篇不同的报道，这属于"综合"层次的目标；让学生比较并判断三篇对同一事实的报道的真实性和价值，则属于"评价"层次的目标。要想进行评价，就得应用分析和综合能力。在学习新知识新技能的最后，让学生评价他人解

决问题的方法或比较几种不同解答的优劣,或诊断故意设置的错误及其原因,既可以加深学生对所学知识技能的理解和应用,又很好地培养了学生的批判性思维能力。

二是开展语文综合性学习,在课外进行训练。比如,利用语文教材每个单元的"综合性学习"的内容和材料,教学生如何从不同的角度来思考和判断,训练学生对有关材料或观点提出质疑,从而达到培养学生批判精神的目的。

三是训练学生写剧评(含影评、书评),写"文评"(对阅读课文的评论),也是很好的办法。这里有笔者写的两篇文章——《政绩工程之我见》和《"趣"味无穷》,分别是剧评、文评的例子,仅供参考。

政绩工程之我见
——兼评电视连续剧《至高利益》

近几年来,全国各地、各级党政官员所创建的政绩工程数不胜数。当然,有不少工程的确是为国为民、惠及后代的造福工程,可屡屡披露于报刊上的也有一些是祸国殃民、万民唾骂的作孽工程。如何看待"政绩工程"这样一个重大而严肃的问题,电视连续剧《至高利益》给了我们有益的启示。

电视连续剧《至高利益》是一部大揭锅式的现实主义力作。它围绕田壮达的案子,洪峰公司的败诉、改制以及中江市工业园区的污染等问题展开了一场波澜壮阔的光明与黑暗、正义与邪恶的较量。剧作涉及官场腐败、国有企业改制、政绩工程等一系列重大现实问题。关于政绩工程,《至高利益》围绕着原平岗镇党委书记花建设修建的镇政府办公大楼,原中江市委书记钟明仁同志主持并修建的国际工业园以及中江市副市长钱凡兴正在筹建的平原大道等三大工程来展开,深刻揭示了如何看待现实中的政绩工程,如何杜绝坑民害民的"政绩工程"的滋生等重大问题。

如何判断是否真正的政绩工程呢?

首先,要看它是否建立在党和人民的根本利益和长远利益的基础上。《至高利益》中,花建设在位时搞的"政绩工程",使得平岗镇这样一个经济欠发达的小镇,经济大伤元气,造成后来上任的计书记、段镇长一年多来,被3 000多万元的外债压得喘不过气来,镇政府所欠的40多万元电费没钱缴纳,全镇干部及教师的工资一年多没发。而这样一座富丽堂皇的办公大楼,不仅本身没有带来什么产值和利税,反而割断了党和群众的联系。这样的"政绩工程",使得花建设荣升为副县长,给后来的领导班子留下的却是烂摊子,是还不完的亏空,是讨债者的长期缠绕,是平岗镇经济的萎靡不振、步履蹒跚。这样的工程,是建立在党和人民的根本利益和长远利益基础上的吗? 这样的工程是政绩工程还是作孽工程? 在我看来,这是中看不中用的"花瓶工程"，是往某个或某些领导脸上贴金的"作秀工程"，是为某个或某些领导往上爬做准备的"梯子工程"！

其次，要以"量入为出、适度超前"为准则来决策，坚决反对那种不顾客观实际无限制透支未来的做法，反对那种为维护某一领导的权威而不追求真理的做法。在《至高利益》中，钱凡兴同志处心积虑筹备的平原大道，一个投资12亿的"政绩工程"，明知有克服不了的经济困难，明知是不实事求是的，可因为是省委钟书记的夙愿，竟然不顾其他同志的阻挠，不顾当时中江市的财政实际而大刀阔斧地铺开了摊子。为讨好上司，居然无限制地透支未来，寅吃卯粮。这种人所搞的这种"政绩工程"，哪里考虑了全市人民的根本利益？哪里遵循了"量入为出、适度超前"的准则？这种人所搞的这种"政绩工程"，其实只是为了他自己，只是为了他那顶乌纱帽。

再次，要以发展的眼光来看待政绩工程，对以牺牲环境为代价求得经济一时发展的工程，坚决不能上；对已经兴建的工程，坚决要走关停并转之路。有些工程也许当时出发点是好的，是能够造福万民的，可时过境迁，这些工程，事实上却变成了利小弊大的工程。比如，《至高利益》中的国际工业园区，给中江市表面上带来了70多亿元产值、几千万元的利税，提供了几万人的就业岗位，可中江这条河为此受到了严重污染，下游几百万人的生活为此而举步维艰。其有形和无形的经济损失比它带来的实际价值要大得多。如此活生生的事实，使我们看到了以牺牲环境为代价而求得经济一时发展的工程，是不可取的。正如剧中赵达功同志所说的，"这样的工业园是垃圾园"。如此的"政绩工程"，不管是谁提议的，都不能上；已经兴建的工程，都应当尽快走关停并转之路。

如何防止坑民害民的"政绩工程"的滋生呢？该剧给我们提供了一些有益的借鉴。一是建立健全科学民主决策机制，每位干部都要有追求真理的勇气和信心，坚决杜绝"一言堂"的做法，防止"一把手"头脑发热时说了算。二是杜绝以牺牲环境为代价求得经济一时发展的工程。这是一个原则问题，也是一条早被西方国家证明了的颠扑不破的真理。拿人民群众的血汗钱再去"缴学费"，是要不得的，是要吃大亏。有些同志有快速发展经济的良好愿望，这是好的，但要遵循客观规律，别忘了"欲速则不达"的古训，否则，必将受到人民的审判。三是倡导各级领导，特别是一把手，要微服私访，别老是大会小会地听人汇报，应当用自己的眼光去观察，去捕捉第一手资料。目前，有些地方的主要领导，特别是一把手，已听不到实话、真话了，听到的只是奉承话、屁话。我们的各级领导干部，不应该像齐桓公晚年那样，事事听信小人之言，处处被小人蒙骗，那样，必然造成决策的失误。四是实行领导干部责任制，建立能上能下的用人机制。对"作孽工程"的主要负责人，不仅不能升官,还要降官,甚至罢官、坐牢。像《至高利益》中那样,把升为副县长的花建设降为镇长,把钱凡兴同志贬为交通厅厅长,而钟明仁同志自知有严重过错,准备辞去省委书记的做法,岂不值得我们效仿?

政绩工程应该是利在当代、功在千秋的工程,是民心工程,不应该是为某些个人升官做准备的"梯子工程";政绩工程不应该是前一任领导的"政绩"、后一任领导的"包袱";不应该是中看不中用的"花瓶工程";不应该是只顾眼前、不顾长远的"作孽工程"。

记得晚唐诗人杜荀鹤写过一首诗《再经胡城县》:"去岁曾经此县城,县民无处不怨声,今来县宰加朱绂,便是生民血染成。"我们这个时代,自然不能跟晚唐相提并论,但我们奉劝某些领导干部,别为了"加"自己的"朱绂",而不顾百姓的死活;为了自己一时的私利,便用"生民"大量的血汗钱去染红自己的顶戴,去捞取不义之财。还是让我们听一下《至高利益》结尾那段发人深思的话吧:请慎用你的魄力吧,你的魄力是不是为人民?要知道民心不可违,民心不可欺;请慎用你的魄力吧,你的魄力是代表先进的生产力,还是落后的生产力?要知道真正的政绩工程应该是万民感恩戴德的造福工程!

"趣"味无穷
——评杨万里的诗《宿新市徐公店》

品读南宋诗人杨万里的《宿新市徐公店》,感到诗中趣味无穷。

景趣。前两句"篱落疏疏一径深,树头花落未成阴",描绘了一幅静态暮春田园景物图:在那稀疏的篱笆旁边,有一条小路向远方延伸。树上的花朵已经凋谢,园里的绿荫还没有成片。后两句"儿童急走追黄蝶,飞入菜花无处寻",描绘了一幅动态的暮春儿童戏蝶图:嬉闹的儿童追逐黄色的蝴蝶,蝴蝶飞入油菜花中无法找寻。全诗田园景物与人文图景相映成趣,静态景物与动态景物相映成趣。这是其一。其二,本诗首句从空间着眼写景,点明一位姓徐的人开的客店的位置,第二句从时间落笔写景,点明诗人宿店时正值暮春时节。因此,可以说前两句描绘空间的景物和描绘时间的景物相映成趣。其三,全诗既选取了高处的景物,也选取了低处的景物,如果从高到低排列的话,应是"树头—篱落—菜花—一径",忽高忽低飞舞、停歇的是黄蝶。作者匠心独运,把这些高高低低的景物有机地编织起来,错落有趣。其四,疏景和密景相映成趣。"树头花落未成阴",写的是疏景:树上的花儿有的落了,有的凋谢了,稀稀疏疏的,枝头的叶子虽已长出,但并不茂盛,并未成荫;"飞入菜花无处寻",写的是密景:地上的油菜花朵朵盛开,花团锦簇,枝叶繁密,郁郁葱葱。这一疏一密,相映生趣。

童趣。本诗第三、四句写儿童追捕黄蝶,黄蝶飞入菜花,这一"追"一"飞",充满儿童生活的情趣;儿童急忙"走"(跑的意思),黄蝶无处"寻",这一"走"一"寻"也充满儿童生活的情趣:儿童的情态从对黄蝶的渴求变为对黄蝶的无奈,由盼望得到黄蝶变为得不到黄蝶的失望,情态变化鲜明有趣。

理趣。唐朝人作诗以情见长,宋朝人作诗以理著称。本诗中"理"不是哲理,而是一种逻辑意义上的"理",具体地说是一种因果关系的"理"。儿童之所以"无处寻"黄蝶,是因为黄花是黄的,蝴蝶也是黄的,黄蝶与菜花颜色一样,儿童分辨不出哪儿是黄蝶,哪儿是菜花。还有一个重要原因是"入"字传神地作了暗示:也许黄蝶整个身子全躲藏在了茂密的油菜花丛中,也许黄蝶被菜花遮住了一部分,只露出一点翅膀。王国维评论宋祁《玉楼春》中的名句"红杏枝头春意闹"时说:"著一'闹'字,而境界全出",这里,我要说杨万里著一"入"字而理趣盎然。

杨万里曾经说过,他作诗的功夫全在一"捉"字上(见周密《浩然斋雅谈》),这是他创作的甘苦之言,也是他成功的秘诀。在《宿新市徐公店》中,诗人以升华妙笔"捉"到的是景趣、情趣、理趣等多种"趣",各种"趣"错综交融,浑然一体,令人回味不尽。

第七节　运用注意规律合理地组织语文课堂教学

注意是意识的选择性活动,它具体体现为心理活动对一定事物的指向与集中。在语文教学中,一堂课的任务能否顺利完成,教学质量能否得到保证,跟教师合理地组织教学紧密相关。如何运用注意规律来组织教学?我想从以下三个方面谈谈自己的认识和体会。

一、运用无意注意组织教学

从客观方面说,无意注意是由刺激物本身的特点引起的,刺激之间显著的对比关系、刺激物的活动和变化等,都是引起学生无意注意的条件。需要说明的是,刺激物本身的特点既可以成为顺利完成教学任务的因素,又可以是造成学生分心的因素。因此,教师要善于利用有关刺激物的特点来组织教学,一方面要消除那些容易分散学生无意注意的因素,如男教师上课时不穿奇装异服,女教师不浓妆艳抹,不戴耳环、项链等,同时还要保持课堂周围环境的安静;另一方面则应充分利用容易引起学生对教学内容产生无意注意的因素,使学生在课堂上轻轻松松地学习。教学方法要避免单调、呆板,教学形式要多样化,教学组织要生动有趣,教学内容丰富且有逻辑性,教学语言要抑扬顿挫等。从主观方面说,学生本身的状态也是引起无意注意的条件,如当时的心理需要和情绪状态等。因此,教师的教学一定要使教学内容、教学组织形式、教学方法等都要符合学生的认知特点,切合学生的实际,充分考虑学生的情绪状态。采取各种形式激发学生的学习兴趣,从而引起学生的无意注意。

二、运用有意注意组织教学

学习的过程是经验的获得及行为改变的过程,是一个复杂的过程,学生只凭借无意注意是很难完成学习任务的。因此,教师必须培养学生的有意注意,必须运用有意注意的规律来组织教学。首先,要对学生经常性地进行目的性教育,使其明确某一堂课的教学内容、要求、重点和难点。目的越明确,要求越具体,其注意力就越容易集中;其次,要采取具体措施促使学生保持有意注意。如:向学生提问题,请学生做示范,把学生的智力活动与实践活动结合起来,在学生刚开始分散注意时,就给予及时的提示、批评或鼓励等。

三、运用两种注意相互转换的规律组织教学

在教学中,如果教师过分地要求学生以有意注意来进行学习,容易引起疲劳;反之,只让学生凭借无意注意来学习,则不利于他们克服学习中的困难,会影响教学任务的完成。因此,教师要重视运用两种注意的相互转换规律来组织教学;对一些简单的练习运用无意注意进行教学,而对比较复杂的重要的练习则必须运用有意注意。如在一堂课上,上课之初教师就应采取措施,通过组织教学活动把学生停留在上节课或课间的注意力转移到本堂课上来,对新的一节课形成有意注意;在讲授教学内容的重点、难点时,则必须设法让学生保持有意注意,让其充分理解和思考问题;当学生保持一段时间的有意注意后,教师要改变教学方式,使学生适当地轻松一下,或结合教学内容讲述一些有趣的例子,使学生将有意注意转化为无意注意;当课程要结束、教师要提出明确的要求和进行小结时,又要使学生的无意注意转为有意注意。

总之,运用注意的规律来组织教学,必须克服教法单一、组织呆板等现象。教师既要重视运用有意注意和无意注意的规律来组织教学,同时还要重视运用两种注意相互转换的规律来调节教学,只有这样,才能顺利完成一堂课的教学任务,提高课堂教学质量。

第八节　泰勒原理及其对语文课程的启示

泰勒的课程论是里程碑式的,他所提出的泰勒原理被当作课程研究的范式。因此,泰勒是课程论成为专门、独立学科时期最重要的代表人物,同时也是时至今日仍然对课程论的发展发挥着重要影响力的人物。

一、"八年研究"和泰勒原理的产生

从时代和理论背景而言,行为主义和科学主义对泰勒产生了深刻的影响。就具体背景来说,泰勒占据着较 20 世纪 20 年代课程改革运动家们更为有利的地位。首先,以巴比特、查特斯为代表的一批学者在建立了专门的课程研究领域,并且提出了若干课程编制模式后,显示出了自身的局限性,特别是他们视学生为原料,视学校为工厂的倾向受到人们广泛的批评。其次,关于杜威对传统教育的批判,他的教育和课程实验及其思想理论成果也已经形成了比较成熟的看法。这样,就使得泰勒有可能比较全面、冷静地思考和借鉴这些完全不同的改革理论和成果,因此,可以说,泰勒在客观上处于比他的先行者们更加有利的历史地位。

对于泰勒课程论来说,理论生成更为直接的基础和原因便是"八年研究"。"八年研究"是美国教育史上一次极为重要的改革运动,起因直接产生于当时美国中等教育所面临的现实问题。在 20 世纪 30 年代席卷全球的经济大萧条之后,许多中学生在离开学校后无法找到工作,于是重新回到学校注册学习。然而这些学生并不打算将来升入大学接受高等教育,他们对当时有很浓厚的升学准备色彩的中学课程没有兴趣,而是准备在有机会时就业。面对这种情况,中学的校长和教师认为应当重新制订普通中学的课程和教学计划,并且同时希望新的课程和计划不会因此影响学生升大学的机会。"八年研究"正是为此而进行的,它最主要的任务是"学校可以编制能引起大多数学生兴趣、有助于满足一些学生的需要,同时又为学生在学院里获得成功提供必要准备的教育计划。""八年研究"由美国进步教育协会组

织,选择了 30 所在学校规模、地理位置、财政来源和办学条件各不相同的公立和私立高中参加实验,实验的目标是:致力于帮助学生适应社会生活;编制一套更统一、更连贯的课程。实验历时八年(1934—1942),泰勒本人担任实验的测量评价小组负责人。泰勒本人也是一个成功的教师,他的学生中许多人后来在教育的不同领域有所建树,成为美国教育的中坚人物,如布卢姆、塔巴、施瓦布、比彻姆等,其中许多人参加了"八年研究"。

二、泰勒原理的主要内容

泰勒一生著述甚多,但最为重要的是 1944 年出版的《课程与教学的基本原理》。这本书中提出的关于课程编制的四个问题后来被称为"泰勒原理",并且在世界范围内课程领域的理论和实践中产生了广泛、深远的影响。根据 20 世纪 80 年代的统计,该书出版后仅在美、英等国的印刷次数就有 30 多次,并且被翻译成多种语言在世界许多国家出版。20 世纪 80 年代初,对全美课程研究工作者的一项调查表明,该书是 20 世纪以来对于课程领域影响最大的两本著作之一(另一本为杜威的《民主主义与教育》)。1994 年,由施良方翻译的《课程与教学的基本原理》中文译本在我国由人民教育出版社正式出版。

《课程与教学的基本原理》全书的内容可以简化为四个问题:

第一,学校应该达到哪些教育目标?

第二,提供哪些教育经验才能实现这些目标?

第三,怎样才能有效地组织这些教育经验?

第四,我们怎样才能确定这些目标正在得到实现?

以上四个问题涉及教育目标、教育内容、教育方法、教育评价等方面。整本书的逻辑是沿着对以上四个问题的讨论展开的。泰勒并不打算对于这些问题做出直接回答,因为在不同的学校和不同的教育阶段,答案必定是不同的。泰勒的研究,围绕着解决这些问题的方法和程序展开,他对于每个问题分别从教育的实际状况进行了分析,提出了主要的问题所在,而后进一步提出了解决问题的思路和办法。

(一)学校应该达到哪些教育目标

泰勒对于这个问题的解决,主要可以概括为以下三个方面。

1. 论证了教育目标的三个来源

泰勒在讨论目标问题时,开宗明义地指出:"许多教育计划都没有清楚地界说目标",然而,"教育计划的各个方面,实际上只是达到基本教育目标的手段"。因此,课程设计和编制的首要任务就是确定所要达到的教育目标。

泰勒认为,确定教育目标主要是选择问题,这样,就应当解决"哪些来源可以被用来取得有助于确定目标的信息"。他认为教育目标应当来源于三个方面:对学生的研究、对当代社会生活的研究、学科专家对目标的建议。

在对于学生的研究中,泰勒认为,把学生目前的状况与理想的常模加以比较,确认其中存在的差距,就能够发现教育上的需要,从而提出教育目标。

在对于当代社会生活的研究中,泰勒强调选择,认为由于社会变化的迅速,学校必须把精力放在当代社会生活中最重要的方面,"不要让学生去学习"也许在50年前非常重要,然而今天已经不再是有意义的内容。

在研究学科专家对目标的建议时,泰勒指出,存在的问题是过去往往将其当作教育目标的唯一来源,应当将这些建议与对学生和社会生活的研究结合起来作为目标来源。泰勒还特别指出,学科专家所提出的教育目标经常太过专门化,这是因为他们总是把学生当作将来要在这个领域从事专门工作和研究的人,而不是将学科视为基础教育的组成部分。泰勒强调,学科专家必须考虑,这门学科对于一般公民有何贡献,对于一般公民的贡献就是该学科的一般教育价值。

2. 解决了教育目标的筛选原则

可以设想,从上述三个目标来源所得到的教育目标,在数量上必然是极为可观的,全部当作设计和编制课程的依据既不必要也不可能。泰勒提出"我们必须对已经获得的大量庞杂的目标进行筛选,以便剔除那些不重要的和互相矛盾的目标"。根据什么进行筛选呢? 泰勒认为有两个筛子,第一个是"学校信奉的教育和社会的哲学",也就是最基本的社会价值观。第二个是"学习心理学所提示的选择教育目标的准则",也就是说,学校的教育目标应当是根据学习心理学来确定的。

3. 规定了教育目标的表述方式

仅仅有合理的目标仍然是不够的,目标还必须得到正确的表述。泰勒指出,教育目标的表述应当是有助于选择学习经验,有助于指导教学过程的。他指出在陈述教育目标时存在着一些常见的形式,而这些形式都有着不当之处。

一种是"人们有时把教育目标作为教师要做的事情来陈述,例如,介绍进化论,介绍浪漫派诗人等。"而"教育的真正目标不在于要教师从事某些活动,而是要使学生行为方式发生有重大意义的变化"。因此,学校的教育目标,"都应该是陈述要学生发生的变化"。

第二种是"列举一门或几门学程所要涉及的课题、概念、概括或其他内容要素"。例如,"以概括的形式来陈述"的目标:"物质既不能被创造,也不能被消灭"，和"绿色植物把太阳能转化成葡萄糖的化学能"等，这种陈述的问题在于，"它们没有具体指明面对这些要素，希望学生做些什么"，也无法"确定学生是否发生了所期望的变化。因此，"陈述教育目标的目的，是要指明期望学生产生的各种变化"。

第三种是"采取概括化的行为方式"，例如，"发展批判性思维""培养鉴赏力""形成广泛的兴趣"等。这种陈述固然指出了希望通过教育在学生身上引起的变化，但是，由于目标如此高度的概括化，要有效地达到是不大可能的。"因而，我们必须更加明确具体地指出这种行为运用的内容或将要应用这类行为的生活领域。"

为了帮助课程设计者和教师做到上述要求，泰勒创立了能够有效陈述教育目标的工具——二维图表。借助这一工具，可以将每一个教育目标分解为内容和行为两个方面：学生应当达到的行为，运用这种行为的领域或内容，并且将两个方面的相互对应关系清晰地表达出来。

(二) 提供哪些教育经验才能实现这些目标

泰勒所指的学习经验，不仅是课程所涉及的内容，也不仅是教师所从事的活动，更不仅是知识，而是包括了学习者与学习对象及环境、条件的相互作用。因为学习经验是通过学生的主动行为发生的，学习的最终结果取决于学生做了什么，而不是教师做了什么。他指出，教育目标必须通过特定的教育经验才能实现，学生通过经验学习，从而产生和养成教育目标所规定的行为。这就是说，能否选择好学习经验，决定着教育目标能否实现。那么，这些学习经验应当是什么样的呢？泰勒为学习经验的提出和选择制定了五条原则，此外，还提出了有助于达到教育目标的学习经验必备的四个特征。

选择学习经验的五条原则如下：

(1) 学生必须具有使他有机会实践这个目标所隐含的那种行为的经验。

(2) 学习经验必须使学生由于实践目标所隐含的那种行为而获得满足感。

(3) 学习经验所期望的反应，是在有关学生力所能及的范围之内的。

(4) 有许多特定的经验可以用来达到同样的教育目标。

(5) 同样的学习经验往往会产生几种结果。

有助于达到教育目标的学习经验必备的四个特征如下：

(1) 培养思维技能的学习经验。

(2) 有助于获得信息的学习经验。

(3) 有助于形成社会态度的学习经验。

(4) 有助于培养兴趣的学习经验。

(三) 怎样才能有效地组织这些教育经验

泰勒指出，"思维方式、基本习惯、起主要作用的概念、态度以及持久的兴趣等方面的改变，都是缓慢形成的"，因此，"必须把学习经验组合在一起，以便形成某种连贯的教学计划"，这样才能使它们产生"累积效应"。为此，他提出了组织学习经验的主要准则和一般程序。

组织学习经验时必须符合的主要准则包括连续性、顺序性和整合性。

连续性是指"直线式地重申主要的课程要素。"即对于一些重要的目标，要让学生有机会反复地涉及它，以便于理解和掌握。

顺序性是指"把每一后继经验建立在前面的经验基础之上，同时又对有关内容作更深入、广泛的探讨。"比如在一些必要的重现时，在各种练习中，都应当使得难度、深度不断增加，而不是同一水平的简单重复。

整合性是指课程经验的横向关系。这些经验的组织应该有助于学生逐渐获得一种统一的观点，并把自己的行为与所学习的课程要素统一起来。

泰勒指出，学习经验的组织结构有三个层次。在最高层次上，结构要素可以由下列任何一种组成：①具体的科目；②广域课程；③核心课程；④活动课程。在中间层次上，各种可能的结构有：①按顺序组织的学程；②以一学期或一学年为单位的学程。在最低的组织层次上，可能的结构由小到大有：①课；②课题；③单元。

组织学习经验，可以说就是完成将学习经验从最高层次到最低层次的编制程序。泰勒陈述了这一程序的具体步骤。

(1) 对课程组织的总体框架取得一致的看法，即采用学科课程、广域课程或核心课程等。

(2) 对已确定的每一个领域内所要遵循的一般组织原则，取得一致的看法。无论采用哪种形式，都要解决与这种形式相适应的组织学习经验的逻辑顺序，比如在学科课程或广域课程中，组织原则是不尽相同的。

(3) 对采用的低层次单元的种类，取得一致的看法，即采用系列的课、顺序的课题还是单元。

(4) 制订一些灵活的方案或所谓的"资源单元"，供每位教师在与某一组学生打交道时使用。

(5) 由学生与教师共同设计班上从事的特定活动。

(四) 怎样才能确定这些目标正在得到实现

虽然在泰勒原理之前已经产生了众多的课程编制模式，但是将评价正式引入课程编制过程之中的，泰勒是第一人。在泰勒看来，评价就是检查课程的实际效果与预期的教育目标之间的差距。根据这样的思想,泰勒提出了课程评价的程序,特别应当指出,由于这一评价程序具有比较严密的内在逻辑和自身的完整性,它既是课程编制的必不可少的环节,又具有明显的相对独立性,后来逐渐发展成为独立的教育评价学科,泰勒本人也因此被称为"教育评价之父"。

泰勒的课程编制理论被称为目标模式。在泰勒原理的第四个问题中,教育目标同样起着重要的作用。"评价过程实质上是一个确定课程与教学计划实际达到教育目标的程度的过程。"泰勒认为,评价有两个重要的方面,"第一,它寓意评价必须评估学生的行为,因为教育所追求的正是这些行为的变化。第二,它寓意评价在任何时候都必须包括一种以上的评估,因为要了解变化是否已经发生,必须先在早期做出一次评估,再在后期做出几次评估,从而才有可能确定所发生的变化。"根据上述思想,他建立了完整的评价程序。

其评价程序共有四个步骤。

1. 确立评价目标

泰勒反复强调,评价的目的在于了解事先确定的课程目标实际上实现得如何,所以评价的目标就是最初确定的目标。在评价时,要获取学生行为变化的证据,因此,当初用来表述课程目标的二维分析表在评价时同样有用,由于就每一个目标都从内容和行为两个维度做出了说明,"目标的二维分析便成了课程评价的指南"。

2. 确定评价情境

既然目标本身是行为的,那么,评价显然也就应当是针对行为的,因此要"确定使学生有机会表现教育目标所隐含的那种行为的情境"。如果要评价学生的口头表达能力,就应当建立需要学生口头表达的情境;如果要评价学生的社会交往能力,就应当建立必须开展社会交往的情境。

3. 设计评价手段

评价手段要与评价情境相一致。比如,在知识的获得方面,可以采用测验的形式;对学生社会适应能力方面,可以采用观察与记录的形式。此外,评价手段应当符合客观性、信度、效度这样一些基本准则。

4. 利用评价结果

评价结果首先可以帮助人们了解课程的实际效果,也就是教育目标实现的状况,并且显示出课程在哪些方面有待改进。此外,通过检验和分析评价结果,还能够进一步提出改进课程的各种假设。很显然,在泰勒看来,评价不仅是对于课程的终结性判断,而且对于课程的不断完善具有建设性意义。

三、泰勒原理对语文课程的启示

泰勒的课程论是里程碑式的,他所提出的泰勒原理给语文课程带来了诸多有益的启示。

第一,为语文课程提供了一个研究范式。泰勒被称为现代课程理论之父,泰勒原理的四个问题,是所有语文教师在面对课程问题时必须认真思考和面对的,也就是说,我们研究语文课程就必须研究和借鉴泰勒原理的诸多思想;如果不研究泰勒提出的四个问题,就不可能全面地研究语文课程问题。

第二,将评价引入语文课程的编制和实施过程中。泰勒被称为"教育评价之父",他将评价纳入课程的编制过程,大大提高了课程编制的科学性,使其成为动态的、开放的过程。泰勒原理启示我们,从语文课程出发到语文教学再到语文评价不是简单的线性排列,而是动态的环形关系。即从评价可回到课程,也可从评价回到教学,还可从评价回到教学再回到课程再回到评价,通过评价不断搜集有关的信息,并且加以充分利用,及时改进和完善教学或课程。这样的思想有着很高的理论和实践价值。

第三,建立了课程编制的目标模式。泰勒被称为课程编制模式的行为目标之父。他将学生、社会生活、学科专家三个方面共同作为目标来源,使得目标模式获得了合理的基础。另外,泰勒将目标贯彻于课程编制的各个环节之中,并强调对目标的"选择",他启示我们应该在每节课、每个单元中有重点地加以训练,不可眉毛胡子一把抓。所有这些,使得目标模式获得了强大的生命力,真正成为在理论和实践上都能够发挥作用、产生影响的课程编制模式。

第四,语文教师在组织教学内容时应该体现连续性、顺序性、整合性的准则。在对学生进行一个周期(如一个单元、一本教材甚至初中三年一个轮回的学习)的训练中,训练什么,什么时候训练,训练到什么程度,要做到心中有数,而且在一些必要的重现时,应当使难度、深度不断增加,而不是同一水平的简单重复。

第五,泰勒的评价程序的四个步骤启示我们:在教学中,评价目标要明确、具体,要获取学生行为变化的证据;要采用多样化的评价手段,不能仅凭一张试卷、一次考试成绩来下定论;要检验和分析评价结果,利用评价结果,从而制订出改进教学的措施。

第九节　教学目标分类学及其在语文教学中的应用

西方人把教学目标分为认知教学目标、情感教学目标、动作技能教学目标,并且对这些目标进行了再分类。这些分类对我们的教学有怎样的启示呢?

一、教学目标分类学及其对我们的启示

1. 认知教学目标的分类及其对我们的启示

美国心理学家布鲁姆将认知教学目标从低到高依次分为识记(或记忆,含了解)、领会(或理解)、运用、分析、综合、评价六级层次。除第一层次"识记"外,其余五个层次均属智力技能范畴。智力技能与"识记"的不同之处在于:它是加工知识的方式,需要学习者在思维中对知识进行组织与重新组织。这五层智力技能由低到高排列,但彼此交叉重叠,界限不太分明。

认知目标分类的意义在于提醒我们,在设计教学目标或进行教学评价时,不能只停留在传授或掌握"识记"的水平上,应重视培养学生的能力;学生能力的培养,不能只局限于"领会"的水平,应更重视"运用、分析、综合、评价"等能力的培养。

2. 情感教学目标的分类及其对我们的启示

1964 年美国心理学家克拉斯沃尔提出了情感教学目标分类,并根据价值内化的程度将其分为五级,依次是:①接受,指引起注意;②反应,指乐意参加或主动参与;③评价,指将其价值化;④价值观的组织;⑤人格,指价值或价值系统的性格化。

情感教学目标的分类启示我们:情感是一个价值标准不断内化的过程,外在的要求要变成学习者的内在价值,需要经历接受、反应和认识其价值等连续内化的过程;情感并不是秘不可言、秘不可测的,该分类对情感发展的连续描绘,为教师完成情感教学的任务提供了方向和途径;只有当学习者以积极、肯定的情感参与学习时,"我要学"才会代替"要我学"。

3. 动作技能教学目标的分类及其对我们的启示

辛普森将动作技能依次分为:知觉,了解与某动作技能有关的知识、性质、功用;定向,指对活动的准备;反应,在指导下作出反应;机械化动作,指学习者的反应已成习惯,动作表现已无错误;复杂的外显反应,能用最少的时间和精力表现全套

动作技能；适应，指技能的高度发展水平；创作，指创造新的动作模式以适应具体情境。

体育课、艺术课、工具操作技能课，语文的书写技能可借鉴此分类确定相应的教学目标。确定的目标要尽量具体、明确，最好用可供观察、测量的外显行为来表示。

二、我国研究者对布鲁姆等人教学目标分类学的借鉴和改造

我国研究者对布鲁姆等人教学目标分类学进行了借鉴和改造，逐步提出了自己的分类。

（1）关于认知领域的教学目标分类，将布鲁姆的六级分类转化为中学的"记忆、理解、运用、创新"四级分类和小学的"记忆、理解、运用"三级分类。

（2）关于情感领域的教学目标分类，以行为分类和内容分类相结合的思路，将克拉斯沃尔的五级分类转化为中小学的"接受、反应、爱好、个性化"四级分类。

（3）关于动作技能领域的教学目标分类，将辛普森的七级分类转化为中小学的"知觉、定势、熟练、自动化"四级分类。

三、教学目标分类学在语文教学中的体现

1. 认知领域教学目标的分类在语文教学中的体现

识记（或记忆，含了解）是对语文知识的记忆，领会（或理解）是掌握语文教材意义的能力，运用是指在新的具体情景中使用学习材料、进行语言表达的能力，分析是指把一件事物、一种现象、一篇文章、一组语言材料分成若干组成部分，找出这些部分的本质属性和彼此间关系的能力。综合是指把社会现象或语言材料的各个部分、各种属性联合成一个统一的整体的能力。评价是指按照一定的价值标准判断是非、鉴赏文艺作品的能力，它代表认知领域中语文学习的最高水平。

2. 情感领域教学目标的分类在语文教学中的体现

接受是指学生愿意注意语文教师的提示，愿意跟随课程的进程。反应是指学生能主动参与语文课程的实践过程，其思维积极主动地指向教学目标。评价是指学生以公开的语文学习行为表示出来的对作品或社会现象的价值判断。组织是指将各种不同的物质价值和精神价值结合起来，解决它们之间的冲突，并开始建立一个内在的一致的价值体系。如受课文的思想和作者情感的感染后，建立高尚的人

生价值观。人格(由价值或价值复合体形成的性格化)是指个人在情意领域里已形成了一个价值体系,并能在相当长时间内控制个体的行为。情意能力的最高境界就是学生能够成功地解决语文疑难问题,具有创造性的言语能力,具有高雅的审美情趣和一定的审美表现力,能够独立自主、正确地审视社会问题。比如,学习《孔乙己》时,教师先讲述鲁迅的生平和他在文学方面的成就,学生开始注意鲁迅(接受),到对鲁迅产生兴趣(反应),到通过阅读鲁迅的作品《孔乙己》来提高自己的认识水平和鉴赏能力(价值评价),到把鲁迅的价值观和自己的价值观联系起来做出判断(组织),到促进自己的人生观、国民观的发展(人格),这样的过程构成了克拉斯沃尔所说的"情感连续体",构成了情感教学目标的五个层次。

动作技能领域教学目标的分类在语文教学中的体现。动作技能在语文教学中主要指听、说、读、写等各种言语技能。言语技能结构由简单技能、复杂技能和高级技能构成。它们是需要学习和练习、需要专门训练、需要专门培养和强化训练才能掌握的。如使用工具书、查取资料、快速阅读和写作、即兴演讲、书法、播音、主持节目等。

四、在语文教学实践中展示教学目标的原则和方法

(1) 展示目标要自然,才能收到水到渠成的功效。

(2) 分散展示目标的效果优于集中展示目标。

(3) 展示目标与回扣目标(教学内容结束时回扣目标)结合效果更佳。

(4) 每一课时目标不宜太多,且要定出重点目标、难点目标。

(5) 目标不宜过细,否则教学易机械、呆板,使学生思维受到限制。

(6) 鉴于小学低年级学生对目标理解的有限性,对他们不展示目标或只变相展示目标。

(7) 对于跳跃性大、术语生僻、难度大的内容,教学目标的展示最好放在课堂的最后一个环节完成。

(8) 高年级以自学为主的课程最好课前展示目标,以起到组织策略的作用。

(9) 情感目标在课堂上不一定展现,但教学设计中必须有其地位,这样教师在课堂教学中,才能有计划、不失时机地渗透情感教学内容,实现情感教学目标。

五、为实现教学目标,如何选用教学方法

教学目标能否实现,很大程度取决于教学方法。教学方法之所以重要,是因为

它在如何根据学生心理特点,完成教学内容,达到教学目标之间起着一种中介、联结的作用。不过,就教学方法本身来说,无所谓优劣、好坏,只有适当。教师选用适当的教学方法主要受制于以下几个方面。

(一) 教学目标的要求

现代教学理论表明,根据不同的教学目标选用不同的教学方法是走向教学最优化的重要一步。因此,围绕目标的实现来选择方法是一条重要原则。

1. 首先,特定的目标往往要求特定的方法去实现

认知领域的目标有识记(或记忆,含了解)、领会(或理解)、运用、分析、综合、评价六个层次。通常,只要求达到识记层次的,可选用讲授法、介绍法和阅读法等;要求达到领会层次的,可选用质疑法、探究法和启发式谈话法等;要求达到应用层次的,则应选用练习法、迁移法和讲评法等;对于高层次的目标,如分析、综合、评价,则应选用比较法、系统整理法、解决问题法、讨论法等。

2. 其次,各种教学方法有机结合,发挥最佳功效

由于教学目标的多层次化,教学环节的多样性,必然要求教学方法的多样化。特定的方法只能有效地实现某一方面或某几方面的目标,完成某一环节或某几个环节的任务,要保证教学目标的全面实现,教学中往往要求选用几种能互补的方法,并把它们有机结合起来。

3. 再次,扬长避短地选用各种方法

每一种方法都有助于实现一定的教学目标,有其独特的功能和长处,同时也都有其局限性和不足之处。因此,选用不同的教学方法时要尽可能地避免其缺陷。如选用发现法时,要注意克服其费时、费力的缺点;若用讲授法时,则要努力调动学生的学习的积极性、主动性。

(二) 教师的素质与个性特点

由于教师个性的影响,不同教师使用同一种方法的效果显然会有差异。这里的个性主要是指教师个性心理特征基础上表现出来的教学风格,对不同的课堂气氛的好恶,与学生的亲疏程度等。例如一位平时总是表情严肃的教师在使用"游戏法""角色扮演法"时,可能就不如一位平时和蔼可亲的教师采用这种方法效果好。教师的素质差异也制约着教学方法的选择,如果一位教师善于根据自己素质的特点,选用某种教学方法来弥补素质的不足,会收到意想不到的效果。如一位普通话水平较差、朗诵水平较低的语文教师,可采用视听法,利用电教设备,如录音机播课文,来弥补素质的缺陷,从而取得良好的教学效果。因此,作为语文教师,要正确地认识自身的素质、教学风格,要善于扬长避短,根据自己的特点选用恰当、有效的教

学方法。

(三) 学生的年龄特征和学习特点

教学方法的选择还应考虑学生的年龄特点。对处于不同年龄的学生及思维水平不同的学生要采用不同的教学方法。例如,发现法和讨论法对于思维水平低下和小学低年级的学生往往不能达到预期的教学目标。角色扮演法对于低年级学生来说,往往更有利于激发他们的学习动机和兴趣。学生的思维类型差异和个性差异也影响着他们对不同方法的好恶和适应性。如有的学生必须在教师讲解后才能清晰地把握知识,也有的学生要通过亲手操作后才印象深刻,还有的学生则对经过充分讨论或自己发现的知识才过目不忘。

无论选用什么方法,都应考虑教学内容特点和文体特点,考虑如何调动学生的积极性,使外在要求转化为内在的学习需要,这样选用的教学方法才有效;同时,教学方法的选用既要考虑学生的年龄特征,又不能脱离学生的原有基础。

综上所述,教学方法的选用必须以教学目标为轴心,综合考虑各种因素的制约作用,这样,才能发挥课堂教学的整体效应。

第二章
阅读教学论与实践探索

第一节　语文教学的对话理论与实践

　　新课程提出了对话理论,这是一个崭新的理论。那么,什么是对话理论? 在教学中,应注意什么问题呢?

一、语文教学的对话理论

　　对话,是人们交流沟通的基本方式,对话具有隐喻意义和实际意义两种形式。实际意义上的对话是以相互尊重、信任、平等为基础,以言语而进行的精神上的双向交流、沟通与理解;隐喻意义上的对话,不一定通过言语来进行,一个手势、一个眼神、举手投足之间可能都在进行着对话。

　　对话不能单纯地以形式来判断,关键是看其是否具有对话的品质。对话的品质就是交流、就是相互的理解。隐喻意义上的对话强调的是对话的精神与品质,实际意义上的对话强调的是对话的行为方式与效果。隐喻意义上的对话促进实际意义上的对话,实际意义上的对话以隐喻意义上的对话为指引。单纯把对话理解为实际意义上的对话是对对话理论的狭隘化,容易导致教学中将你来我往、有问有答的形式看作对话,而实质并不具有对话实质。只要具有对话的实质,即使整堂课都是教师在讲解,也会是一种对话而不是独白。

二、语文对话教学的实践探索

(一) 语文对话教学的实践模式

《全日制义务教育语文课程标准(实验稿)》指出"语文教学应在师生平等对话的过程中进行"。"阅读教学是学生、教师、文本之间对话的过程。"王荣生在《〈语文课程标准〉的"对话理论"》一文中指出:"阅读对话与阅读教学对话是两个不同的概念。"阅读对话是指读者与文本及通过文本与文本相关者的对话。阅读教学对话则是指师生之间展开的课堂教学对话。语文教学对话可以从阅读对话、教学对话和自我对话三个方面加以探讨。当然,在具体的教学中,三种对话往往会有交叉。为便于说明,我们把这三个方面的对话看作是语文对话教学的一个基本模式。

1. 阅读对话

阅读对话包括两个方面:一方面是读者与文本本身的对话;另一方面是读者与文本相关者的对话。这是两种完全不同的对话。读者与文本本身怎样对话呢?一是抓住文本中模糊性和可意会性言语,展开对话。比如李商隐的《无题·锦瑟》诗。由于这首诗言语表达的模糊性,人们对这首诗的理解就因人而异,不同的人因意会的不同而得到不同的解读结果:有人认为是对逝去爱情的回忆,有人认为是悼亡诗,有人认为是政治失意诗等。二是发掘"文本空间",填充"意义空间",展开对话。文本空间即作者有意无意在作品中留下的可供读者去充分发挥的空间。如贾岛的诗《寻隐者不遇》,如果变换一下格式就可以看到其文本空间。

············

松下问童子

············

言师采药去

············

只在此山中

············

云深不知处

············

上面带省略号的地方就是我们所发掘的"文本空间",读者在阅读时可根据自己的理解与想象加以填充。现在我们可以提出一系列问题:诗人为什么去寻访这位隐者? 他与隐者什么关系? 隐者所居的环境是怎样的? 隐者采药作何用(自己用还是救人)？这童子与隐者是什么关系？诗人得知要寻访的人不在,他会回去还是留下来等待？这样的空间就是文本空间。

作者通过作品总想表达一定的意义,作品本身也以自己的方式呈现了一定的意义。除此之外,由于读者的参与,仍然有无限的意义等待挖掘,作者和作品所呈现的意义之外的意义,可称为意义空间。意义通过作品内容而展现,通过读者参与而实现,因为读者参与后,可能会创造出新的意义。这就是新意义的生成,就是创造性阅读。如杜牧的《泊秦淮》:

> 烟笼寒水月笼沙,夜泊秦淮近酒家。
>
> 商女不知亡国恨,隔江犹唱后庭花。

诗人为什么说水"寒"呢？为什么要用两个"笼"呢？为什么要"夜""泊秦淮",而不是"白天"呢？如果说"商女不知亡国恨",那么谁应该知道并在意"亡国恨"呢？为什么唱的是"后庭花"而不是别的曲子呢？为什么至今回响在诗人脑际的是"后庭花"而不是别的曲子呢？对这些问题的不同思考和解答,就是意义空间。再比如《孔乙己》里面,孔乙己的结局到底怎么样？作者并没有明说,这就是文本空间;读者通过想象展开自己的意义理解,对文本空间加以不同的解读,这就是意义空间。

文本空间是可以确定的,但意义空间却具有开放性和不确定性。正如一幅山水画,其文本空间可以从画面上直接看到、感受到,但这空间(即空白)处所蕴含的意义却是无限的、无尽的,这就是对意义空间的解读。

读者与文本相关者怎样对话呢？文本相关者,指与文本产生联系的人或环境,包括文本作者、文本产生的时代背景,文本所反映的时代环境、文本编辑者等。读者与作者展开对话时,要通过阅读,体会作者的情绪、感情、心境,理解作者的写作意图,理解作者的处境、创作状态等。读者与文本产生的时代背景、与文本所反映的时代环境展开对话时,既要注意文本的典型性、概括性,又要注意把文本产生的时代背景和反映的时代环境联系起来进行比照。读者与文本编辑者对话时,主要通过课文前的提示、课文内的点评与注释、课后的习题等进行,要注意多问几个"为什么",力求理解编辑者的意图,力求根据自己的理解对不满意的地方提出质疑或发表独到见解。

2. 课堂教学对话

课堂教学对话是师生和生生围绕课堂教学的主题所进行的多重互动活动。从主体互动的角度看,可以把课堂教学对话的互动分为五种类型。这五种课堂教学互动分别是:①教师与学生个体之间的互动;②教师个体与学生群体之间的互动;③学生个体与学生个体之间的互动;④学生个体与学生群体之间的互动;⑤学生群体与学生群体之间的互动。课堂教学的互动有时以某一种或几种方式为主,有时则会全部出现,这要根据具体的课堂教学内容和教学组织情况而定。

3. 自我对话

自我对话在通常意义上是指现在的"我"与过去的"我"的对话;也就是自我对过去所沉积的经验、历史、思想等的反思性理解。这种对话使自我清醒地意识到现在的"我"是有别于过去然而又不完全脱离过去的"我"。因为现在的"我"不是突然出现的,它有一种个人经历的积淀和文化的积淀,是一种从过去到现在的历史性延伸,同时这种延伸也指向未来,使自我更清醒、更理性地规划未来。自我对话指"自我"与未来的对话。我们对未来的憧憬、我们的希望、理想等其实都是现实的"自我"与未来不断对话的结果,并且也一直在不断进行着对话。"自我"就是在这种与未来的不断对话中成长、发展、成熟、完善的。

自我对话同时也是完全开放的,它也应该是在与文本、与他人对话的基础上的自我反思性理解。那么,自我反思性理解是怎么回事呢? 它包括以下四种行为方式:①向他人开放;②与他人交流;③某种包含自我更新意味的自我反省;④重新与他人交流。而且,自我反思性理解的真正提高,是以上行为的不断递进。需要指出的是,这里的"他人",对语文教学来说,包括教师、同学和课文中的人、事、情。"祥林嫂""闰土""夏瑜"的命运反映出那个时代的面貌,从而可以与我们今天所处的环境做一个比较;"玛蒂尔德""于勒""葛朗台"等人则让我们领略国外人物的生活背景、性格特征。在语文学习的过程中,通过与这些"他人"的对话,来构筑我们自己的精神生活,让这些"他人"成为我们生命的一部分,使"我"之为"我",得到进一步提升。

(二) 语文教学中假对话的表现

1. 掩盖真实意图的对话

由于种种原因,教师或学生会在教学对话中掩盖自己的真实意图,使对话成为形式上的对话,失去对话的真正意义。造成掩盖真实意图的原因是多方面的。在学生方面,由于教师的"持威施教",学生不敢、不愿表达自己的真实意图,这就很容易说言不由衷的话,导致言语"失真",也可能存在学生为了讨好老师或为了使自己获益而掩盖真实意图。在教师方面,教师为了树立自己的权威而掩盖真实意图;教师为了鼓励学生而掩盖自己的真实意图。例如,本来学生做得不好教师却说好,给学生造成一种"真好"的假象。可见,师生双方都有可能在教学对话中掩盖自己的真实意图,从而使教学走向"假对话"。请看下面的一则教学案例。

在一次课堂教学展示活动中,执教的是一位年轻的女教师。她执教的课文是《董存瑞舍身炸碉堡》。因为是借班上课，上课伊始，老师为了活跃气氛，便问学生："你们最崇拜的人是谁？"学生纷纷举起了手，有的说崇拜球星罗纳尔多，有的说崇拜影星赵薇，有的说崇拜棋圣聂卫平……学生交流结束后，老师反问："你们猜，我最崇拜谁？"话音刚落，学生们异口同声，说："老师崇拜董存瑞。"一听这么整齐的回答，坐有近百位听课教师的多媒体教室顿时爆发出一阵哄笑。

在上述教例中，学生本应该讲真话"我们不知道"，或者出现各种猜测，但是学生们却说出了他们所揣度的老师要说出的答案。老师在这儿要说出的答案"我最崇拜董存瑞"，也是一个隐瞒了真实意图的答案。这样，教师与学生都隐瞒了自己的真实意图。这样，师问生答的对话成为名副其实的"假对话"。若学生只是想老师所想、说老师所说，那么这种教学，对话不过是徒具形式而已，并非真正的对话。这种情况在我国的教学实践中大量存在。真正的教学对话的试金石是看学生思维是否活跃，是否自由表达其疑问与见解。对话的一个基本追求是真诚且真实，"假对话"所导致的是教师与学生真实自我的消失，这样的教学对话不仅不能塑造人，反而把教师与学生的人格都扭曲了。

2. 游离主题的对话

游离主题的对话有主观游离与客观游离两种情况。主观游离是在明明知道这样做的效果的情况下而继续进行"貌似对话实是假对话"的对话。客观游离则是在不明不白的情况下，谈着谈着扯远了，游离了主题。在对话中也会出现声东击西、"顾左右而言他"的对话（这与有意识的主题转移不一样）。不论何种原因游离了主题的对话最终成为一种"假对话"。

某教师教鲁迅的《论雷峰塔的倒掉》时，上课后问学生要求讲什么，学生说："鲁迅花那么多笔墨讲吃螃蟹的事情，有这个必要吗？"老师接过话来说："好，这堂课我们就讨论这个问题。"于是，学生争来争去，一堂课就这样很快过去了。

这样的教学对话不仅没有抓住教学主题，而且完全游离（背离）了教学主题，造成了课堂资源的浪费。可见，在教学中始终紧紧围绕主题展开对话是十分必要的。

3. 不具实质的对话

有效对话一般是真对话；无效对话则可能是"真对话"，也可能是"假对话"。其中，无效对话的一种情况就是"不具实质的对话"这样一种"假对话"所致。不具实质的对话就是一种无效对话，是指在一些常识之见上绕来绕去，徒具问答的对话形式，实质上根本不解决问题的对话。

一位语文教师在教《刘胡兰》一文时，与学生进行了一段问答。师问："这篇文章是写谁的？"生答："是写刘胡兰的。"师问："你怎么知道的？"生答："题目就是刘胡兰。"师问："这个故事发生在什么时候？"生答："1947 年 1 月 4 日。"师问："你怎么知道的？"生答："课文第一句就是这么写的。"师问："这个云周西村在什么地方？"有的学生答在陕北，有的学生答在延安。师说："云周西村在革命根据地。"课文中有敌人对刘胡兰说的这么一句话："你说出一个共产党员给你一百元钱。"师问："谁知道那时发什么钱？"有学生答是发银圆，有学生答是发铜板，另一个学生则说："那时候的钱中间是有窟窿的。"教师最后作总结：反正那时候的钱比现在的钱值钱。

这个教例中的对话，徒具对话的形式，而无对话的实质，不是真正意义上的对话，是"假对话"。这样的对话是对学生的不负责，是对学生时间的浪费。课堂教学中的这种假对话主要是教师不能提出具有深度的引导性问题所致，根本原因是教师的教学水平不足。

4. 独白式对话

课堂教学中，教师早已有预定的答案，却要以对话的形式来与学生进行"对话"。不论对话的结果是什么，最后唯一正确的答案是教师手中的答案。教师用自己的"标准"答案(有时其实也不是教师的观点，这一点更是教师的可悲)，否定了全体学生的答案，并要求或强制学生接受他的答案。这样的对话就是独白式对话。

叶圣陶先生所著的《倪焕之》中有这样一则教学案例，说教师上课时：

问的时候，教师一而再，再而三地发问，直到听见了他们预想的答语方才罢休。譬如问："我们天天吃什么东西的？"回答说："粥。"于是又问："粥以外，吃什么东西呢？"回答说："饭。"于是又问："饭以外，吃什么东西？"回答说："面、馒头、大饼、油条。"于是只得换个方法问："我们每天不是吃茶么？"回答说："真的，我们每天吃茶。"这才算满意，开始转入本题说：我们今天就讲这个"茶"。

有位家长记录了这样一件事：

在语文课上，老师在讲说明文《向沙漠进军》时，提了这样一个问题：作者竺可桢写这篇文章为了什么？ 一个学生回答说："是为了改造农田。"教师评说："不全面。"另一个学生想了想，说："为了加强环保。"教师认为"太时髦"；这时这位家长的儿子插话道："为了多拿钱！"老师听后很恼火，大声命令道："卞某某，你给我站起来！"这一站，就是半个小时。最后，老师给定的标准答案是"为人民服务！"

造成独白式对话的原因，主要是由于教师教育观念的陈旧落后，墨守成规，由于教师教学方法的呆板而缺乏灵活性，也由于教师不能放下权威。教师仍然以一己之见(甚至还不是自己之见)紧紧把持着、控制着课堂，控制着标准和"真理"，剥夺了学生的言语权，也是导致独白式对话的另一原因。

5. 自说自话,互不碰撞的对话

表面上对话双方有来有往,好像讨论、争论、辩论得很激烈,但实际上却是自说自话,互不理睬,双方只坚持自己的立场,只想说服对方,让对方认同自己的观点,而不试图去理解对方。这样的"对话"在两条逻辑线上展开,根本没有思想与观点的碰撞。所以,这种对话也是一种"假对话"。许多辩论就不是"真对话",因为辩论到最后变成了双方交替进行的自言自语,变成了对自己观点的坚守与捍卫。对话不是在两条平行线上滑行,而是围绕一个主题互相碰撞、不断展开的。只有这样才能互相理解、达成共识。对话的本质是理解,没有理解就没有真正的对话。

第二节　语文教学呼唤深度对话

有些教师在课堂上开展了对话,但深度不够,语文教学呼唤深度对话。

一、为什么语文教学呼唤深度对话

《语文课程标准》指出:"语文教学应在师生平等对话的过程中进行。"阅读教学是教师、学生、文本、编者之间对话的过程,是"物我回响交流的过程"。真正的"对话式"语文教学体现的是对话主体间视界的融合、精神的相遇、理性的碰撞和情感的交流,是对话主体各自向对方的"精神敞开"和"彼此接纳"。但是,对话教学的现实却让人忧心忡忡。

虽然对话的理念早已渗透在我们的课堂教学里,但却是并不理性地长期徘徊在低效、浅层的边缘,而没有自觉地去追求一种理性的、高效的,尤其是一种有深度的对话。造成课堂的浅表对话,有教师教学操作上的原因,也有教师教学素质、理念上的原因:

(1)教师过多讲析,过早总结,重视结论,忽视过程,以自己和文本的对话代替了学生与文本的对话,代替了学生的自主思考和体验;

(2)设计的问题粗糙、肤浅、琐碎、随意,对话目的不明确,思维含量低;

(3)学生参与对话的准备不足,表现为学生朗读不够,品味不够,讨论不够,自主思考不够,知识储备不够,仓促对话,自然是隔靴搔痒,不着边际;

(4)教师的教学语言缺乏锤炼,啰嗦重复,层次不清,指向不明;

(5)不当的多媒体画面与视频,干扰、代替或是跳过了学生对文字本身的涵泳体悟；

（6）教学起始"缓入"——磨磨蹭蹭，过分渲染；收束"早出"——草草收兵，过度发挥；过程"泛化"——剥离话题，脱离文本；资料引入，冲淡主题；虚晃一枪，蜻蜓点水；频繁合作，轰轰烈烈；消解崇高，"戏说"语文；

（7）教学的重点放在"写了什么"即言语内容，而不是"怎样写的"即言语形式上。岂不知言语内容为很多学科所共有，而独言语形式才是语文所独有；

（8）教师急功近利，教学过程也着眼于考试，肢解文本，堆砌考点；

（9）教师过分夸大学生的自主地位，对话中缺乏必要的调控和深入的引导，"从流飘荡，任意东西"，学生信马由缰，缺乏有意义的接受性学习，学生也就原地踏步，缺乏发展。

课堂教学是师生生命与灵魂的一面镜子，也是师生不可重复的一段生命历程，每节课甚至每一个教学环节都应该是师生的一次精神的探究，并为此收获丰厚、愉悦的高峰体验。那种没有思维含量的浅表对话，是对语文教学的异化和戕害，最终造成了学生对语文情感上的疏离和漠视。

二、怎样进行有深度的对话

1. 吟诵美读

（1）悟从读来。"提出问题—朗读文本—解决问题"，这是基本的范式。把要解决的问题融化在朗读中，让学生自主感悟，绝不空泛讨论。学生的每一次朗读，要解决什么问题，指向清清楚楚；而学生的每一次回答，便是刚刚读完一遍来自文本的新感受，而不是"想当然"的脱离文本的所谓"创新"见解。如此循环往复，渐入佳境，朗读便成了促进学生与文本深度对话不可逾越的重要一环。

（2）读从悟来。即把理解转化、外化成朗读。朗读亦是一种对话。朗读中的"有感情"是在与文本的平等对话中文字所引发的个体的心灵波动，它首先应该是一种精神和情感的导航。真正理解文本之后的朗读，才真正传达了浓郁的"语文味"。琅琅的书声裹挟着个性化的理解在师生之间、生生之间传递、撞击，必能激起思维的火花，掀起情感的波澜。于是，朗读一方面加深了对文本的理解，一方面又成了检验深度对话的标志。

2. 巧插妙引

适时适度地穿插引入，往往会起到促进理解，丰富体验，拓展外延，推波助澜的作用。

（1）穿插问题。教师循序渐进地抛出问题，层层剥笋，这既遵循了学科规律，又遵循了学习规律,自然使学生的理解走向深入。相对感性的朗读一旦和理性的问题结合在一起,认识便获得了升华。

(2)穿插想象。每一次想象,都是向文本多走近一步,都是一次和文本的对话,一次对语言文字的触摸,一次对课程资源的挖掘,一次联系生活经验的解读,一次在对比中对文本的烘托。于是平淡的文字,就变成了潺潺的情感小溪,一直流进同学的心里……

(3)穿插资料。当学生的知识储备不足,"前理解"不够时,学生的视野便远远小于文本的视野,使这个本来就稚嫩的对话者更处于弱势地位,穿插资料便能使对话在"平等"中得以延续和深化,也使教学过程呈现出了"山重水复疑无路,柳暗花明又一村"的跌宕之美。资料有时是正面的,譬如写作的背景,别人的评价等;有时是反面的,譬如相反的现象、做法、评价,有时是侧面的,譬如类似的现象、做法、情感等。这样就把文本放在了一个较为深广丰厚的背景中去理解,从而获得超出文本之外的认识。知识内存的增容,视野网络的互联,才能带来思维方式的刷新和鲜活语言的下载。

3. 含英咀华

语言不仅是一种工具,更是人的生命活动、心灵活动。言语教学是语文教学的立身之本,坚守了语言,才真正坚守了语文,忽视甚至淡化语言学习的语文教学,是对语文和学生的戕害。语文教学应该是"贴着文本的地面,漫步在言语的密林,穿行在字里行间"。

《我用残损的手掌》片段——

生1:为什么诗人的手掌不是"完整"的,而是"残损"的?

师:"残损"是什么意思?

生2:伤残破损。

——这是浅层次的字面义上的解释。

师:那么诗人的手掌为什么是"伤残破损"的呢?(学生沉默)

生3:给我们介绍介绍写作的背景吧!(教师出示写作背景及诗歌《等待(二)》片段)

师:这首诗真实地记录了诗人在狱中所受到的惨无人道的折磨。这下,大家明白诗人的手掌为什么是残损的了吧?

生4:明白了。"残损的手掌",是诗人遭到日寇摧残的结果。

——这是较深层次的内涵义上的解释。

师:它还让你想到什么?

生5：它让我想到被日寇蹂躏的山河破碎的祖国！

生6：它让我想到了诗人不屈不挠的意志和对祖国必胜的信念！

师：是啊，我们仿佛看到在侵略者铁蹄下祖国母亲憔悴痛苦的容颜，她的儿女也饱受煎熬，在烧焦的国土上摸索爬行……

——这是更深层次的情感义的阐释。情感内涵的揭示，才是语词理解的最高境界，它带来的不仅是准确的理解，更能对读者形成强大的冲击。这就是"三维"目标之一——"情感态度价值观"的独特魅力。

再如《悼念一棵枫树》的第一节，诗人这样写道："湖边山丘上/那棵最高大的枫树/被伐倒了……/在秋天的一个早晨"，乍一看，没有什么探究揣摩的必要，其实不然，按理说，叙述一件事情，应该是先说时间，然后再是地点和事件，可是这首诗却把时间放在了最后。这表述颠倒的背后，诗人在说什么呢？原来诗人想说的话就是，枫树死得太可惜了！秋天本应是枫树绽放生命最美的季节，可它还是一棵苍翠的枫树，哪怕再给它多留一天的生命，一场秋霜过后，定会红遍漫山遍野！一日之计在于晨，早晨是一天的开始，是充满希望的时候，迎着朝阳的枫树该有多美！可是它就是在这样一个季节和时间被伐倒了。这岂止是让人感到可惜！一定的语言形式表达一定的语言内容；语言形式一旦变化，语言内容一定也跟着变化。朱光潜说："在文字上推敲，骨子里实在是在思想感情上的'推敲'。"语文味，正期待着这种咬文嚼字的"推敲"。

一些传统的教学方法闪烁着对话的光辉，但正被忽视着。譬如背诵，就是直接面对文本的语言形式与经典和巨人直接对话的语文实践活动，就是沿着课文语言的阶梯去攀登课文作者的精神境界，攀登的过程就是作品的思想情感内化为学生的思想感情的过程，同时也是广化、深化、美化语感的重要途径。比如抄写、默写、复述、描述、缩写、续写、改写等，只要做得恰当、扎实、深入，都是让学生展开与文本深度对话的好形式。

语文教学，呼唤深度的对话。诗人泰戈尔说："不是锤的打击，而是水的载歌载舞，才使鹅卵石臻于完美的。"深度对话的语文教学便是那载歌载舞的水，使语文课堂充满科学和人文的光彩。

第三节　把"SQ3R"阅读法运用于略读课文的教学中

"SQ3R"阅读法是国外近几年流行的一种阅读方法。由 survey、question、

read、review、recite 等五个单词组成有序而完整的体系,翻译成汉语就是"浏览-提问-阅读-复述(或复习)-背诵"。"SQ3R"阅读法(实际上是一种教学模式)的以上五个环节,不仅适合某一本书(或章节)的教学,也很适合我国现行教材略读课文的教学,所以,又称为"五环节略读教学模式"。

在略读课文的教学中,创造性地运用"SQ3R"阅读法,能收到良好的效果。

"浏览"本是快速阅读,整体感知课文的内容、感情和艺术手法。笔者指导学生在快速浏览中注意抠题目中的关键字、词——字眼;注意抓段落中的中心句——段眼;注意找全文的中心句——文眼。这样,在"浏览"中收到了既快捷又便于准确把握文章内容和形式的效果。

"提问"本是学生根据自己对课文的理解提出或就课后提示提出一些有意义、有针对性的问题,以使阅读更有目的性。在这一环节中,笔者不仅让学生自己给自己提问题,指导他们用"5W＋1H"加以提问:谁(who)、什么(what)、什么时候(when)、什么地点(where)、为什么(why)、怎么办(how),并尝试加以回答。还创造性地运用了教师提问的方法,教师提出 1～3 个跟教学目标联系最紧密的有分量、有一定难度的问题,以便学生在进入第三个环节——"阅读"后师生一块儿去探讨。

"阅读"是在前两个环节的基础上进行的第三个环节,这一环节强调学生的自我研读。为此,笔者指导学生用圈圈、点点、画画、答答的方法来进行,还指导学生在阅读多遍并进行深入的思考后,仍对一些问题搞不清楚的情况下,要养成问同学、问老师的习惯。

"复述"这一环节,本指学生自己讲述内容或复述情节,回答自己、老师或课后提出的有关问题,笔者创造性地指导学生开展"评一评"活动:就文中所涉及的内容、情感或写法,谈谈自己的体会或感想。这样,使这一环节变成了既述又评的"述评",有利于学生思维能力和认识能力的提高。

"背诵"这一环节本指通过书面概括或口头概括等手段,最终达到熟读成诵的目的。有时候,对没必要背诵的课文,笔者指导学生用"说一说、写一写、练一练"的形式,以收到巩固和强化的效果,把这一环节变成了实质上的"练习"环节。

"SQ3R"阅读法是一个完整的体系,只有每个环节都充分发挥作用,才能取得最佳学习效果。但是,它不是固定不变的教条,可根据学生的情况、课文的情况灵活使用,进行改造与创新。坚持创造性地运用"SQ3R"阅读法,可突出学生在学习中的主体地位,有效地实现学习的三个转变:变被动学习为主动学习,变无目的性学习为有目的性学习,变无序学习为有序学习。坚持创造性地运用"SQ3R"阅读法,有助于培养学生的自学能力,从根本上讲,能显著提高学生的学习效率,实现教学的最优化。

第四节　从"教教材"走向"用教材教"

在语文教学中,我们在很大程度上不是不"教教材",也不是只"用教材教",而是既要"教教材",又要"用教材教",从"教教材"走向或上升到"用教材教"。因为选文本身是需要学生学会并理解的,这就要"教教材",然而这还不够,还要把选文作为一个例子来训练言语技能,训练学生的听说读写能力,这就要"用教材教"。

其实,从"教教材"走向"用教材教"体现了教师不同的专业化程度,二者内部的层级同样也体现了教师不同的专业化程度。为什么这样说呢?

从语文教学的全局看,以语言内容为中心的授之以"鱼"式的语文教学,大体包含三个层级的教学:一是传话式语文教学,教师简单讲授备课结果,将文本的主题、思想情感等采用"贴标签"的方式灌输给学生;二是串讲式语文教学,教师在吃透教材的基础上,以权威的姿态,沿袭庖丁解牛的方式引导学生理清文本思路,理解文本主题和思想情感等;三是对话式语文教学,教师深谙文本读写规律,但只以合作者身份参与学生对文本的分析,在互动对话中,将学生的认识引向深入,它强调的是"创造",要求教师产生不拘泥于文本的新的模式或结构来实施文本内容的教学。显然,在这三个层级的教学中,后者的专业化程度明显高于前二者。

以语言技能为中心的授之以"渔"式的语文教学,大体也包含三个层级的教学:一是以文明法式教学,教师在讲解文本内容的基础上,明示学生读解或表现文本主题、思想情感的知识与方法;二是以文训法式教学,教师总结出解读或表现文本主题、思想情感的言语心智技能的操作程序,结合文本示范分析后,学生依操作程序独立读解或写作文本;三是序列训法式,这主要是从完整的教学周期而非某篇或某单元看,教师的读写训练体现出由简单到复杂、由低到高、逐项训练、前后相继、不断加深、阶段各异的特点。前者指向学生对读写知识与方法的理解,只要求教师在对言语内容讲解分析的基础上,能识别言语内容背后所涉及的读写知识与方法;中者指向学生单项读写心智技能的形成,要求教师不仅要识别,更要能将这些静态的读写知识与方法转化成可直接调控学生读写活动的操作程序,并能与文本内容有机结合,组织引导学生操作训练;后者指向学生系统读写技能的形成,要求教师了解学生言语能力不断发展的阶段和规律,有全局的、系统的、序列化的言语技能训练体系。显然,后二者较之前者,不仅要求教师具有扎实的语文专业的理论与知识,还要求教师具有深厚的教育心理专业的理论和知识。因为要将形诸于内的读写心智技能用可见的语言操作活动表现出来,成为一种相对稳定的结构框架和活动程序,用来组织指导学生的语言实践活动,还要与文本内容相结合,这些都是不易掌握的技术。显然后二者的教师专业化程度明显高于前者。

第五节　语文教学方法、教学模式论与实践探索

教学方法与教学模式,是实现教学目标的重要手段。在语文教学中,主要有哪些教学方法和教学模式呢?

一、现代语文教学的基本方法

(一) 教学方法的含义及构成要素

教学方法是教学活动中为达到一定的教学目标所采用的手段。有人也称之为教学策略。它是在特定的教学过程中,根据特定的教学目的和教学内容来选择和使用的,包括教的方法和学的方法。

教学方法在教学活动中具有重要的作用:教学的指导思想要通过它来贯彻、体现,教学模式中的各个程序也要靠它来落实。

(二) 语文教学的基本方法

语文教学方法的分类比较复杂。分类的标准不同,分类结果也就不同。为了真实地体现每一种教学方法的本质特征,这里以教学方法的构成要素为依据,把教学方法分为言语法、观察法、操作法三大类。

1. 言语法

所谓言语法,就是利用言语的外在表现形态——听、读、说、写等中介进行信息交流,以达到教学目标的教学方法。它是语文教学中最基本的方法。

言语法又可以根据其形态(口语或书面语)和教学中信息的流向分为阅读法、问答法、讲解法、讨论法、质疑问难法等几种不同的形式。

(1) 阅读法:以学生的阅读为主要活动形式的教学方法,它是传统的语文教学方法,也是学生自学的主要方法。又可分为朗读、默读、速读、跳读等多种形式。在教学中较常用的是朗读、默读与速读。

（2）问答法：以教师与学生之间的提问和回答为主要活动形式的教学方法，我们在习惯上把教师的问叫作提问，把学生的问叫质疑。教师的提问有些是为学生初步了解教材内容而进行的，有些是为引导学生深入理解教材内容而进行的，有些是为总结教学而进行的，有些是为了激发学生的创造性思维而进行的……不管是哪一种，教师都应对问题进行周密的设计，所提问题一要具体、明确，不能大而不当；二要有思考价值，不能只重形式不顾内容；三要有针对性，不能漫无边际，想起什么就问什么，同时还应对学生的回答给予及时评价。

（3）讲解法：也叫讲授法，是以教师系统严密地讲解、分析为主要活动形式的教学方法。它也是一种传统的语文教学方法。

无论什么时候，在课堂教学中，教师的讲解都是必要的。关键是要解决好三个问题：为什么讲？讲什么？怎样讲？

为什么讲？就是要明确讲解的目的。一方面，我们不能把教师的讲解奉为唯一的法宝，认为只要教师一讲，教学的任务就可以完成了。另一方面，我们也不能无视讲的作用。叶圣陶先生认为，教师教任何功课，“讲”都是为了达到用不着“讲”，这个看法是辩证的、科学的，对我们应有所启发。

讲什么？就是要确定讲解的内容，一般来说，教师的讲解有四个方面：一是介绍相关材料，帮助学生扩大知识面，增进对教材的理解；二是分析教材中的重点、难点；三是答问解疑；四是评价学生的学习结果。

怎样讲？就是要选择恰当的讲解方式。根据不同的教学目标、教学内容和学生的实际情况，教师可以采用的讲解方式有串讲、评点、分析等。

（4）讨论法：由教师设计问题，通过小组或全班的讨论加以解决的教学方法，是近年来用得较多的方法。

使用讨论法，应注意三点：一要选择有针对性的，能突出教学重点、难点的论题；二要让学生进行充分准备；三要发扬教学民主，教师可以参与讨论，但不可把自己的观点强加于学生。

2. 观察法

观察法是指教师指导学生通过观察外界事物而获取知识、发展能力的教学方法。观察的对象可以是实物，也可以是形象直观地反映这些实物的模型、图片、影视片等。观察法就其在语文教学中使用的频率来说，不及言语法，也不及操作法，因而是一种辅助的教学方法，但它却有不可忽视的作用。使用观察法，不仅可以开阔学生的视野，增强学生的感性认识，扩大学生的知识面，帮助学生加深对教材内容的理解，更重要的是它能够培养学生敏锐的观察能力和良好的观察习惯，促进学生智力的发展。

运用观察法,教师一要教给学生观察的方法,如全面观察与重点观察、静的观察与动的观察、直接观察与间接观察、解剖观察与对比观察等;二要帮助学生确定观察目的;三要指导学生制订观察计划,选择适当的观察方法。

3. 操作法

所谓操作法就是教师指导学生通过实际操作,巩固知识、形成能力的教学方法。在语文教学中,它主要是指教具和电化教学设备的操作运用,它不包括我们所说的语文练习,因为语文练习归根结底仍是语言的运用,应该归入言语法的范围。

二、教学模式的构成要素、性质与作用

(一) 教学模式及其构成要素

教学模式是指在一定的教学思想指导下,为达到既定的教学目标而设计的、在教学过程中遵循并体现出来的比较稳定的教学程序及其方法的策略体系。

教学模式的构成要素有以下几方面。

(1) 教学思想,即人们对教学的认识以及由此形成的为什么教学和怎样教学的指导思想。它是教学模式形成的思想基础。

(2) 教学目标,即人们预期的通过教学要产生的结果。它对教学模式的形成起着定向作用。

(3) 教学过程中教师、学生、教学材料的组合方式以及由此形成的教学程序。它是教学模式在时间和空间上的表现形态,具有可观察性和可操作性。

(4) 相应的教学方法和策略,它是教学模式的技术基础。

(二) 教学模式的性质、作用

教学模式是教学理论与教学实践的中介,是沟通二者的桥梁。一方面,它是对教学规律的反映,以某种具体的格式体现出来,具体规定了教学过程中师生双方实践、认识的程序。另一方面,教学模式本身就是教学实践的一种形态,是师生双方活动的时空上的表现形式,是从千差万别的教学实践活动中总结出来的教学经验的升华,目的是提高教学实践的效率。

教学模式的中介性决定了它在教学中的作用主要有二:一是为教学建立较为完备的有科学依据的教学法体系,这种体系有明显的可操作性,从而使教师摆脱凭感觉和经验教学的局面,使教学活动更科学化,更符合教学规律和学生身心特点;二是将各种模式加以完善和综合,逐步上升为教学理论。第一个作用是自上而下

的,即由理论到实践;第二个作用是自下而上的,即由实践到理论。两方面有机结合起来,恰好体现了教学模式中介性的本质特点。

三、国外有影响的语文教学模式——关于"两个半模式"的说法

自 1904 年语文独立设科 100 年来,传入中国的外国教学模式非常多,但真正对我国语文课程实践产生重大影响的只有两个半模式。一个是莱因模式,因为它首先是以"语文"的面目出现的。虽然最初它是德文教学模式,但德文和中文在各自的国家都是母语,作为母语教学,它们有相同之处。另一个是苏联凯洛夫的文学教学模式,它和莱因模式有相似之处,因为它们都姓"语"。"半个"模式,是单元教学模式,倡导人是美国的教育家莫里逊。莫里逊的单元教学模式或单元教学法,20世纪 20 年代传入我国。20 世纪 40 年代,夏丏尊、叶圣陶出版的《国文百八课》开始按单元编制语文教材。问题在于单元教学模式应用于自然学科是非常成功的,因为数理化的一个单元就集中讲一个问题;而语文虽然用了单元形式,每个单元有四五篇课文,编者也费心地提出了单元要求,但大多数语文教师还是一篇一篇地教,因为把几篇课文当作一个问题来教,的确有点难为语文教师。究其原因,它原来不姓"语",后来虽然移植了,但终究有点排他性,所以说它是"半个"模式。

(一)德国莱因的"五段教学模式"

19 世纪德国著名的教育家赫尔巴特提出了四阶段教学模式,他的弟子莱因后来又对其进行了改造,并把他首先运用在语文教学上,这就是后来广为流传的"五段教学模式"。这五段的主要教学程序和策略如下。

(1)预备——复习旧课,解释新词,熟悉课文。

(2)提示——说明教学目标和教学重点。

(3)比较——通过新旧知识的比较,建立知识之间的联系。

(4)概括——归纳文章的主要意思,得出概括性的结论。

(5)应用——把知识运用于实践,提高能力。

(二)凯洛夫的五环节教学模式

凯洛夫特别强调知识传授在教学中的中心地位。他根据认识论的观点,认为教学过程是学生在教师引导下的特殊认识过程,要经过"直观-思维-实践"这样的阶段,提出了教学过程的六个环节。20 世纪 50 年代,凯洛夫的《教育学》被介绍到中国后,有人对它进行了改造,成为五个环节,依次是:①组织教学;②复习旧课;③讲授新课;④巩固新课;⑤布置作业。

从教学策略上看,凯洛夫的五环节教学模式强调了三个中心,一是以教师为中心,二是以课堂为中心,三是以书本知识为中心。他极力主张以书本为中心的分科教学,重视人类的间接经验,试图以这种方式使学生获取各门学科的系统有序的知识。

(三) 莫里逊的单元教学模式

单元教学,最早出现在 19 世纪末、20 世纪初,是欧美"新教育运动"的产物。其主要的主张是,学生学习内容和活动应该是完整的,反对把教材分割成一课又一课,认为这样不符合学生的心理,尤其不符合完形心理学原理,不利于发展学生的能力和合作精神。据此,他们把学习内容划分为较大的单元。

莫里逊通过单元教学方式,使学生在数日或一周的时间内学习一项教材或解决一个问题,以促进学生的人格发展。

莫里逊将教学过程分为五步:

第一步——试探。通过预测验,了解已知和未知,用发问、讨论、测验、谈话等方式引起学生学习本单元的兴趣。

第二步——提示。采用"作业指定单",其中包括学习目的、中心问题、参考资料、学习方法等,使学生了解本单元教材的纲要,作为研究的准备,并进行提示测验。

第三步——自学。在教师指导下,学生自行研究,包括阅读课文,收集资料、做读书笔记等。

第四步——组织。学生把学习所得组织成一个系统或构成一个合理结论。

第五步——复述。学生将自学结果以口头或书面形式向老师和同学进行交流。

美国许多学校在采用此模式时,一般分为三个阶段:指定作业、自学、讨论。

单元教学模式的特点是始终把学生当作学习的主体,贯彻教师指导学生自学的原则,重视学习的有效性,对知识务求领悟,对技能务求熟练。

四、国内有影响的现代语文教学模式

始于 1978 年的新时期语文教学改革,经过十几年的发展,取得了很大成就,其中对语文教学模式的广泛研究,则是其中重要的一个方面。据不完全统计,到 20 世纪 80 年代末 90 年代初,见于报刊的各种语文教学模式就有二十几种。这些模式的产生,对语文教学的内容和形式产生了重要的影响,改变了语文教学中程式化教学泛滥的局面,加速了语文教学科学化的步伐。在这些模式中,影响较大的主要有以下几种。

（一）上海育才中学的"八字四步"语文教学模式

20 世纪 70 年代末,上海育才中学针对当时流行的满堂灌、题海战术,率先打破语文教学中程式化的僵局,提出了"读读、议议、讲讲、练练"的八字要诀,其中读是基础,议是关键,练是应用,而讲则贯穿教学过程的始终。在不断的探索中,终于形成了一种独特的语文教学模式。

这一教学模式的目标就是使知识的掌握与能力的培养结合起来。调动学生学习语文的积极性与主动性,在学生读的过程中使其获得知识,养成自学的能力和习惯,在议、讲、练的过程中运用知识,形成语文能力,发展学生思维。

这一模式的教学程序为:

读读——学生阅读教材,主动获取知识,养成自学能力。

议议——在教师指导下,对疑难问题进行讨论、切磋。

讲讲——在整个教学过程中,针对学生存在的难点、疑点,教师作必要的讲解、指点、说明。

练练——让学生在课堂上进行必要的练习,巩固知识,形成能力主要的教学策略有:第一,教师有重点的精讲,抓住主要矛盾,突出关键内容,引导学生积极思考;第二,学生主动的自学、阅读时要仔细、深入,讨论时要广开思路,练习时要善于举一反三,触类旁通;第三,教师的巡回指导,目的在于及时对学生进行引导、启发、点拨,创造一种良好的课堂气氛。

这一教学模式,既重视学生在学习中的主体地位,又重视发挥教师的主导作用,读、议、讲、练都是由师生双方互相配合,共同活动的。它使语文教学过程变得生动活泼,加强了信息的交流与反馈,很受学生欢迎,在全国也产生了比较大的影响。

（二）魏书生的"自学六步法"教学模式

语文特级教师魏书生是辽宁省盘锦市实验中学校长。他所在的学校是差生较多的普通中学,为了大面积提高差生的语文水平,他经过长期探索,将以知、情、意、行为基本要素的德育心理理论,移植到语文教学中,创造出了以培养学生自学能力为主要目标的"自学六步法"语文教学模式。

这一模式的基本程序包括六个环节。

（1）定向——师生共同明确学习目的。

（2）自学——学生围绕学习目的有的放矢地学习教材内容。

（3）讨论——学生就自学中产生的疑难问题进行全班讨论或小组讨论。

（4）答疑——教师对学生经讨论仍未解决的疑难问题进行点拨、解答。

（5）自测——学生对照课文教学目的，进行自我检测。

（6）自结——学生根据自测结果，及时总结学习收获，发现不足，及时复习强化。

魏书生认为，从心理学的角度看，自学能力不仅是一种学习能力，也是一种优良的心理品质和个性特征，它是在知、情、意、行的心理过程中形成和发展起来的。知，就是提高学生对培养自学能力的认识；情，就是使学生从感情上体验到自学的幸福和欢乐；意，就是培养学生持之以恒地进行自学的毅力和习惯；行，就是让学生掌握自学的方法。基于这一认识，魏书生把他的自学六步法的基本教学策略确定为：提高认识，以"知"作为培养自学能力的基础；激发兴趣，以"情"作为培养自学能力的动力；培养习惯，以"意"作为形成自学能力的保证；教给方法，以"行"作为培养自学能力的基本途径。在这些教学策略中，"行"是核心。魏书生认为，认识、兴趣都是解决"我要自学"的问题，具体怎样自学，就必须教给学生方法。他从两个方面入手把自学方法教给学生。第一，教给学生自学统编教材的方法，包括自学总体的语文书——引导学生对全套教材进行分析，讲清初中阶段语文知识总体结构，引导学生画语文知识树；自学一本语文书——让学生通览一册语文教材后写出教材分析，把握教材结构体系；自学一类文章——引导学生把一本书中体裁相同的文章集中起来读，进行比较、分析，掌握规律性的东西；自学一篇课文——教给学生"四遍八步"读书法。第二，教给学生"三结合"的自学方法，即听说读写结合、课内课外结合和学与用结合。

魏书生曾明确指出，"自学六步法"教学模式的理论依据之一是信息论。"定向"是控制信息的接受范围，排除干扰信息；"自学"则是主体接受信息、消化知识的过程，"讨论""答疑"是信息传递、交流的主要过程；"自测""自结"则是信息的反馈过程。

这一模式经过教学实践的检验，证明它是切实有效的，能大幅度提高学生的语文水平。它的优点是：第一，它注意了课堂教学结构的整体性，完整地反映出教学系统的空间结构与教学过程的时间结构的辩证统一，有利于发挥师生双方的主观能动性；第二，它建立了系统而完整的信息反馈通道，可以通过师生之间以及学生之间的信息交换，随时掌握教学现状与既定教学目的之间的差距，灵活、机动地调整教学手段，提高教学效率。

（三）钱梦龙的语文导读法教学模式

这一模式是上海嘉定实验中学校长、特级教师钱梦龙在长期的语文教学实践中总结提出的。它的全称是"三主四式语文导读法",所谓三主,是这一模式的主导思想,即以学生为主体,以教师为主导,以训练为主线。其中前两个"主"重在阐明教学中教师与学生的关系,钱梦龙认为,在教学中,教师的作用应是组织和引导教学活动,使其按预定的方向进行,而教学的出发点和落脚点则在于学生如何学,因此,教学活动的主体应是学生,他们既是认识的主体又是实践的主体。"以训练为主线"则是"以学生为主体,以教师为主导"的具体化,是完成教学任务的基本途径。所谓"四式",是贯彻"三主"思想的语文导读模式的四个基本阶段的训练方式。

(1)自读式:即学生自己阅读教材,理解教材内容。钱梦龙吸取国外流行的SQ3R阅读法的精华,结合自己的教学实际,设计出一套适合学生的自读步骤,包括:认读,即借助工具书理解字、词、句,初步读懂文章;辨体,即辨别文章体裁;审题,即分析文题的语言结构、含义和作者意图;问答,即学生自己提出问题,寻求答案;质疑,即就课文中的难点向教师或向同学提出问题,加深理解;评价,即对文章思想内容、艺术手法等方面做出自己的评价。

(2)教读式:即在自读基础上,对自读中仍未解决的问题,由教师引导、点拨,学生再次阅读、体会,加深理解。

(3)练习式:即设计一定的作业,使学生在完成作业的过程中进一步巩固知识,形成能力。

(4)复读式:即在阅读了一定数量的文章后,将这些文章组合在一起,形成复读单元,让学生复读,在比较中得到新的收获。

这一教学模式体现了正确的教育思想,符合语文教学的规律,使学生由学习的"奴隶"变成了学习的"主人",它能促使学生扎扎实实地掌握语文基础知识与基本技能,能卓有成效地提高学生的阅读能力,很值得我们借鉴、学习。

(四) 张孝纯的"大语文教育"模式

张孝纯是河北省邢台八中的特级教师,他从1983年起开始主持进行"大语文教育"实验。他认为,语文与生活同在,凡有人类生活的地方都有语文,而语文本身也是源于生活,人们又时时借助语文来参与生活并使自己的语文能力在此过程中得到发展。因此,语文教育不能把自己局限在课堂的狭小天地里,而应该与丰富多彩的社会生活联系起来,形成一个开放的系统,走"大语文教育"之路。所谓"大语文教育",概括地说就是"以语文课堂教学为轴心,向学生生活的各个领域开拓延伸,全方位地把学生的语文学习同他们的学校生活、家庭生活和社会生活有机结合起来,把教语文和教做人有机结合起来,把发展语文能力同发展智力素质和非智力素质有机结合起来,把读、写、听、说四方面的训练有机结合起来,使学生接受全面的、整体的、能动的、网络式的和强有力的培养和训练"(张孝纯《"大语文教育"的基本特征——我的"语文教育观"》)。根据这一指导思想,他设计提出了"大语文教育"的主要模式。它包括"一体两翼"(一体即课堂教学,两翼,一是开展课外语文活动,二是利用语文环境)的总体教学模式、范文阅读教学模式、参读教学模式(参读即参读相关文章)、说写教学模式、基本语文知识教学模式等。我们在此重点介绍其中的范文阅读教学模式。

范文阅读教学模式包括三个基本步骤:

(1) 预习、见疑:让学生充分感知教材,产生疑点,并向下一步理解教材过渡。

这一步骤的教学策略主要有:①激发学习动机;②提出学习重点、教学要求和预习要求;③提供预习辅助资料;④要求学生通读教材,形成表象,准备质疑。

(2) 质询、研讨:让学生深入理解教材,发展思维能力,形成概念、判断和推理,并巩固知识。

这一步骤的教学策略主要有:①组织学生进行多项性质疑;②组织好集体研讨,教师要筛选问题,激活思路并组织好答疑。

(3) 巩固、深化:使学生巩固新知,并运用于实践。

这一步骤的教学策略有:①引导学生在概括比较的基础上进一步认识和熟悉教材;②做综合性练习;③测验;④小结;⑤引向实践,使课内学到的知识与课外的生活联系起来。

这一模式只是张孝纯提出的"大语文教育"模式中的一种,仅通过这一模式,还不能完全体现其"大语文教育"的开放性特征。但无论如何,"大语文教育"的思想的确是一种具有前瞻性的教育思想,正因如此,语文教育专家刘国正、朱绍禹等人对他的教育思想及实验组的报告给予很高评价,认为它适应了现代社会发展需要,符合语文教育发展的方向,在语文教学改革中探索出了一条新路子。

第六节　例谈单篇课文的整体式处理方法

所谓对教材的"整体式处理",是针对人们对课文的肢解式处理、条分缕析的串讲式教学而开展的改革尝试。从对教材的处理来说,不对课文进行肢解式处理就是整体式处理;从阅读教学来说,不对课文进行条分缕析的串讲式教学就是整体式阅读教学。整体式处理,有单篇课文的整体式处理,也有一课多篇的整体式处理。①

下面,以高中语文人教版教材必修一第一单元为例谈几种关于单篇课文的整体式处理方法。

一、从单元专题名称入手,以重点问题带动对课文的整体学习

本单元的专题名称为"情感与意象"。这一单元的第一篇课文《沁园春·长沙》可从这一专题名称入手,提出"本首词用什么手法写了哪些意象,通过这些意象表达了作者怎样的情感"这一能够统摄全文的重点问题或主要问题来带动全篇的教学。这样,既可激发同学们主动探求的热情,又让同学们在解决问题之中实现对课文内容的整体感知、理解与欣赏。主要教学过程如下。

步骤1:朗读课文,读出轻快型节奏。

【提示】轻快型节奏常用来表达欢快、欣喜、豪迈等思想感情。特点是句调多扬少抑,语音多轻少重,语句多连少停,语流轻快活泼。

步骤2:围绕主要问题让学生主动学习与思考,并说成段的话。

【参考答案】在上阕中,作者用一个"看"字,总领七句,写山、林、江水、船只、雄鹰、游鱼等意象,描绘出一幅湘江秋色图。作者从山上、江中、天空、水底等四个方面分别进行描绘,整幅图画有近景,也有远景;有仰视,也有俯视;有静景,也有动景。巧妙地做到了远近结合,上下结合,动静结合和色彩的结合。一方面所选择的景物富有典型性,都是湘江地区最有特色的景物;另一方面描绘出这些景物的共有特征:万物生机勃勃——"万类霜天竞自由"。面对此景,作者不由得提出了"问苍茫大地,谁主沉浮"的问题。这是一个政治问题,也是作者博大胸襟和伟大抱负的形象表露。

在下阕中,作者用"携来百侣曾游"一句,引发对往昔"峥嵘岁月"的回忆:毛泽东青年时期与何叔衡、蔡和森、张昆弟等革命挚友一起谈论天下,探求革命道路。他们或撰文评论时政,或下乡访问农夫,或读书寻求真理,或泛舟湘江抒发豪情,这便是"峥嵘岁月"。其中,"同学少年"表明他们正值青春年少之时;"风华正茂"表明他们的风采与才华,正在旺盛之际;"书生意气,挥斥方遒"表明他们火一样的革命热情;"指点江山,激扬文字",表明他们对国事政局的关切并积极参与变革社会的实践;"粪土当年万户侯",表明他们敢于斗争、藐视一切"反动派"的气魄。总之,这

---

① 王荣生:《高中语文新课程课例评析》,高等教育出版社,2006年,第329页。

几句形象地表明包括作者在内的青年,不但想要主宰中国大地的命运,而且有能力主宰中国大地的命运。他们有雄心,有才干,敢实践,他们代表了国家与民族的希望,是未来革命的精英。最后,作者用设问回忆当年中流击水的画面,也是采用象征手法对上阕"谁主沉浮"问题的巧妙回答:国家民族的命运,乃至人世间的一切应该由我们这一群敢于"中流击水,浪遏飞舟"的热血青年来主宰,这一设问再次抒发了诗人以天下为己任的宏大抱负。

全词如果说上阕为写景的话,下阕则为叙事;如果说上阕的意象为物象的话,下阕的意象则为事象。

步骤3:根据学生说的情况,教师围绕主要问题作小结。

【参考答案】什么是意象? 简言之,意象就是渗透着诗人之"意"(情意)的"象"。本首词就意象而言,上阕写物象,下阕写事象。就抒情来看,上阕借景抒情,下阕叙事抒情;上阕通过壮美秋景,流露博大胸襟,下阕通过"峥嵘岁月"和"中流击水"的回忆,抒发凌云壮志,革命豪情。这就是我们要学习的找意象、析特点、悟感情的诗歌鉴赏方法。

二、从课本"研讨与练习"中的开放性练习题入手,带动对课文的整体阅读

高中语文人教版必修教材每个单元中,甚至每篇课文的"研讨与练习"中,都会有一个或几个开放性练习题,这些练习题适合于开展研究性学习。同时,这些开放性练习题大多既能带动学生生动活泼的阅读活动,又能让学生思维的触角深入到课文的每个角落,带动对全篇文章的整体阅读与理解。《雨巷》就是这样。

《雨巷》一课的"研讨与练习 2"指出"《雨巷》是一首含蓄的诗。人们对这首诗中的'姑娘'有不同的理解。有人认为'姑娘'就是'我',有人认为'姑娘'相当于'我'心中的理想,还有人认为'姑娘'就是'姑娘',没有其他意思。你有什么看法?""研讨与练习4"又列出李商隐和李璟等名家诗词,希望学生指出"丁香在这些作品中被赋予了什么含义,并展开合理想象,描述一下你心目中"丁香一样的姑娘"的形象。这两个开放性练习题,都与"丁香姑娘"有关,可以合二为一,并以此为切入口,实现对课文的整体教学。主要教学过程如下。

步骤1:朗读课文,读出舒缓型节奏。

【提示】舒缓型节奏多表达平静、舒展或惆怅的感情。特点是句调多扬少抑,语音柔和,气息畅达,语流舒展。

　　步骤2：分组探究"研讨与练习2"和"研讨与练习4"，教师点拨研究方法和研究路径。

　　【**教师点拨**】根据课文和补充读物，探讨"丁香"的特点；走进文本，展开想象，谈论你心目中"丁香姑娘"的形象；结合作者的人生经历，尤其是恋爱经历、创作背景，用知人论世的方法，探讨诗中"丁香姑娘"这一意象的多义性。

　　步骤3：师生交流探究成果。

　　【**参考答案**】

　　"丁香"的特点：丁香形状像结，开在暮春时节，文人对着丁香往往伤春，说丁香是愁品。如李璟词《浣溪沙》中的"丁香空结雨中愁"，又如李商隐的诗句"芭蕉不展丁香结，同向春风独自愁"。丁香开花为淡紫色或白色，其颜色并不轻佻，常常赢得洁身自好的文人的青睐。还有，丁香花虽美，但容易凋谢。丁香的这些特点，可使文人用象征手法或比兴手法抒情言志。

　　"丁香姑娘"的形象：丁香姑娘是诗人想象中的一个意象，是"虚象"，并非眼前的"实景"。她美丽，高洁，愁怨，彷徨；冷漠，凄清，惆怅；太息，迷茫，飘忽不定。

　　"丁香一样的姑娘"含义的多元性。

　　(1) 根据作品的内容，联系作者的恋爱经历、创作时间，可以判断这是一首爱情诗。小时候，一场天花，在作者脸上留下疤痕。生理上的这种缺陷，常常使作者变成别人奚落的对象。文学上刚有点成就时，作者喜欢上好友施蛰存的妹妹施绛平，但并没有得到回应。作者戴望舒以跳楼相要挟，施绛平才勉强答应和他订婚，其条件是要他出国留学，有一份稳定的收入。迫于无奈，1932年戴望舒去法国，当时生活很困难，靠翻译生活。三年后听到施绛平移情别恋的消息，作者戴望舒匆匆回国，结束了他近八年的恋情。这样看来，作者追求施绛平，恰恰是《雨巷》这首诗创作之前，即1927年夏天之前。当时作者22岁，正沉醉于爱情，因此，"姑娘"就是"姑娘"。诗中的"我"在寂寞的雨巷中"彷徨"，"希望逢着一个/丁香一样的颜色/丁香一样的芬芳"的姑娘，这位姑娘是作者心中的恋人。作者苦苦追求她，却又无法走近她；她像梦一样来，又像梦一样地飘去。

　　(2) 联系这首诗的创作背景，可知丁香姑娘相当于诗人心中的理想。《雨巷》这首诗创作于蒋介石发动"四一二"反革命政变、国共合作破裂之后。"反动派"对革命者进行血腥屠杀，本来热烈响应革命号召的青年，一下子坠入黑暗的深渊。戴望舒之前与同学一起从事革命文艺活动，宣传党的工作，到1927年3月还曾因此被捕。"四一二"政变后，他就一直隐居在江苏。此时他很彷徨、痛苦，他看不到革命的前途，也不知道自己该怎样做。他在失望中渴求着新的希望的出现。所以"姑娘"可以说是"我"心中的理想。"我"追求"姑娘",就是在追求"我"心中的理想;"消了她的颜色,散了她的芬芳,消散了甚至她的太息般的眼光",表明"我"所追求的理想的破灭。

(3)根据作者的成长环境以及所创造的意象、意境,可知诗中的主人公就是诗人自己,诗中的形象就是抒情主人公的形象,即这个丁香姑娘就是"我"。作者幼小时住在杭州大塔儿巷8号。他小学、中学走的都是长长的青石板路。小巷本来就让人感到幽深、寂静,再加上蒙蒙细雨,还有颓圮的篱墙,更增添了破败、凄凉之感。这些意象构成一个凄婉、迷蒙的意境。在这样的意境中,雨巷可以被"虚化"为作者的一条"追求之路"。在这样的意境中,"姑娘"的忧郁彷徨,就象征着"我"的忧郁彷徨;作者希望她能找到出路,其实就是希望自己能找到出路。还有,诗中多次出现"像我一样""像我一样地"的复沓句。这些都说明,诗人和"姑娘"是二位一体的,"姑娘"的心境就是"我"的心境,"姑娘"的愁怨、彷徨、惆怅、太息、迷茫,就是"我"的愁怨、彷徨、惆怅、太息、迷茫。

步骤4:教师小结。

【参考答案】诗词中,尤其是一些写得较为含蓄的诗词中,某些意象其含义往往有多元性。《雨巷》中的"丁香姑娘"就是如此。怎样解读这样的意象,我们分了三步:"丁香"的特点—丁香姑娘的形象—"丁香一样的姑娘"含义的多元性。这三步,逐层深入,环环相扣。其中的知人论世(知其人、论其世)的方法,是我们尤其应该掌握的。它不仅是解读、鉴赏诗歌意象的方法,也是鉴赏一切文学作品常用的方法之一。

三、运用赛读、赛说、赛问、赛写四个板块来整体性学习课文

《大堰河,我的保姆》是本单元仅有的一首以叙事为主的抒情诗。作为叙事抒情诗,除了朗读训练之外,还要训练学生从诗中品出作者用什么手法叙写了什么事或什么生活细节,品出诗人通过这些事或生活细节对这一形象寄托了怎样的思想感情,让学生尝试用典型的生活细节来写诗。从课文在本单元中的这一独特地位入手,运用赛读、赛说、赛问、赛写等四个板块来安排教学,其中每个板块是一个相对的整体,四个板块合起来构成一个更大的相对完整的整体。这样,不仅可以让学生趣味盎然地去读、去说、去写,而且可以变教师提问为学生主动发问,从而改变学生的学习习惯和被动的学习方式;可以改变教师条分缕析的串讲式教学弊端,从而实现整体式阅读教学。主要教学过程如下。

步骤 1：赛读。

看谁能用普通话有感情地读出全文的凝重型节奏和结尾部分的高亢型节奏。

【提示】凝重型节奏：句调多抑少扬，语音多重少轻，语句多停少连，语流平稳凝重。多表示严肃、庄重的感情。高亢型节奏：句调高昂，语音响亮，语句连贯，语流畅达，多连少停，多重少轻，语速稍快，节奏较紧。常用来表达热烈、激昂等感情。

步骤 2：赛说。

比赛项目一：这首诗是本单元唯一一首叙事抒情诗，看看诗中用什么手法叙写了什么事或典型的生活片段，诗人通过这些事或生活片段对这一形象寄托了怎样的思想感情。要求每人说一两个生活片段，但必须说整段的话，做到语意清晰、表达流畅。如：第六节写"我"回到自己生活优裕的家中时，像陌生的新客一样"忸怩不安"，极力铺写地主家庭的富裕豪华生活，反衬大堰河家庭的贫穷。其中"看着、摸着、坐着、吃着"，表明"我"对这富丽豪华生活的新奇及"忸怩不安"，反衬大堰河家庭虽贫穷而充满欢乐，抒发对大堰河一家人真挚的爱和深沉的留恋之情。

比赛项目二：用"大堰河是_____的，因为她_____"这一句型来述说大堰河的形象。看谁说得自然、流畅、完整。如：大堰河是勤劳的，因为她用她厚大的手掌洗衣、做饭、养鸡、喂猪。

步骤 3：赛问。

针对课文的内容与形式，学生主动提出问题，看谁提的问题多，且有思考价值，教师释疑解难。

步骤 4：赛写。

仿照课文中的某一节或某几节，写一段或几段讴歌自己母亲或其他亲人的叙事性诗句，看谁写得感人。

步骤 5：教师小结。

【参考答案】意象不仅仅指"景象"，还有"事象""典象"等。作为"事象"，通常并不是对一件事的完整叙述，而是对典型生活细节的选取，对一组生活细节的典型化。在本诗中，诗人用了很多这样的典型细节，以自己的深情笔墨，鞭挞了那个不公道社会，热情讴歌了"大堰河"勤劳、淳朴、善良的感人形象，抒发了对贫苦农妇大堰河的怀念之情、感激之情和赞美之情。这样的情感是人世间的大美。

对课文的整体式处理，其前提是教师要深入钻研教材并尊重教材。正是基于这种考虑，笔者从单元专题名称入手，从"研讨与练习"中的开放性练习题入手，从课文在单元中的独特地位入手，列举并扼要阐述了三种关于单篇课文整体式处理的方法。当然,单篇课文的整体式处理方法不止以上三种。比如,本单元的另一篇课文《再别康桥》就可以采用多角度整体赏析的方法,分别从意象美、意境美、音乐美、建筑美、绘画美、情感美等角度入手,实现整体性教学。单篇课文的整体式处理,可有效解决阅读教学特别是诗词教学中存在的条分缕析、碎问碎答的弊端。其突出特点是想方设法让学生从整体的角度切入课文,从而改变课堂教学我讲你听、我问你答的结构形式,使学生这一主体占有的有效学习时间量大大增加,使学生自学能力和自学习惯得到很好的培养,使学生的朗读、思考、讨论、交流等活动成为课堂教学活动的常态和主流,使课堂教学显得生动活泼。

第三章

作文教学观与实践探索

第一节　作文教学要重视积累、感悟与个性培养

一、积累是写作的基础

当前,作文教学中教师不注重指导学生积累,陷入了大讲技巧、忽视积累的怪圈,学生对于写作技巧知道得可谓具体详尽,而对所读文章却没有几篇能背得滚瓜烂熟直至入心入骨的。由此,我想到了朱光潜先生,他在《从我怎样学国文谈起》一文中回忆了他背诵古文后的感受:"头脑里甚至筋肉里都浸润着那一套架子,那一套腔调,和那一套用词造句的姿态,等你下笔一摇,那些'骨力''神韵'就自然而然地来了。"这不正是'读书破万卷,下笔如有神'的生动写照吗? 由此可见,多读多背多么重要呀!

当然,积累的内容不光是语言,积累的方法也不光是多读多背。那么,积累什么? 又怎样积累呢?

(1)语言及材料的积累。让学生多读多背,要求背诵的篇目和段落必须背会。还要求学生准备一个笔记本,在阅读课内、外读物时写读书笔记。其一,写摘录式读书笔记,摘录包括格言、谚语、语段、短文……有些报刊的语段或短文,摘抄费时,让学生剪下来贴在本子上;其二,指导学生写心得式、评论式读书笔记,对所积累的语言材料进行玩味、分析,挖掘其中的蕴涵。

(2)素材及其认识的积累。引导学生了解社会、深入生活,从中积累写作素材。自己在瞬间所迸发的思想火花,包括对人生的感悟、对社会现象的认识、对历史人物和事件的看法,都要通过札记或随感的形式记下来,供以后在作文中灵活使用。

（3）思维及创新的积累。其一，引导学生善于生疑、质疑、释疑，学生把对课文或生活现象的不同想法、观点在笔记本上记下来，在班组会上提出来共同探讨；其二，在小作文本上记录联想的故事和生活事件；其三，采用"一题（同一阅读材料或生活现象）多做"的方法，从不同角度（赞扬或批判、正面或反面、横向或纵向等）去创新，写出不同的看法。庄子说"风之积也不厚，则其负大翼也无力。"写作的"大翼"有两个：思想认识能力和语言表达能力。这两个"大翼"，都需要丰厚的积累作基础。

二、感悟是写作的关键

长期以来，不少教师津津乐道于作文的技巧与方法，大讲特讲文章的审题、立意、谋篇、布局。殊不知，感悟生活、感悟读物，才是写作的关键。为什么这样说呢？

《文心雕龙》说："人禀七情，应物斯感，感物吟志，莫非自然。"以自己的心灵去感悟生活，让客观事物与"我"的思想发生猛烈撞击，这恐怕是作文的根本所在。古罗马哲学家朗加弩斯在《论崇高》一书中说："美妙的措辞就是思想特有的光辉""思想宏通的人，语言自然宏通；卓越的语言属于卓越的心灵。"由此，我想到，作文教学要抓关键，这个关键就是让学生深刻地感悟生活，提高学生的思想认识水平。所谓"牵一发而动全身"，抓住了这一关键，什么主题问题、选材问题、结构问题、语言问题……学生作文中的诸多问题都会迎刃而解，学生的写作水平定会有较大提高。试想一个学生如果对生活有了深刻的感悟，当他意识到写出自己深刻感悟的东西是自己的一种"需要"，而且也不是一件难事时，那么，这个学生还会怕作文？还会对写作无兴趣？一个学生如果对生活有了深刻的感悟，情感在激荡，思想在奔驰，那么，在写作时，他更多考虑的是如何更自由地表达自己的思想感情，什么写法，什么技巧，又如何能束缚他那自由奔驰的思想？这样写出来的文章结构还会是模式化？一个学生如果对生活有了深刻的感悟，思维新颖，思想深刻，语言怎么会平淡呆板？

古人读书向来不重分析，重感悟，强调得意忘言。陶渊明在他的《五柳先生传》里说："好读书，不求甚解；每有会意，便欣然忘食。"在古人眼里，文学是作家的人生体验，以浑然感悟的方式去把握比纯粹的理性分析和讲解更可能接近艺术的真谛。他们主张在多读、多背中体悟做人和为文的可行之道。那么，从读物中感悟什么呢？概括起来就是悟理、悟言、悟法。悟理，就是悟思想感情，悟人生体验，悟做人之道；悟言，就是悟运用语言的经验；悟法，就是悟写作技巧，悟行文之道。

感悟不重条分缕析,重心领神会。它与个人的知识积累、社会阅历、人生体验和个性气质都有很大的关系,这正如参禅悟道,全在个人修行。感悟是一种直觉思维,它需要学生做生活的有心人,做读物的知心人。只有用心灵去感悟生活、感悟读物,在写作中才有个性化的思想认识、个性化的思维、个性化的语言。

三、个性培养是写作的目的

我无意否认技巧之于写作的意义,但技巧果真那么神吗?林语堂先生有过一段精辟的论述:"初学文学的人听见技巧的讨论——小说的讨论,戏剧的讨论,音乐的讨论,舞台表演的技巧——目眩耳乱,莫测高深,哪知道文章的技巧与作家的产生无关,表演的技巧与伟大演员的产生无关。他且不知世间有个性,为艺术上、文学上一切成功之基础。"他劝导人们不要在写作技巧这些肤浅的问题上空费工夫,而要学会如何表露自己灵魂深处的东西,写出自己的个性。

要培养学生的个性,首先,必须提倡"放"的教学,反对"框"的教学。"放"就是让学生"怎么想,怎么说,怎么写";"框",就是让学生"这样想,这样说,这样写"。"放",是让学生运用自己的思维去自由构思,自由行文;"框",是让学生照搬别人的思想、别人的构思、别人的行文。怎样进行"放"的作文教学呢?

(1) 在"悟"字上放。比如,让学生自己从生活中悟立意,从读物中悟写作角度。

(2) 在章法上放。如果出了一个作文题目,就提出"应该这样写,不应该那样写"的章法要求,那是"框",不是"放"。出了一个作文题目,在章法上不作任何要求,才是在章法上放。

(3) 在作文命题上放。怎样在作文命题上放呢?出开放性题目。比如,写"在朝阳升起的时候"这一文题,可写成以写景为主的散文,也可写成某件事发生在朝阳升起时的记叙文,或由朝阳升起产生联想写成议论文,也可以写成抒情诗。题目越开放,越有利于学生有话可说,有事可写,有情可抒,越有利于学生自由拟题,自由构思,自由选材。作文教学实践告诉我们,学生在作文里说假话,叙假事,抒假情,常常是教师的作文题目"框"出来的。

纵观同学们的"私人作文",如周记、随感、书信、小小说等,普遍具有较高的水平,而"公共作文"(如老师布置的命题作文)水平就大打折扣了。究其原因,在于敢不敢写"我"。因此,要培养学生个性,鼓励写"我"。

培养学生个性,说到底,是对"人"的资源的开发。对资源的开发程度如何?怎样开发？是检验素质教育能否得以实施的标准，也是创新教育是否成功的标志之一。

第二节　怎样指导学生写系列作文

受传统作文教学的影响，一些教师习惯于一题一文、一材一文的训练方式，而且写作前不厌其烦地帮助学生审题、立意、选材、构思，使学生往往在教师圈定的思路模式和设定的范围内写作。结果是一个学期下来，大小作文写了十几篇，却很少有写得深刻、写得透彻、写出个性的作文。写系列作文可以使学生不再被牵着鼻子走，摆脱在习作中始终所处的被动、从属地位，有利于提高学生的写作能力和思维能力。

所谓系列作文，就是用一个作文题目或一个话题、一则材料写一组文章。比如，写"在朝阳升起的时候"这一话题，可写成以写景为主的散文，也可写成某件事发生在朝阳升起时的记叙文，或由朝阳升起产生联想写成议论文，也可以写成抒情诗。

在教学中，怎样指导学生写系列作文呢？

一是用"同题异作"和"同体异作"两种形式指导学生写系列作文。首先是同题异作，要求学生用同一题目或同一话题，写出多种不同体裁的作文。比如，以一幅漫画为题，可以说明为主，介绍画面内容；也可以记叙为主，根据画面发挥想象编写一个故事，还可以对漫画进行评论或写观后的感想。根据每一文体的不同特征，可以培养学生的多种思维能力和写作能力；其次是同体异作，要求学生就同一题目或同一话题，用同一体裁写多篇不同的作文。这里的"不同"，可以表现为立意的不同、构思的不同，也可以表现为手法的不同、选材的不同、语言的不同等。比如，以《评'方与圆'》为题目写系列议论文，其立意角度有：两种处世态度，两种人生观；同是办事方法，当方则方，该圆则圆；为人要方正，办事要灵活等等。根据这三种立意角度，可以写三篇议论文。

二是启发学生细致观察生活，写系列作文。写系列作文离不开创造性思维，而创造性思维，跟平时对生活的观察密不可分。19世纪法国作家福楼拜指导莫泊桑观察生活进行写作，让莫泊桑以"牛车"为题，写出七篇文章，莫泊桑很为难，福楼拜启发说："拉车的牛，早上和晚上的神态不一样；赶车的人喝醉了酒和没有吃饱，对牛的态度也不一样；牛饿着肚子上山冈和饱着肚子走平路有明显的不同……这些不同细节举不胜举,如果仔细加以观察,就是写出一百篇文章也不困难。"的确如此,要想写好系列作文,必须启发学生仔细观察生活。

三是启发学生品味生活,写出对生活的独特认识和感受。笔者常以历代诗人、作家对同一景物、事物的不同感受和认识,启发学生品味生活。比如,面对秋之枫叶,杜牧感受到的是一种欢愉——"停车坐爱枫林晚,霜叶红于二月花"(《山行》);白居易感受到的是一种萧条——"浔阳江头夜送客,枫叶荻花秋瑟瑟"(《琵琶行》);王实甫笔下的崔莺莺感受到的是一种忧伤——"晓来谁染霜林醉,总是离人泪"(《西厢记》);沙白感受到的是一种凝重:"湖泊上漂着红叶一片,如一叶扁舟,上面坐着个秋天"(《秋》);孔孚则感受到的是一腔热血:"哦,原来你也有一腔热血,经霜后我才知道"(《题庐山枫叶》)。同是秋之枫叶,历代诗人、作家的感受,如此迥然不同。由此,笔者启发学生品味生活,通过多层次、多侧面的想象、分析、求异,在系列作文中写出自己对同一景物、事物或同一材料、同一社会现象的不同认识和感受,以此培养他们个性化的思想认识和感受,并用系列作文的形式表达出来。

四是尊重学生,鼓励学生大胆写"我"。众所周知,现在的学生作文存在两大毛病:一是崇尚空谈,二是不敢写"我"。鉴于这种情况,我从习作前的泛泛指导中解脱出来,鼓励学生各抒己见,不以自己的是非好恶标准对学生的思想、观点求全责备,同时还注意营造思维氛围,创设争鸣气氛,还学生自由思维、畅所欲言的时空,使学生说真情话,写有血有肉、有个性的系列作文。

系列作文通过"一题多作"打破了传统作文教学死板僵硬的训练模式,使作文教学从封闭走向开放,从一元走向多元。这种训练有利于学生多角度、多侧面、多层次地去观察、去思考、去写作,有利于培养学生的写作能力和思维能力。

第三节　在作文教学中如何培养学生的思维品质

思维品质包括思维的灵活性、敏捷性、深刻性、独特性,是一个人素质高低的最重要的指标之一。在作文教学中,如何培养学生的思维品质呢?

一、从炼意入手,培养学生思维的灵活性、敏捷性

例一:命题作文——砖的启示。

引导学生从"砖"的不同特点出发来炼意,多角度进行发散思维,从而培养学生思维的灵活性、敏捷性。

学生有以下多种不同的、鲜明的题旨:①目标一致,共成大业——团结协作的精神;②能上能下,随遇而安——服从需要的精神;③甘负重压,勇挑大梁——默默奉献的精神;④端方正直,宁折不弯——清正廉洁的精神;⑤排寒挡暑,造福天下——自我牺牲的精神;⑥粉身碎骨、铺路奠基——彻底地服务社会的精神;⑦从烂泥中脱胎、在印模中规范、入窑火中烧炼——自觉改造的精神。

在这种训练中,应向学生强调,写作时,还有一个重要环节是选择出最佳角度。所谓最佳角度,即最适合题意、最富有现实意义,最能写出新意而自己又最能写好的角度。

例二:材料。

美国一户人家,夫妻外出,留下两个孩子,不料发生雪崩,房屋为雪所掩,道路阻塞。营救人员在第三天才打开房门,发现两兄弟竟安然无恙,五岁的哥哥不仅给两岁的弟弟喂了食物,还给他洗了澡。

炼意:

角度一:从两兄弟角度立论,或赞他们自立自强,自我求生与自然共存的能力,或肯定他们良好的心理素质,敢于接受挑战,遇事不慌,临变不乱的应变能力。

角度二:从父母角度立论:父母要把自立自强的生存意识和技能传给后代,父母要注意子女良好的心理素质培养,教会子女如何应付突发事件。

角度三:从我国当前家庭教育弊端立论:由于家长溺爱,不少青少年生活自理能力差,感情脆弱,承受挫折的能力差。社会、家长、学校要重视培养学生的吃苦耐劳、自我求生与自然共存的能力,重视培养学生克服困难、奋发图强的信心和毅力。

通过对所给材料做多向分析、立体思考,使学生思维的灵活性、敏捷性受到很好的训练。

二、从审题和构思入手,培养学生思维的独特性、深刻性

(一) 从审题入手,培养学生思维的独特性

作文要求:自唐朝大文学家柳宗元编写《黔之驴》这篇寓言以来,"黔驴技穷"便流传至今。然而,社会不断发展,今天我们重新审视虎驴之变,你是否会有新的感受呢? 请以"读《黔之驴》想到的"为题,写一篇作文。

教学指导：指导学生用发展的观点分析问题，培养思维的批判性。客观事物是不断发展变化的，一种道理、一种观点在其出现时可能是正确的，甚至是无懈可击的，但随着事物的运动和发展，这个观点或道理可能出现不足或错误，不断发现和修正其错误或不足，则往往能使我们获得新知识，写成的文章也会具有新颖性。

指导学生用辩证法、变换角度分析法认识分析问题，培养思维的独特性。如果没有辩证的思维，就不会有独特的创造性的形成和发展。面对同一问题，学会用变换角度来分析的方法，这是作文能否出新的保证。

（二）从构思入手，培养学生思维的深刻性

作文材料：薛谭向秦青学唱歌，没有完全学到秦青的技艺，就要告辞回家了。秦青没有制止他，只在郊外的通衢大道口饯行，同时放声歌唱。激越高亢的歌声震动了树木，阻遏了行云。薛谭深感自己的不足，于是向教师道歉，终生不再提起回家的事。请写一篇《薛谭学艺》的读后感。

引导：

（1）横向分析：①从薛谭的自以为是说明不能自满的道理；②又从秦青的高超技艺说明学无止境。

（2）纵向分析：①薛谭自满于前，认错于后，启示我们要勇于认错，知错必改；②秦青对薛谭的态度不是简单斥责，而是因势利导，说明身教重于言教，教要有方的道理。

第四节 拟题训练

一、出示材料

1987年1月，75位诺贝尔金奖获得者在巴黎集会。有人问一位获奖者："您是在哪所大学、哪个实验室学到了您认为最主要的东西？"出人意料，这位白发苍苍的学者回答："在幼儿园"。"在幼儿园学些什么呢？"学者答："把自己的东西分一半给小伙伴；不是自己的东西不要拿；东西要放整齐；吃饭前要洗手；做错了事要道歉；午后要休息；要仔细观察大自然。"这位学者的话得到在场所有科学家的赞同。

二、提出作文要求

利用所给材料,自拟题目,写一篇 500 字左右的议论文。

三、指导学生拟题

(一) 讲明议论型材料作文拟题的原则和方法

俗话说:"题好文一半。"一个好的标题能吸引读者的注意力,引发阅读兴趣,起到事半功倍的效果。然而,许多师生在写议论型材料作文时,普遍存在拟题能力薄弱的现象,最常见的问题是一般化、共性化,缺乏个性和美感。

那么,议论型材料作文拟题的原则有哪些呢?

(1) 要准确恰当。题目既要符合材料内容,又要符合议论文的文体要求。题文之间要宽窄合度,恰如其分。这就要求对所给材料的意义有整体的把握,既要高屋建瓴,又要切中肯綮。要领悟材料的意图,清查自己头脑中的有关信息,从大处着眼,从小处切入,选准最佳立意角度来考虑文章题目,千万不可偏离材料意旨。拟题目的过程,也是审题立意的过程。

(2) 要新颖醒目。新颖醒目是在准确恰当的前提下对拟题的更高要求。清朝的李渔在《闲情偶寄》中曾说:"场中作文有倒骗主司入彀之法,开卷之初,当以奇句勾目,使之一见而惊,不敢弃去,此一法也。"如果把写文章比作"画龙",则拟题就是"点睛";如果把文章比作人的"身段",那么题目就是人的"脸面"。只有用心点睛,巧扮美脸,才能使人一听或一见就耳目为之一新,感到新颖生动,产生强烈的阅读欲望,"不敢弃去"。

要简洁明快。莎士比亚说:"简洁是智慧的灵魂,冗长是肤浅的藻饰。"议论文的题目必须言简意赅,高度概括。

怎样使议论型材料作文的拟题准确恰当、新颖生动、简洁明快,从而"与众不同",成为文章的"分数增长点"呢? 下面以《李明风波》这则材料为例,谈谈我在教学中总结并使用的几种有效的拟题方法。

李明风波

李明在上学的路上,拾到一个黑色手提包,内有现金 3 000 元,身份证一张。为了不让失主着急,他按照身份证上的地址,迅速找到了失主,送还了手提包。失主非常感激,拿出 500 元来酬谢他。李明不要,失主非给不可。李明无奈收下

100 元。

此事在同学中引起强烈反响。有的说"李明不该收这 100 元,做好事不能讲价钱",有的说"送还 3 000 元,收下 100 元,理无不可,既有感谢意,也有人情味,何况还有个'按劳取酬'的原则呢!"还有的说"作为奖金收下,完全合理,政府不也重金奖励见义勇为的标兵吗?"也有的说"现在到处讲'有偿服务',收下 100 元很正当,人家硬要塞给你,你难道嫌少?"

对这件事你怎么看?拟个旗帜鲜明的标题写篇议论文。

1. 修辞法

这种方法就是将学生所学各类修辞格运用到标题的撰写上。拟题原本就是对语言的运用,各类修辞格能够帮助学生创造性地运用语言拟出精彩、漂亮的标题,从而增强文采与感染力,让文章在众多作文中脱颖而出。绝大部分修辞格在拟题中可以发挥作用。比如,该材料用比喻可拟题目为《一张人生答卷》,用"选择题、填空题、判断题和问答题"分述之,最后点明"在人生这张大考卷上,答案看似丰富多彩,但要交出一份满意的答卷,远非想象中的简单。"另外,用对比可拟题为《3000元与 100 元》,用夸张可拟题为《心地坦荡,与日月齐光》,用反问可拟题为《奖金一百,岂能收下?》,用对偶可拟题为《拾金不昧三千元,盛情难却一百元》或《三千元拾而不昧,一百元收而无奈》,用仿词可拟题为《拒"礼"力争为哪般》。

2. 标点法

标点符号属无声的语言,用之拟写文题,清新活泼,形象生动,往往给人留下广阔的思维空间。引进标点符号这一源头活水,往往收到新颖醒目、简洁明快的效果。如《李明风波》这则材料用标点符号可拟题为《拾金不昧＋有偿服务＝?》《合情合理矣,李明所为!》《奖金乎? 有偿服务乎?》。

3. 代数法

采用代数式的形式做标题,借以昭示所要表达的主旨,具有直观、醒目、富有哲理、吸引人等特点,往往收到出奇制胜之效。如《李明风波》这则材料可用代数式拟的标题有《3000＋100＝0》(驳 100 元奖金收下论)、《酬金 ≠ 奖金》等。

当然,要使议论型材料作文的拟题做到准确恰当、新颖醒目、简洁明快,方法不止以上三类。俗话说"良好的开端是成功的一半",议论型材料作文的开端就是文章的标题,从这一意义上说,标题决定了文章的命运。一篇标题精彩的佳作就好像一个有张漂亮脸蛋的美人。漂亮的脸蛋在大街上人堆里总有很高的"注目率",招人多看几眼;精彩的标题在文章堆里也会有很高的"注意力",让人怦然心动。如果再加上新颖的立意、严谨的结构、丰厚的论据、缜密的语言，那么这篇议论文就会有很高的"回头率"（多次回头品味）。

（二）学生思考自己准备拟的题目

（三）学生讨论并交流

可能出现的题目有：①谦虚是一种美德；②我们要从小就努力学习，长大才能成才；③我们要培养好的习惯；④基础的东西是最重要的，应努力搞好幼儿园教育工作；⑤素质教育应该从小抓起；⑥回答问题要中肯。

（四）分析与点评

对学生思考、讨论并交流出来的拟题结果进行分析、点评。

若以①②③为题，概括不全面；以④为题，是两个角度，不易论证；⑥是逆向立意；以⑤为中心论点，现实意义明显，有针对性。

然后，师生再次复习议论型材料作文拟题的原则和方法，并总结拟题应注意的问题。

最后，要求学生选定自己要写的题目，在课外完成作文。

第五节　在立意训练中培养求异思维能力

在多年的作文教学实践中，围绕着立意训练，笔者总结出了以下四种培养求异思维能力的方法：多元型求异法、类比型求异法、反向型求异法、二级型求异法。

（1）多元型求异法。通过联系地、发展地分析认识事物，从不同角度、不同侧面得出的新颖独特的思维结果，就是多元型求异法。电视剧《渴望》播出后，笔者抓住学生的热点话题，请他们写对剧中女主人公刘惠芳的认识。大多数同学都称赞刘惠芳温柔贤淑、善良美丽，是东方女性的典型代表。笔者启发同学们突破常规的思维模式，通过联系地、发展地分析认识事物变换角度去审视刘惠芳，得出新的立意。经过讨论后，有的同学说："刘惠芳的确勤劳善良，但她过于软弱，这是她的个性缺陷。"又有同学从刘惠芳的个性心理特征引申到社会因素："传统的封建文化塑造的女性形象至今残留在刘惠芳身上，软弱、逆来顺受，把才智、个性完全消融在对家庭的依附与贡献之中，这种女性不适应现代社会的需要，我们绝不做刘惠芳。"从这接近偏激的发言中，我看到了学生们从心灵深处迸出的求异思维的火花。

多元型求异法往往使人的思维过程呈现出多元的、多向的特征。

（2）类比型求异法。在思维的过程中，人们常常把握住客观事物的某种性质，将这一事物与其他事物乃至更多的事物联系起来加以综合考察，从而得出新的感受和结论。这就是类比型求异法。一次作文课，笔者要求学生运用联想和想象，根据某一具体事物外在或内在的某种具体特征，想象出某种与之相应的精神、风格或含义，写一篇议论文或抒情散文，题目自拟。不少学生踊跃发言，有的从春蚕联想到舍己为人、呕心沥血的精神；有的从基石联想到任劳任怨、埋头苦干、毫不计较个人名利地位的品格；有的从石灰石联想到宁可粉身碎骨也要在人间留下清白的品格；有的从礁石联想到任凭风吹浪打不动摇的精神；有的从毛竹联想到虚心有节的品格；有的从太阳联想到光明磊落、公正无私的精神，等等。类比型求异法常常从事物某一个方面的共同出发点，通过纵横的不受时空局限的类比联想，用一事物的特征说明另一事物的特征而往往重点在另一事物，因此，又常常在求同的基础上求异，从而得出另一事物的令人信服的感受和结论。

（3）反向型求异法。不要把思维方向一味地指向一端，有时可将思维转向相反的方向，这样可使思维跃上柳暗花明的新境界。笔者有时用成语故事、俗语、谚语等来训练学生的反向型求异思维能力。如"王婆卖瓜，自卖自夸"这一俗语，人们往往将思维定位于批评王婆的自吹自擂，不谦虚谨慎上。笔者启发学生冲破这一思维定式，把思维转向相反的方向，得出这一命题的新的立意。同学们经过讨论后，有的认为企业产品要推向市场，需要全方位做广告，需要"自夸"，我们学生毕业后走向人才市场，需要"推销自我"，需要学会"自夸"。由此，他大胆提出了"王婆不自夸，谁买她的瓜"的新立意。至于像"班门弄斧""近墨者黑"等经过反向思维后，分别可得出"弄斧要到班门""近墨者未必黑"的新认识。

作为思维对象的客观事物，其内部是相对立而存在、相对立而发展的。作为反向型求异法就是在思维过程中自觉地转换思维指向，积极地求得反映事物本质特征新认识的思维方法。

（4）二极型求异法。这里的二极是指客观事物发展变化中的两个终极。它们既是对立的，又是互为转化的。在思维的过程中，为求得思维的变通性和独特性，有时需要从事物的一极转向另一极，这就是二极型求异法。笔者曾让学生写过一篇"读滥竽充数有感"的作文，在谈到南郭先生时，大多数同学持批评态度，批评他不懂装懂，浑水摸鱼的错误。笔者启发大家从赞扬的方面去考虑。同学们经过讨论后，从南郭先生在齐王即位后知道世易时移不宜再混而悄悄离开乐队的事实，赞扬他自知无能，主动退下的明智态度。笔者听后感到十分高兴。

当把思维一味指向于思维对象的某一极时，可能会陷于"山重水复疑无路"的境地,这时需要把思维转向思维对象的另一极,从中去审视,去挖掘,从而求得思维的变通性和独特性。

以上阐述了培养求异思维能力的四种方法。从中可看出,它们有利于培养学生的创新思维能力。

第六节　供材料作文炼意的四种方法

提供材料,然后让学生按要求写作文,这是作文教学中重要的训练形式。写好这种类型的作文,关键在于准确地把握所提供材料的主旨寓意,即提炼意旨,确立主题。然而,许多学生恰恰在这一方面显得力不从心。究其原因,有的理论认识水平不足,有的阅读面狭窄,但更重要的是不了解炼意的方法。

衡量立意优劣的标准是准、单、新。"准",就是既与命题要求相符,又与材料蕴意一致。材料是第一性的,立意是第二性的。因此,要认真阅读材料,理解材料,从材料中提取有用的精华,使立意反映客观事物的本质和规律,符合时代的要求和人民的意愿,发人深思,催人奋进。"单",就是立意单一,防止多元化。尽管材料的意义有时不止一个,触发点也不止一个,但必须选择自己最熟悉、认识最深刻、最能扬己之长的一个意义。因为观点集中、中心明确,才能把事说清、把物说明、把理说透。立意多元,"火力"分散,看似内容丰富,其实什么问题也解决不了,实是作文之一大忌。"新",就是立意新颖,不落俗套。为此,必须深挖材料和生活中的新意,提炼新的观点,选择新的角度,见人所未见,发人所未发,立人人心中皆有,人人笔下俱无之意。当然,求新并非求"奇",求"怪",必须紧贴生活,紧跟时代,符合唯物辩证的观点。

立意要做到准、单、新,有必要掌握一定的方法。下面以阅读材料《青蛙和水牛》这则寓言故事为例,简单谈谈炼意的四种方法。

池塘边,青蛙鼓着肚子,和躺在水里的水牛比大小,青蛙肚子快要鼓破了,还是比水牛小得多。它心想,这家伙一声不吭,嗓门肯定不大,我和它比声音高低吧! 于是它使劲"咕咕呱呱"地叫了起来,水牛听烦了,从水里站了出来,"哞哞"叫了两声,就像两声闷雷,把青蛙吓了一大跳。

在塘边跳来跳去捉虫的黄鹂说:"青蛙大哥,你为什么要和水牛比个子的大小,声音的高低呢? 要是你和它比跳远、比捉虫、比游泳,水牛个头虽大,但肯定不是你的对手。"

1. 从辨识材料的主要叙述对象入手炼意

这则材料,牵涉三个叙述对象,一是青蛙,二是水牛,三是黄鹂。但整个材料所陈述的主要对象是青蛙,不是水牛,更不是黄鹂。为什么这样说呢? 因为材料中叙述了两件事:青蛙和水牛比个子的大小,声音的高低,主要是从青蛙的角度叙述的,结果以青蛙两次失败而告终。青蛙之败,败在不扬长避短。推而广之,这则材料意在说明:做任何事情,只有扬长避短,才能克敌制胜;如果避长就短,必定会失败。由此说明,明确材料的叙述对象是十分重要的,以之为切入点,方能云开雾散,提炼出恰当贴切的旨意。

2. 从推敲关键语句入手炼意

关键语句暗示了材料的主旨寓意。这则材料,体现意旨的关键句是黄鹂对"青蛙大哥"说的一段话,它点明了青蛙失败的原因,揭示了人生的真谛:弃长就短,百事不济;不仅要敢比,而且要善比;做任何事情都要量力而行。黄鹂的一段话,是材料中最重要、最关键的语句,它蕴涵着多元主题,作文者只需从中提炼其中自己最熟悉、认识最深刻的一个主题展开论述(或铺叙)即可。关键语句往往处在材料的后部分,是对材料内容的阐发、说明和归结,这是寻找关键语句的标志。

3. 通过类比联想炼意

不从全部材料出发,而只就材料中的某一个叙述对象、某一点生发开去,进行感触体悟,类比联想,从而确定材料的普遍意义。这则材料,若从黄鹂角度看就可提炼出"当局者迷,旁观者清"的意旨;若从青蛙角度看,就可提炼出"吃一堑,长一智"的意旨;若从水牛角度看,就可提炼出"沉默者不一定无能"的意旨。类比联想,往往因材料中某一点的触发,用某一事物的特征说明所有事物的特征,因此常常在求"同"的基础上进行,在含比喻意义的材料中常用这种方法。

4. 通过反向求异炼意

明知材料按正常思路会归纳出什么主旨,却有意避开,另辟蹊径,进行逆向思维,从反面确立主题。如这则材料,不从正面说扬己之长,避己之短,去和对方较量,却偏要从知短不护短,不避短,而敢于以短去击长,以锻炼自己,提高自己,发展自己。通过这样的反向思维,可提炼出"弄斧要到班门""人不可无傲骨"等令人耳目一新的意旨。

读懂作文材料,准确地把握其主旨寓意,提炼出准、单、新的意旨,当然不止于以上几种方法,需要指出的是:同一则材料,可以选用不同的方法;不同的材料,也可以选用同一种方法。炼意要根据所供材料的特点灵活地选择方法。只有多阅读、多思考、多练习,才能驾轻就熟,写出好的文章。

第七节　一堂作文指导课教案——供材料作文立意训练

一、教学目标

让学生掌握供材料作文炼意的四种方法,进而培养学生的多种创造性思维能力。

二、教学重点

供材料作文炼意的四种方法。

三、教学方法和手段

讨论法、点拨法、幻灯片演示法。

四、教学时数

一课时。

五、教学步骤

(一) 提出作文要求并设计导入语

1. 宣布本次作文的要求

读过《青蛙和水牛》这则寓言故事后,写一篇不少于 800 字的读后感。

2. 问题导入法

同学们,你们知道作文的六个环节是什么吗? 你们知道作文训练的方式有哪些吗?

作文的六个环节是:审题、立意、选材、构思、表达、修改。

作文训练的方式有:命题作文、供材料作文、话题作文。

供材料作文是作文训练的一种重要形式。写这类作文,难点在于立意——提炼准、单、新同时又比较适宜于自己的立意。因此,如何立意,是这节课重点要解决的问题,也是本节课的教学目标之一。本节课的另一教学目标是在立意训练过程中,培养大家的发散思维、求异思维、集中思维等创造性思维能力。

(二) 出示并朗读《青蛙和水牛》这则材料

1. 用幻灯片出示材料《青蛙和水牛》

青蛙和水牛

池塘边,青蛙鼓着肚子,和躺在水里的水牛比大小,青蛙肚子快要鼓破了,还是比水牛小得多。它心想,这家伙一声不吭,嗓门肯定不大,我和它比声音高低吧!于是它使劲"咕咕呱呱"地叫了起来,水牛听烦了,从水里站了出来,"哞哞"叫了两声,就像两声闷雷,把青蛙吓了一大跳。

在塘边跳来跳去捉虫的黄鹂说:"青蛙大哥,你为什么要和水牛比个子的大小,声音的高低呢?要是你和它比跳远、比捉虫、比游泳,水牛个头虽大,但肯定不是你的对手。"

2. 请两名同学朗读《青蛙和水牛》

(三) 立意的方法训练

1. 引导学生依据材料进行发散思维、求异思维的训练

(1) 学生讨论并说出自己的炼意结果。可能的结果如下。A. 做任何事情,只有扬长避短,才能克敌制胜;B. 不仅要敢比,而且要善比;C. 做任何事情都要量力而行;D. 当局者迷,旁观者清;E. 吃一堑,长一智;F. 沉默者不一定无能;G. 弄斧要到班门;H. 人不可无傲骨。

(2) 师生一起总结炼意的四种方法:①从材料的主要叙述对象入手炼意,如炼意A;②从推敲关键语句入手炼意,如炼意B、C;③通过类比、联想炼意,如炼意D、E、F;④通过反向思维炼意,如炼意G、H。

2. 多中选优,进行集中思维的训练

(1) 衡量立意优劣的标准:准、单、新。

(2) 根据上述标准,选择自己最熟悉、认识最深刻、掌握的材料最多、最富有时代感的意旨去写。

(3) 在本次作文中,你准备写哪一个观点。

附:笔者的"下水"作文

不仅要敢比,而且要善比
——读《青蛙和水牛》有感

读了《青蛙和水牛》这则寓言故事后,我认识到:在生活、工作和学习中,不仅要敢比,而且要善比。

青蛙和水牛比个子的大小、声音的高低,这突出了一个"敢"字。然而,青蛙自不量力,夜郎自大,因而失败是注定了的。青蛙的失败,说明它不善比:假如青蛙扬长避短,和"水牛比跳远、比捕虫、比游泳,水牛个头虽大,但肯定不是对手。"这则寓言故事生动形象地说明了人不仅要敢比,而且要善比:以己所长,克敌所短。

如果说《青蛙和水牛》的故事从反面说明了不仅要敢比,而且要善比的道理,那么,《田忌赛马》的故事则从证明说明了这一道理。有一天,齐王与田忌赛马,双方各有三匹马,要求把它们分成上、中、下三等,然后分别对阵,经过三次较量,获胜次数多者为胜家。此时,孙膑正经过赛马场,他当即给田忌献计:以你的上等马对齐王的中等马,以你的中等马对齐王的下等马,以你的下等马对齐王的上等马,这样就可取胜。田忌听从了孙膑的计谋,终以二胜而一败的战绩取胜。从这个故事中,我们不难看出,田忌获胜的根本原因在于他不仅敢比,而且善比。

敢比,体现了一种胆量和勇气;善比,反映了一种智谋和才能。在生活、学习、工作中,我们会遇到许许多多的比赛、竞争、挑战。没有胆量和勇气去比,那是懦弱的表现,终将停滞不前,甚至一事无成,被社会所淘汰;没有智谋和才能,光凭着胆量和勇气,那是蛮干、瞎比,终将像青蛙一样,一败涂地。从古到今,既敢比又善比的例子不胜枚举。楚、汉之争的决战战役——垓下大战时,霸王项羽提出要和刘邦比一比武艺高低,被刘邦断然拒绝。刘邦说:"我和你不比武艺,比智谋。"后来刘邦听从了大将韩信的计谋:十面埋伏,四面楚歌。结果使项羽的十万人马死得死,逃得逃。项羽本人在无奈之下,自刎乌江。由此可见,刘邦敢比,又善比。再如,抗战结束后,共产党的兵力总数大增,有人提出要打大仗,和蒋介石比一比高低,毛泽东高瞻远瞩,他在延安鲜明地指出:时机尚未成熟,只有等到我们的兵力总数和国民党军队的人数大体相当时,才能打大仗,体现出一代伟人的远见卓识和韬略。到了1947年冬,我军兵力和国民党兵力相当时,毛泽东断然指出:大决战的时机成熟了。结果,我军在三大战役中大获全胜。这一事例同样说明了以毛泽东为代表的共产党人不仅敢比而且善比。

在改革开放的时代条件下,在生活、工作和学习中,我们固然提倡敢比,更提倡的是善比。

第八节   在立论的展开中培养思维的深刻性

一篇议论文,确立了中心论点后,就需要去展开。所谓展开,就是内容的具体化，就是摆事实、讲道理的过程，这样才能使文章充实起来，有血有肉，才能使读者受到启示，收到效益。对于师生来说，在议论文的写作中普遍存在着剖析不深、内容浅薄的毛病。要解决这个问题，一是提高思想认识，二是掌握展开议论的方式。笔者这里根据多年的教学实践，只谈谈怎样展开议论，从而达到培养思维深刻性的目的这一问题。

一、在演绎"三三制"中，培养思维的深刻性

"三三制"，意即"一分为三"，多面阐释，层层扩展，这样可丰富内容，深化层次，展开得较为充分，论述得较为深刻，这种思路，我们称为"三三制"。"三三制"可演绎为以下几种形式。

从"是什么"的角度展开论述。如论点是"读书之乐"，就可从三方面去展开：读书之乐在于"学而有思"；读书之乐在于"每有会意"；读书之乐在于"学以致用"。

从"为什么"的角度展开论述。如"滴水穿石"这一论题，在理解清楚了题目的比喻义之后，也可从三方面去展开：要始终不渝，不能滴滴停停；要目标始终如一，不能这里滴几滴，那里滴几滴；要有自信，虽然自己渺小，微不足道，岩石坚硬，但它相信终有一天会把岩石滴穿。

从"怎么样"的角度展开论述。如中心论点是"读报有益"，要问一个"怎么样"，也可从三方面来展开：读报要有选择性；读报要泛中有精；读报重在借鉴。

事实上，以上"是什么""为什么""怎么样"三层内容相联系，又演绎为新的一种"三三制"。

议论文的中心论点下面，往往有几个分论点组成。分论点要从不同方面说明中心论点，这就形成了"是什么之一""是什么之二""是什么之三"……议论文论证的主要任务是分析问题和解决问题。分析问题主要是回答"为什么"。这主要从重要性、必要性、危害性等三方面考虑。重要性、必要性、危害性常常有多个要点，这就形成了"为什么之一""为什么之二""为什么之三"……而解决问题是回答"怎么样"。"怎么样"主要从步骤、措施、方法等方面考虑。步骤、措施方法也常常有多个要点，这就形成了"怎么样之一""怎么样之二""怎么样之三"……要把正论部分写成递进式，选取一两个"为什么"和一两个"怎么样"，文章就展开了。

写作过程中，不一定每个观点的论证都适合这种递进的方式，有的适合回答"是什么"，有的适合回答"为什么"，有的适合回答"怎么样"，要根据题目的特点和

写作的意图,选准一个角度写深写透即可,要么专门回答"是什么",要么专门回答"为什么",要么专门回答"怎么样",那样展开的思路就是"是什么之一""是什么之二""是什么之三"或"为什么之一""为什么之二""为什么之三"或"怎么样之一""怎么样之二""怎么样之三"。这种展开的方式称为并列式。

"三三制"旨在打开思路,展开论述,不要死抠"三",死数"三",要根据写作的需要,"四"可"二"也行;"三三制"是一种展开方式,口子敞开了,要注意收拢,"总—分—总"的"总"就要起作用了;演绎"三三制"的时候,要防止"各说各",不顾段与段的衔接,必须重视整体性的过渡句,安排好段内的层次关系以及段与段之间的逻辑关系。

二、在进行比较中展开,培养思维的深刻性

有的论点的展开既不适合套用"是什么",也不适合套用"为什么",也不适合套用"怎么样",或者说学生的思维仅限于表层,一时无法深入,那么可采用正反对比的展开方式。正反对比就是表明这样做会怎么样,不这样做会怎么样,形成鲜明对比,从而使读者接受文章的论点。如中心论点为"既要有知识,也要有能力"可展开为"有知识,没有能力,那只是纸上谈兵""有能力,无知识,那只能是井底之蛙"。文章在对比中展开,论述自然就深入多了。

三、在联系实际中展开,培养思维的深刻性

学生写议论文,特别是写供材料议论文,常犯的毛病是"就事论事""就材料论材料",这样文章不可能展得开,也不可能把论点说透讲深,更无法训练思维的深刻性。其实,只要联系实际,文章就展开了,思维也就深入了。如有则材料为:俄国作家契诃夫说:"有大狗,也有小狗,小狗不该因为大狗的存在而心慌意乱。所有的狗都应该叫,就让他们各自用上帝给他的声音叫好了。"这则材料,如果将中心论点(立意)确定为"成功常叩参与者之门",可联系现实生活中的实例展开:有些人不敢去跳舞,不敢登台演唱,不敢下场赛跑,不敢在大庭广众中下棋,总怕自己技不如人,怕人家笑话,这些"小狗"缺乏应有的参与意识,怎能成功? 也可联系古今中外的史例展开:毛遂自荐,靠的是"敢叫"的参与意识才脱颖而出,成为"大狗";泰戈尔 70 岁才开始创作歌曲,写了包括印度国歌在内的两千多首乐曲,靠的也是积极参与和探索精神,才成为乐坛的"大狗"。李政道 31 岁,便敢跻身于物理学权威之中,敢于向宇宙守恒定律挑战,成为问鼎诺贝尔奖的"大狗"。通过联系实际,文

章就展开了,论述就深刻了。

四、在安排结构中展开,培养思维的深刻性

文章的结构安排是否妥当,对立论的深入也至关重要。如《评〈愚公移山〉》,我们就可以采用如下结构中的一种。

(1) 正面说一说,反面说一说。如"移与不移"。

(2) 这样说一说,那样说一说。如"愚公不愚,智叟不智"。

(3) 本层说一说,进层说一说。如"有志,还应有智"。

(4) 原因说一说,结果说一说。如"毕力平险与上帝感其诚"。

当然,一篇议论文的展开,是不需要用尽上述四种方法的。如果综合运用其中两三种,可使议论文内容充实,手法多变,说服力强;如果只用其中一种,可使议论文结构严谨,层次清晰,说理透彻。至于选择哪一种或哪几种展开方式,要根据题目的特点,写作的意图,作者的认识水平来综合考虑。

第九节　从构思角度谈学生作文的个性特征

现代语文教育理念,强调学生作文要见解新颖,有个性特征。这既是创新教育的要求,也是写作自身的高层次追求。什么是个性特征呢? 张德熙同志在《试谈作文的个性特征》一文中谈道:"所谓个性特征,是指学生在立意构思、语言表达等方面所表现出的别具一格和与众不同。"这里,我着重从构思角度谈一谈怎样的作文才有个性特征。

对于一篇命题作文来说,构思包括立意、选材、安排结构等方面。因此,构思的角度,自然也应当包括立意的角度、选材的角度、安排结构的角度等多重角度。角度,是客观事物基本特征的某个侧面的反映,是分析问题、构思取材的着眼点和出发点。从构思角度,可以看出学生作文的个性特征。

从立意的角度,可以看出学生作文的个性特征。如写《小议班门弄斧》这篇文章时,大多数同学从正面立意,论述"青年必须谦虚,班门切忌弄斧"。有的同学却从反面立意,论述"青年应该创新,班门偏敢弄斧";还有的同学正反兼收,从"青年要先学斧,再弄斧"这一角度立意。显然,后两类同学的立意角度体现出了个性特征。

从选材的角度,可看出学生作文的个性特征。如写《小议无欲则刚》这篇议论

文时,可选用《三国演义》中关羽"过五关,斩六将"的故事来写:关羽为护送两位嫂嫂脱离曹营,追随刘备,过了五道"关"。第一关是钱财关,为了收买关羽,曹操为他拨金造府,赠袍赐马,但他却不为所动;第二关是地位关,曹操封他做大官,且时时以礼相待,他也不曾为其迷惑;第三关是美女关,曹操让他与两位年轻貌美的嫂嫂同处一室,想使他占嫂乱伦,可是他却秉烛于户外,不越礼半步,一计失败后,曹操又使了第二计,派了几位美女给他享受,他也只将这些美人派去服侍了两位嫂子;第四关是口福关,曹操三日一小宴、五日一大宴地请他吃喝,也没动摇他的决心;第五关是人情关,曹操动用了好几个说客劝他弃刘(备)投曹(操),关羽最终还是护送两位嫂子决然而去。在这篇文章中,如果哪位同学把关羽所闯过的五道关口,加以翻新,并分别命名为钱财关、地位关、美女关、口福关、人情关,从"无欲"的角度和赞美的口吻论述关羽的"无欲则刚"(无财欲、无权欲、无色欲、无美食欲和不为人情所动的刚直不阿的忠肝义胆),就能体现出他(她)的个性特征。

从安排结构、拓展思路的角度,可看出学生作文的个性特征。比如,同是写《评一场输了的球赛》,同一个班多数同学从纵向展开,写这场球赛先怎么样失算,后怎样配合失误、指导不利。可有 4 名同学从横向拓展思路、安排结构,他们分别从战略与战术、训练与比赛、失败与成功、比赛与友谊等角度加以品评,很有个性。

从构思角度,可以看出学生作文的个性特征;构思角度,也是衡量学生作文有无个性特征的重要标志之一。除此之外,是否勇于表现自己的思想,是否运用了个性化语言,也是衡量学生作文有无个性特征的重要标志。

第十节　评析刘朏朏老师的"三级训练"作文教学模式

"三级训练"作文教学模式是由北京市月坛中学语文教师刘朏朏提出的。刘老师认为,当前中学生作文中最突出的问题是内容贫乏、单调,其根源则是作文教学中只重视训练学生作文的技巧,而忽略了对学生观察生活、积累材料、分析材料的能力的培养。基于这种认识,刘老师把初中阶段的作文训练分为三个阶梯,形成了她的作文三级训练模式。

(1) 观察。即引导学生观察生活、积累写作材料,并在此基础上养成良好的观察习惯,发展学生认识事物的能力。这一阶段是基础,主要在初一进行,具体策略是:首先,解决对观察的认识问题,主要要求学生认识观察训练的目的及意义,了解什么是观察,掌握一般观察的基本要求,学会写观察日记;其次,解决观察领域的问题,引导学生热爱大自然,留心身边的科学现象,注意平凡的日常生活,重视观察人;再次,解决观察的方法问题,主要对学生进行全面观察、细致观察、比较观察、反复观察四种基本方法的训练;最后,解决观察与体验,观察与调查研究,观察与联想、想象,观察与阅读的关系等方面的问题。

(2)分析。即在学生观察的基础上引导学生对观察中积累的材料进行分析整理,挖掘这些材料中蕴含的思想意义,使学生完成由感性认识向理性认识的过渡。分析训练是观察训练的逻辑发展,也是整个模式中核心的环节,主要在初二进行。具体的教学策略是:首先,提高学生对分析的认识,用 3 个课时的时间,分别给学生讲清分析的意义、分析笔记的写法以及命题分析与选题分析;其次是教给学生分析的方法,主要包括两个方法:一是"提出问题,给予解答",二是"了解情况,实事求是";再次让学生掌握分析的角度,主要安排了"条件分析""因果分析"和"演变分析"等训练内容;第四是引导学生掌握分析的重点,主要包括"特点分析""本质分析""意义分析"等几个问题;第五是教会学生"深入的分析",包括"分析与知识""分析与联想""分析与情感"三节。

(3)表达。即在前两个阶段训练的基础上,着重训练学生表情达意的能力,它包括对文章结构的构思能力的训练和语言运用能力的训练两大部分。主要的策略是引导学生写语感随笔和章法随笔。

三级训练作文教学模式是多年来我国作文教学改革的硕果,它的特点是:重视指导学生从生活中提取作文的材料;重视对学生进行作文的全程训练;重视正确处理作文中认识与表达的辩证统一关系;重视发挥认识能力的提高对表达能力提高的促进作用。

第十一节　用片段训练法提高学生的作文水平

一、片段作文训练法的分类

所谓"片段训练法",是指用一段、一节的小篇幅,表现生活中的一个层面,说明事物的一个方面,对某事、某现象谈一点看法,或者根据要求写一两段话的作文教学法。在教学实践中,可把片段作文训练法分成这样几类。

(1)描述性片段。就是截取景物或现象、人物的特征和变化中的一个断面进行生动细致的描绘。

（2）说明性片段。就一个事物或者事物的一个方面作详尽细致的介绍或说明，或者学写广告词、解说词、宣传标语、说明书等。

（3）评议性片段。就一件事、一篇文章、一本书、一部影视片简单地谈点个人看法，不求多、不求全，清楚地写出自己独特的感受或体会。

（4）随笔性片段。适时地就具体的某单元或一篇文章的写作要求，或者针对某一种写作技巧进行的训练。比如写文章的"凤头""豹尾"，动词的准确运用，修辞手法的恰当运用，仿写、扩写、续写、缩写、改写等。

片段训练法，从局部着眼，从小处着手，让学生用自己的笔随时写下"所见""所闻""所想"，从节、段逐步提高到篇，过渡到构思作文，循序渐进。

二、片段作文训练常用的几种方式

（1）语言模仿。即引导学生通过对范例的熟读、理解、领悟，从而写出与范例相同或相近结构形式、表现手法、修辞方式的语言片段。例如训练学生模仿排比句，以增强抒情、议论的气势，给学生提供一个这样的范例："如果你是一棵大树，就洒下一片绿荫；如果你是一株小草，就增添一分春色；如果你是一只鹰，就奋力搏击长空……"有的学生通过语言模仿，写出了以下的句子："感动是你伸向失败者的手，是你开导忧郁者的歌，是你安慰紧张者的笑……"

（2）段落模仿写。在教课时，可抓住课文中某个细节或片段，提出仿写的要求：不可照抄照搬，要同中求异，从相同点中悟出不同点。

（3）想象续写。即根据课文情节，合理想象，生发开去，改写或延伸课文中的情节，再造细节。如学习了《阿长与〈山海经〉》，让学生写《阿长，让我……地对你说》；学习了《变色龙》，续写《奥楚蔑洛夫见到将军哥哥了》等。当然，不必限于课文，还可以找有关的文章进行分析，让学生根据其中合适的材料进行片段练习。

（4）再现感悟。即让学生以日记的形式写下生活的见闻、生活的感悟，多以前面提到的描述性、说明性、评议性文字为主。这种练笔多可为大作文积累素材。

（5）口头演练。这种训练的目的在于给学生提供口头表达机会，弥补笔头练习的不足，增强作文的趣味性，调动其作文的积极性。演练题材要选学生最熟悉的、最感兴趣的话题。除事先布置学生观察外，课内利用几分钟相互讨论，组织材料，以便清楚地表达，比较适合于课前几分钟进行演练。例如八年级第一单元学习了《新闻二则》，便要求学生记录当天的"新闻联播"中你最感兴趣的新闻，第二天课前进行"现场直播"。训练一周后，则自己观察生活，采录素材，撰写新闻，课前直播。然后教师组织学生对他们的口头作文逐一简评。也可让学生针对某一篇或几篇进行评论，最后师生汇总意见，评出名次。此外，还可让学生把学校生活的片段，如开学典礼、文艺会演、运动会、班干部竞选讲给人家听，并提醒他们用不同的语言向不同的听者表达，同时记下对方的语言、动作、神态、表情。这样可以避免学生语言的单调，学会对不同人说不同的话，在不同的表达环境是用不同的语言。

三、片段作文训练要注意的几个问题

进行片段的写作练习，耗时少，短者十来分钟，最长也只用一节课时间，可减少学生心理压力，让学生觉得任务轻松，从而精心构思，写出有内容的东西。加之只有一个片段，可当堂评改，及时反馈，灵活性大，训练机会多。然而，在训练中，也要注意以下几点。

（1）天天训练，并经常给学生提供展示的平台。每天要求学生写一两篇百字的片段，并经常在班内交流"写作的成果"或写作体会，对基础差的同学即使仅能写出好的句子，也要提出表扬，激发他们的写作热情，增强他们的写作兴趣。

（2）引导学生注意平时的观察和思考。片段作文训练不能揠苗助长，半途而废，必须把细致的观察思考和写作结合起来，才能逐步攻破学生习作中"无话可说""言无巨细"的难关，使写作真正做到具体生动，胸有成竹。要引导学生无论何时何地，都要增强对身边的人或物的观察与思考，抓住生活中的各种细节，用自己的心灵去感受，并从中领悟生活之真谛，积累写作之素材。

（3）有计划、有针对性地进行作文技巧训练。一是对全班同学的训练要有计划性和针对性；二是对个别同学的训练要有计划性和针对性。同时在训练过程中，要有针对性地进行评改，做到常写常评，常写常改，让学生逐步养成自评自改的作文习惯。

第十二节　教师要写"下水"作文

一、教师写"下水"作文的意义

在语文教学中，最难显效的是作文教学。学生写作水平为什么难以提高呢？究其原因多种多样，其中有一个被大家疏忽的原因，就是教师长期以来很少写作，

甚至不写作,形成"眼高手低"的现象。试想,"手低"的教师又怎能培养出"手高"的学生呢?所以,大力提倡教师多动笔,多写"下水"作文,显得十分必要,它对提高作文教学质量具有重要意义。

首先,写作教学的实践性,要求教师写"下水"作文。写作教学不是侧重于知识传授,而侧重于技能训练,强调实践性。从技能训练来说,学习写作跟学习游泳很相似。"在游泳中学会游泳"是一句至理名言。学生要"下水",教师也要"下水"。试想,一个不会游泳的教练怎能指导别人游泳呢?如果语文教师是写作方面的行家能手,就能够更有效地指导和启发学生写作。

其次,教学相长的原则,要求教师写"下水"作文。韩愈说:"弟子不必不如师,师不必贤于弟子。"教与学的过程实际上是双向交流、互相学习的过程。中学生的某些优秀习作,有时可达到报纸、杂志的发表水平,从命题到立意,从结构到语言表达都有其长处,值得教师一学。学生作文拔尖,这是好事,但反过来,对教师构成一种挑战,形成一种无形的思想压力:敢不敢与学生比高低呢?历来只有教师评讲学生作文,而很少有学生对教师的作文品头论足的。笔者经常把自己的"下水"作文拿来给学生朗读,与学生切磋交流,让学生评头论足,每次都能看到学生听得津津有味,他们几十双眼睛似乎以"发现"的眼光在"打量"着自己的作文,不放过一丁点儿闪光点和瑕疵,读完后学生总是自发地报以长时间的掌声。为此,笔者曾写过一篇《掌声》的文章,对此情景进行了描述。下课后,有时也有学生指出一二不足,笔者都能够欣然接受。至于笔者的部分"下水"作文在报刊上发表后,或者学生的作文经笔者修改在报刊上发表后,学生总是争相传阅,甚至把它们复印出来,在批评与反批评中不断提高。笔者认为把自己的"下水"作文拿来和学生交流,并让学生评头论足,不仅不会降低教师的威信,反而能活跃课堂气氛,产生良好的心理效应,也能使教师的指导更具针对性。

最后,语文课程的性质与地位,要求教师写"下水"作文。《语文课程标准》中说"语文是最重要的交际工具,是人类文化的重要组成部分。工具性与人文性的统一,是语文课程的基本特点。"又说:"语文课程应致力于学生语文素养的形成与发展。语文素养是学生学好其他课程的基础,也是学生全面发展和终身发展的基础。"语文课程的上述性质与地位,决定了语文教学重在发展学生包括听、说、读、写在内的多方面的语文素养,而要发展学生的语文素养,教师必须具有较深的语文素养。但从中小学语文教师的现状来看,"写"的素养相对薄弱,对不同题材、不同体裁、不同学生的作文如何指导得法,往往力不从心。因此,很有必要提倡教师写"下水"作文,多尝尝"梨子的滋味",一方面可提高自己的写作能力,避免出现"眼高手低"的现象,另一方面可使教师对学生的指导做到有的放矢。

二、笔者的"下水"作文:《扁担情》

扁担情

我是在豫北的山里长大的,扁担伴随我成长。我与扁担结下了深深的情缘。

小时候,我家的房子坐落在半山坡上,家里进来的和出去的很多东西都要用肩来挑。买来的煤,需要一担又一担地挑进来。煤灰需要一担又一担地挑出去;猪圈里用的土需要一筐又一筐地从地里挑回来垫上,猪圈里的粪需要一筐又一筐地挑出去。就连人吃的水,也要到山坡下的水池里去挑。春天的时候,水贵如油,山坡下的水池里没了水,村内的各个水池里全都没了水,我们不得不到村外三里远的水井里去挑。上初中的时候,我才十四五岁,每到春暖花开的时节,下午一放学,我天天都和我哥哥以及邻居家的孩子们到村外去挑水,我哥挑大桶,我挑小桶,我们一群孩子沿着蜿蜒的山道行走着,一路欢声一路歌。到了井边,我们用辘轳把水一桶又一桶地吊上来。回家的路上,我们把草编成环形,或者摘几片大一些的净树叶漂在水桶里,以免在行走时水从桶里晃荡出来。一路上,我们要经过两座山冈,俗话说:路远没轻货。本来六七十斤重的担子越走越觉得重。经过"之"字形山道时,我们学着大人的样子把担子从左肩换到右肩,又从右肩换到左肩,就是不能把水桶放在地上歇息一下。越过"之"字形山道后,到了平地,我们才把担子放下来,大家坐下来歇息一会儿,擦一擦脸上的汗水。这时,喝几口桶里的水,清凉爽口,沁人心脾,简直就是天然矿泉水!回到家,妈妈看到哥哥和我满脸的汗水和满鞋的泥土,眼里流露出的尽是爱。

十八岁以前,我不知道用坏了几根扁担,只知道肩上挑的东西从六七十斤,再到一百多斤。根根扁担磨炼了我坚强的意志,塑造了我质朴的性格,铸造了我不屈的脊梁!如今,家乡发生了巨大变化,全村人都吃上了自来水,村上家家把房子都盖在了宽敞的平地上,我也在十多年前走出了山门,过上了城里人的生活,很少再用扁担了,但童年时山道上发出的那"嘎吱""嘎吱"的扁担声,仍在我的心弦上回荡!

三、笔者的"下水"作文:《小议"无欲则刚"》

小议"无欲则刚"

"海纳百川,有容乃大;壁立千仞,无欲则刚。"这是民族英雄林则徐用以自勉的一幅堂联。后半联的意思是：一个人只有不为任何私欲和邪欲所蛊惑，才能刚强坚定，像悬崖峭壁一样峻峭高尚。

一个人只有做到了"无欲"，才能刚正不阿，不受他人的意志所摆布。在这方面，最典型的例子莫过于《三国演义》中的关羽了。关羽为护送两位嫂嫂脱离曹营，追随刘备，过了五道"关"。第一关是钱财关，曹操为他拔金造府，赠袍赐马，但他却不为所动；第二关是地位关，曹操封他做大官，且时时以礼相待，他也不曾为其迷惑；第三关是美女关，曹操让他与两位年轻貌美的嫂嫂同处一室，想使他占嫂乱伦，可是他却秉烛于户外，不越礼半步，一计失败后，曹操又使了第二计，派了几位美女给他享受，他也只将这些美人派去服侍了两位嫂子；第四关是口福关，曹操三日一小宴，五日一大宴地请他吃喝，也没动摇他的决心；第五关是人情关，曹操动用了好几个说客劝他弃刘(备)投曹(操)，关羽最终还是护送两位嫂子绝然而去。

在这五"关"中，充分显示了关羽无财欲、无权欲、无色欲、无美食欲和不为人情所动的刚正不阿的大将风度，这或许是他千百年来倍受人们崇拜的重要原因。

人活在世上，或多或少存在着一些欲望：看到金钱，手心痒痒；看到美女，心里痒痒……但是，人之所以称为社会性的动物，就在于人有理智，可经受各种欲望的考验。董存瑞在生与死的考验中，毅然做出了舍身炸碉堡的选择；方志敏在名利与道义的天平上，断然做出了舍名利、取道义的抉择；狄仁杰面对社稷的安危，不顾官职的一贬再贬，决然把"庐陵王一案"查个水落石出。正是因为他们理智地做出了选择，经受了各种欲望的考验，因而浩气凛然，刚强无比，其人格与日月齐辉。

人的欲望，一旦掺杂着各种各样的私心邪念，就会使人"刚"不起来，形成"小欲小不刚""大欲大不刚"的现象。某些村干部接受他人的小恩小惠，因而办事不公，此可谓"小欲小不刚"；某些高级干部，他们"狮子大张口"，贪图巨额钱财，贪恋美女，结果滥用权力，使国家资产蒙受巨大损失，此可谓"大欲大不刚"。

私欲和邪欲是磁场，它吸引人走向黑暗的深渊；私欲和邪欲是毒蛇，它纠缠人走向罪恶的泥潭。私欲和邪欲是魔掌，没有坚强意志的人，就无法摆脱它；私欲和邪欲是迷魂汤，没有清醒的头脑，就会误饮而失魂落魄。

摆脱私欲的引诱，摆脱邪欲的蛊惑，的确需要坚强的意志，清醒的头脑，需要不断地修身养德。只有这样，才能收获人格的高尚和峻洁，收获他人的尊敬与爱戴。

第四章

口语交际教学论与实践探索

第一节　口语交际教学的重要性

口头语言的主要特点是有声化和情境化,书面语言的主要特点是符号化和规范化,书面语言较之口头语言是更为高级的发展形势。口头语言的学习和发展是学习和发展书面语言的基础和背景,能够不断丰富和促进书面语言的学习和发展。书面语言的学习和发展是学习和发展口头语言的继续和提高,能够规范和指导口头语言的学习和发展。

在人类语言发展的过程中,是先有口头语言的听说,文字产生之后,才有书面语言的读写。书面语言打破了时空界限,是人类社会的一大进步。但在现代社会中,听说的重要性又凸现出来。首先,在信息时代,许多信息是需要快速、直接的传递的,是通过电话、广播、电视、计算机等电子媒介传递的。听说比读写更有效地打破了时空限制。只要需要就可以远播和流传,而不再依赖于文字。其次,听说读写综合运用的趋势增强。影视中的听读并用,对话中的听说并用,讲解中的说写并用,资料检索中的读写并用,研讨中的听说读写并用等。所以听说的应用范围扩大,价值提高。对人们的口语交际有着更高的要求,要求人们具有准确、敏捷、有效的口语交际能力。这种能力不会是自然形成的,必须通过科学训练以及大量的言语实践活动才能形成。第三,"口才"被认为是"人才"的重要构成因素。口语交际过程是学生情感态度、人格品质个性化体现的过程,也是不断丰富和健全人格的过程。学生通过口语交际可以习得人际交往规范,培养人际交往能力,促进人格的健康发展。

国外的研究表明:在人们的日常言语活动中,听占 45%,说占 30%,读占 16%,写占 9%。人的听觉、视觉、嗅觉、触觉等器官,都有配合思维吸收知识和能力的功能。其效率为：听觉占 11%，视觉占 83%，嗅觉占 3.5%，触觉占 1.5%，味觉占 1%。学生在获取知识和能力的过程中，参加活动的器官愈多，耳、目、口、手、脑并用，效果就愈好。听、读为吸收，说、写为表达，只有全面训练，才能共同提高。

第二节　听话说话与口语交际的区别

　　纵观中国古代的教育，文言与口语是脱节的。自 1904 年语文单独设科至 1912 年的"国文"，都未提到口头语言的事。1920 年改"国文"为"国语"后，体现了对口头语言的重视。1923 年公布的《小学国语课程纲要》中提出了能用国语作简单的谈话，能用国语讲演的要求，听话说话教学有了明确的地位。1949 年叶圣陶先生提出口头为语，书面为文，并将"国语""国文"课程名称统一定名为"语文"后，第一次提出了语文教学要言文一致，"语文教学应该包括听、说、读、写四项，不可偏轻偏重"的思想，从此语文课程中必须包括听话说话教学，具有了系统的理论。以后历次教学大纲中都体现了这种思想。例如 1992 年《九年义务教育全日制小学语文教学大纲》中，对听说训练做了详尽说明。2000 年教育部先后颁布了中小学三个新的教学大纲，将原小学大纲中的"听话、说话"、初中大纲中的"听话训练、说话训练"、高中大纲中的"说话能力"，统一改为"口语交际"。2001 颁布的《全日制义务教育语文课程标准》和 2003 年颁布的《普通高中语文课程标准》中，都采用了"口语交际"的提法。这不只是术语的改变，而是教育思想的改变。

　　"口语交际"强调的是实践功能，突出了综合性和情感性的特点。听说有单独使用的情况，如听课，自语。忽视了听说在生活实践中的综合运用以及特定情景下的人际交往。二者的区别具体表现在以下几个方面。

　　首先，听话说话是"知识能力型"的，强调的是课堂情境下获得听说的知识和能力；口语交际是"实践活动型"的，注重的是实践情境中的交流和互动。例如以前的听话说话教学，在课堂上大多采用看图说话的呈现方式。单幅图怎么说，双幅图、多幅图又怎么说，均有详尽的知识传授。图上什么人，在干什么，先说什么，后说什么，均有一定的句式限制。介绍一个人该如何描述，讲解一件事又该如何先总后分，均有大致的次序安排。这样的"听话、说话"不是放在一个真实的交际情境中进行的，说到底是口头作文，是为书面语言表达服务的。《语文课程标准》中的"口语交际"，则强调培养学生的交际能力，强调调动学生的生活经验，在有一定实践意义的交际活动中学会交往，学会与他人的沟通。这种"课程是经验""课程是活动"的思想旨在培养学生的实际操作能力,与以往单纯追求知识体系是迥然不同的。教科书中往往只是给师生提供一个贴近学生生活的话题,以便从这个话题出发设置相应的交际情景。例如话题"自我介绍",我们可以根据教学目标设置不同的情景:班上来了一位新同学,请你向他作自我介绍;在好朋友的生日宴会上,向新朋友作自我介绍;在旅游途中遇到外地的游客,互相作自我介绍。情景不同,所遭遇的对象不同,我们讲话的语气、语调、音量及动作都不一样。

其次,"听话说话"教学偏重于静态式,"口语交际"教学则强调动态式。具体表现在以下几个方面。

第一,"听话说话"训练学生如何听、如何说,课堂上的操作或一问一答(要求学生能当众说话,口齿清楚,声音响亮),或只说不答乃至只听不说(如听广播)。为此,学生有时是"自听自乐",有时是"自言自语"。由于缺乏交际意识,不需要一定的交际情景,更不需要一定的交际对象和交际目的。而"口语交际"特别强调真实的交际意识和交际行为,交际的双方要不断地发出信息、接受信息,听者和说者的地位要随着交际的需要不断转换。他们既是听者,同时也是说者。说者要根据听者的情绪反馈,及时调整自己的语气、语调和语言材料,听者又得根据说者的表述及时做出应答。双方的表达是相互的,双方的交流是不断的。

第二,"听话说话"在教科书中呈现的内容与方式基本已经框定,体例相应较为封闭。"口语交际"在教科书上呈现的主要是提供一个话题,有的要靠课外的信息加工才能完成,如"向当地环保部门谈谈你对家乡环保的几点建议";有的要和其他学科交融才能完成,如"和你的朋友交流一次化学小实验的过程";有的则需要走出校园,走向社会才能完成,如"×××访谈录"。"口语交际"的体例是开放式的、立体的、多元的。

第三,传统的"听话说话"教学的重点是突出语法特点,不包括实际情景下的真正运用。语言现象多半被当作数据来处理,而是否适用语境则不予考虑。强调从命题逻辑上来考虑语言的指称意义,而不考虑语言的社会意义。实际上,这种听话说话是一种单向的自我的线型语言活动。"口语交际"在教学中强调语言形式的信息传递功能,通过功能范畴组织语言形式,实现语言的最终目的:在人与人之间进行有目的、有实效的交流。它优先考虑的是言语而不是语言,是功能而不是结构,是语境而不是信息本身,是语言的得体性而不是任意性。与听话说话相比,口语交际是一种双向互动的语言实践活动。

第四,传统的"听话说话"教学注重的是总结性评价,口语交际教学更注重教学过程中的形成性评价。《全日制义务教育语文课程标准》在"评价建议"中提出:"评价学生的口语交际能力,应重视考察学生的参与意识与情意态度。评价必须在具体的交际情境中进行,让学生承担有实际意义的交际任务,以反映学生真实的口语交际水平。"《普通高中语文课程标准》在"评价建议"中提出:"口语交际的评价,应考查学生参与口语交际实践活动的态度,能否把握口语交际的基本要求,善于倾听,在交际中捕捉重要的信息,清楚、准确、自信的表达自己的思想和感情。"共同要求有两点:一是要渗透三个维度的评价,即关注知识与技能、过程与方法、情感态度与价值观的综合评价。二是要在实践活动中进行。以往在教学过程中很少对学生的口语交际能力进行及时的评价反馈,而是把评价放在期末进行总结性的评价。评价的内容多是知识与能力方面,缺乏对情感态度和价值观方面的评价。而口语交际教学更注重教学过程中的形成性评价,这种评价不仅衡量学生实际运用语言的水平,还对学生的交际意识、情感态度、思想风貌等做出评价。评价的语言应有针对性。如"你讲得比较有礼貌。""你的声音比以前大多了。你一定能够保持下去,是吗?""你积极参与的精神,我很欣赏。"这样的评价更及时、更富有积极意义。口语交际教学还应充分考虑学生是学习的主体,让学生参与到评价中来,培养他们的参与意识。

第三节　口语交际教学目标和教学的主要内容

2001年《全日制义务教育语文课程标准》在"课程目标·总目标"中提出:具有日常口语交际的基本能力。在各种交际活动中,学会倾听、表达与交流。初步学会文明地进行人际沟通和社会交往,发展合作精神。在"阶段目标"中有较为详尽的论述。在"教学建议"中指出:①口语交际能力是现代公民的必备能力,应培养学生倾听、表达和应对的能力,使学生具有文明和谐地进行人际交流的素养;②口语交际是听与说双方的互动过程,教学活动主要应在具体的交际情境中进行;③重视口语交际的文明态度和语言修养;④努力选择贴近生活的话题,采用灵活的形式组织教学,不必过多传授口语交际知识;⑤鼓励学生在各科教学活动以及日常生活中锻炼口语交际能力。从口语交际的重要性、本质特点及基本教学情景、口语交际中的情感态度与价值观体现、基本教学方法、综合性学习方式等方面进行了论述,比较全面系统。

《全日制义务教育语文课程标准》"教学建议"的第1条提出:培养学生倾听、表达和应对的能力,使学生具有文明和谐地进行人际交流的素养。这是贯穿课程标准口语交际教学始终的基本理念,也是口语交际教学目标的价值追求。从听话说话教学到口语交际教学的主要变化,就是不但强调听说知识和能力的训练,更强调口语交际活动中情感态度和价值观的培养。具体内容和要求如下。

1. 口语交际的态度

良好的口语交际的态度是一个人文明素养的表现。主要表现有:耐心专注地倾听。耐心,指听话人应尊重说话人发表意见的权利,耐心倾听,不随意插话和打断对方的话,即使不同意对方的意见,也要有礼貌地等对方把话说完。如果听话的不只是自己一人,还应尊重别人说话的权利。专注,指听话人必须高度集中注意力。由于听话不是简单的听觉活动,除了接受声音信息外,还要通过思维活动,吸收、理解所接收的信息,并对这些信息的价值做出判断。听话时注意力集中才能听清话音,听懂话意。况且,这些声音转瞬即逝,必须快速听知,听话活动比通过阅读或其他方式获取信息更需要集中注意力。要专注于谈话内容,注意谈话人的表情、手势等,并及时用情态态度或简短话语向对方传递反馈信息,表示自己正在倾听或理解对方的意思,抑或尚未理解而急于知道等。听别人谈话时左顾右盼,漫不经心,随便插嘴等,就是有意无意流露出对说话人的不尊重和不礼貌,给人一种缺少教养的印象。听别人说话还应有一种客观、求实的态度。要忠实于说话人的本来意思,不能想当然,更不能用自己的主观偏见曲解别人的意思,这样才能准确无误地理解对方的观点和意图。

自信负责的表达。说话者必须对自己的表达负责,对听者负责。说话前尽可能有所准备,说话要诚恳,有根据,要从实际出发,实事求是,不虚伪,不油滑,不夸饰,不信口开河。口语表达往往需要借助表情和姿态来传情达意,以加深听者对说话的理解。这就要求说话者语态自然、大方、得体、适度、不拘谨、不做作,做到姿态语言和有声语言的有效配合。说话时目光应朝向听者,喜怒哀乐应通过眼神和表情自然地流露,并适度注视着对方的面部和眼神以了解听众。话语中的谦虚和傲慢,是非常容易觉察到的。听话中要善于发现他人的特点,吸取别人的长处。说话中要善于自控,发现错误要及时纠正。讲解问题、介绍经验时更应注意,哗众取宠的假话、大话、空话、废话,是令人生厌的。向别人提出批评意见时,态度要冷静,要在不伤害对方自尊的情况下,以商讨的口气提出看法,讲清理由,不要奚落他人、讥笑他人。

2. 语音辨识力

倾听能力是由听觉器官获取声波所负载的语言信息符号,通过大脑的思维加工而获得意义的感知、理解过程,同时也是提高思想、陶冶情操和形成技能技巧的综合实践过程。口头语言是语音和语义的结合体。人们听话首先从听到语音的声波开始,然后才能理解对方所表达的思想内容。对语音进行分析,了解它在语词中的意义,是感知语言的首要条件。每种语言的语音都有其特定的结构法则和组合序列,不同的语言还有不同的音波、音高、音强、音长等,千变万化,代表着不同的语义、感情色彩及个人的言语风格。音波具有瞬时性,所以听话时需要具备对语音序列,音波和语音特质的辨识能力,学会在短暂的时间内,把声音听清楚,听准确,并能辨别出语气的轻重缓急,语调的升降高低,还要能从上下句的关系中迅速而准确地判断出同音词的含义。现代汉语有 400 多个音节,有许多近音字和同音字,它们发音相近或相同,而意思则完全不同。如果不能根据具体的语言环境听音辨调,就不能正确理解话语的思想内容和感情色彩。例如"权利"与"权力"的音素音调完全相同,在口头语言中只有根据具体的语言环境,才能加以辨别。

3. 话语记忆力

记忆是储存信息的仓库。口语的特点是一闪而过,稍纵即逝,听话人必须迅速而准确地捕捉对方发出的每一个语音信息,并且立即将其储存到大脑皮层里,作为理解和品评的基本素材。"听而不闻"和"视而不见"都是由于缺乏应有的情感态度和对事物的敏感造成的。

4. 话语理解力

听话不只是听见,更重要的是听懂。对语词、语句、句群以至整个话语意义的理解与把握,是听话能力的核心。倾听时不仅要用耳,还要用脑,边听边思考接收到的各种语言信息。在汉语中,由于同音、近音字繁多,同音节的语音常常代表着不同的词。必须依靠句法和语义,并通过具体语境把握词义。由于口语语句短小,成分易于易位,加之定语又少,因此在注重一般词义的同时,一定要尽可能迅速地抓住关键词语,只有准确地理解了关键词语,才能正确地理解整体话语的意义。实际上,在快速流逝的语流中,听话人并不是在听声音,而是在听思想。除了对词句的听辨外,还要注意语音表现中的语调、语气、重音、停顿等种种因素。要能体味话中之味,弦外之音。如在某些特殊的语言环境中,"讨厌"是喜爱的意思,"你太聪明了"则反其意用之表示否定。话语理解力是听说能力的核心,是听话水平高低的重要标志。

5. 话语评判力

评判力是听话能力的高层次要求。任何人说话都有一定的目的,或申明自己的观点,或表明自己的态度,言谈话语中往往寄寓着自己的感情,听话时就要依据场合、对象、情景的不同以及说话人语气语调的变化,品评出对方言语中的感情色彩。品评话语包含两个层次：一是评判正误真伪，即对说话人的语音、语气等进行评价判断，鉴别其内容的真伪，分析其观点的正误，听出话语的本意，也听出言外之意、弦外之音，从而决定听话人自己所应持的态度和应做的反应；二是品味话语的高下优劣，即对说话人的说话特点、表现手法、说话艺术进行品评体味，从而决定是否吸收甚至仿效。

6. 口语表达能力

口语表达能力是信息的输入、贮存、加工、输出的过程。大致反映了说话活动中的"思考—造句—表述"的一个完整过程，是一个密不可分的有机整体。其中包括以下几方面。

（1）内部组码能力。即组织内部言语的能力。人们在说话时一般是先想后说，或者是边想边说。这里的"想"，就是组织内部言语，即思考为什么说，对谁说，说什么，怎么说，明确说话的意思和要点。想得好，是说得好的前提。这个过程可分为确定话题、产生"语点"、形成思路三个方面。确定话题，要灵活、恰当，有针对性，在尽可能短的时间内了解对象和具体要求，定下说话的重点内容。"语点"是压缩了的内潜的言语信息，有一定的模糊性和跳跃性。产生"语点"就是确定与话题密切相关的压缩信息，组成比较明晰的语义体系，即想说的内容要领。内部言语的生成、组织、编排能力是构成说话能力的第一要素。

（2）语言编码能力。人们说话的过程，就是把内部言语经过扩展进行编码的过程。也就是把"语点"按照语义加以扩展，同时编码为一定的词语句式表述出来。这个过程非常短暂，经过扩展的言语信息本身就包含着一连串有内在联系的词语句子。在边扩展、边编码、边说话的过程中，又受到言语环境、说话人的动机、话题的潜在内容、话题与其他事理的联系以及观察听者的反应等多种因素的复杂影响，使话题不断展开，话语的内容不断丰富。使语言顺利进行编码的条件有两个：一是要有丰富的语汇储备作基础。这是言语编码的符号材料，是转化为外部语言（有声语言）的重要条件。如果说话人口语词汇、句式储备多，那么编码时选择词语的可能性就越大，话语就讲得准确、生动、流利。二是掌握正确组合语词次序的语法规则。这是言语编码的结构法则。按照语法规范来编码，人家才能听得懂，说话才不至于颠三倒四，让人不知所云。

（3）定向发码能力，即将思维转化为有声语言。将体现思维的词句转换为有意义的声波发送出去，变成有声语言，对方才能接收信息，语言交际才能正常进行。这种能力主要表现在三个方面：第一是快速准确的造词，即在说话的一瞬间，要恰当地选择表现力强、能揭示事物本质特点的词语；第二是快速准确的造句，即要从大脑中储存的各种句式中熟练自如的选用最能达意的句式;第三是组句,将句与句紧密地联系到一起,系统地完整地表达要说的内容。把将要释放的语义信息借助言语符号组织成有一定逻辑联系的语流,力求有序和畅达,避免说出时颠三倒四或丢三落四。在这个过程中思维和语言同时发挥作用,思维越敏捷,组码和编码越快,意义愈明确,思路愈清晰,说话能力就越强,客观效果就越好。同时,说话人只有正确运用语音、语调、语速、语量的变化来表情达意,才能做到言之有物、言之有理、言之有序、言之有情,言之得体。要求说话者具备一定的驾驭语言技巧的能力,学会科学发声的方法,发音准确、吐字清晰、语流顺畅。还要求说话者具备一定的运用态势语的能力,通过适宜的眼神、姿势、动作和表情等,增强口语表达的效果。

7. 口语应对能力

在口语交际过程中,说话人往往需要随机应变,根据对方的谈话内容或已经变化的场景,如场内气氛、秩序、听众情绪、注意力是否集中等,机敏地改变思维路线,调整说话内容与方式。要细心观看对方的面部表情和动作,及时调整自己表达的内容和方式。如对方安静地听着,随着讲述内容的变化而有情绪上的变化,是听得入神了;"随意、嘻嘻哈哈"是觉得内容无价值;"眉头微皱,烦躁不安"是表示听不懂或跟不上;"做小动作或做别的活动"是表示不愿听下去等。能够准确地了解到这些情况,表达内容与方法的调整也就清楚了。在应对能力中要特别注意培养学生的应变能力,即口语交际中对意外出现的变故的处理能力。这种能力与人的心理、思维、学识紧密联系在一起。具有较强应变能力的人,在口语交际中能临事不慌,处变不惊,沉着应付。出现意外变故的情况大致有两种:主观性变故和客观性变故。主观性变故指口语交际中表述者由于各种原因产生的表述失误,如单项口语表述中忘了词,说错了话,不能自圆其说。如果不及时调整,则出现张口结舌、令人难堪的场面。客观性的变故是指不以表述者意愿为转移的突然性变故。如演讲、报告时,某个观点听众反应强烈,议论纷纷,或拂袖而去,或当场质问,如何说服听众使秩序正常将显示一个人的不同应变能力。如有一次周恩来总理举行记者招待会。他首先介绍了我国的经济建设成就及对外方针。不料有一位西方记者突然问道:"请问,中国人民银行有多少资金?"总理立刻意识到,此问的目的一则讥笑我国贫穷,二则刁难一下,看看总理是否对此心中有数。周恩来总理风趣地回答:"中国人民银行的资金嘛,有 18 元 8 角 8 分。"一时间,全场愕然,不解其意。然后他才细细解释:"中国人民银行发行面额为 10 元、5 元、2 元、1 元、5 角、2 角、1 角、5 分、2 分、1 分的十种主辅币,合计为 18 元 8 角 8 分。"全场人员无不为周总理的回答拍案叫绝。这种成功的事例告诉我们,应变能力的提高主要在于个人在长期的口语交际实践中见多识广、经验丰富、以广博的知识作基础、以良好的心理素质作后盾,在出现变故时方能胸有成竹、思维敏捷、语言巧妙、应付自如。

第四节 口语交际的基本准则和常见的失误现象

语用学研究发现,让交际双方协同一致、配合默契,让交际活动顺利进行的语用基本准则大致有两类:一类是合作原则,作用在于保证信息传递能顺利进行,双方能达到最大限度的相互理解;另一类是礼貌原则,作用在于调节交际双方的人际关系,使言语行为在和谐的氛围中顺利进行,从而使发话者的语用意图更容易实现。在语用学范畴中,"合作""礼貌"等词汇与其日常含义有联系,更有区别,是严谨的学术概念。

合作原则最先由美国语言哲学家格赖斯提出,并在语用学界产生了强烈的影响,包括数量准则、质量准则、关系准则、方式准则四个子项,它保证了口语交际中信息以最高效、最合理的方式传递。在一些特定的口语情境中,例如打电话、通知、传达、转述等对这一原则的要求就特别严格。按合作原则交际将是最有效率的交际法,但在一些情况下,该原则却显得过于直截了当,让人难以接受。事实上,在生活中人们常常不用直接的方式遣词达意,而经常采用间接委婉的方式。为什么要让对方拐弯抹角地领会,不愿向对方坦率地言传?英国学者在研究这一现象后,提出礼貌原则的概念作为合作原则的补充。

那么,礼貌原则包括哪些具体内容呢?大致提出了以下几种:慷慨准则、得体准则、赞誉准则、一致准则、谦虚准则、同情准则等六个子项,它弥补了遵循合作原则交际时过于直白所带来的不周,恰如其分地遵循礼貌原则能使口语交际在更融洽的氛围中进行。这条原则在许多服务行业的工作用语中表现得尤为突出。

口语交际中违反了语用基本准则,就会造成各种各样的交际失误,影响交际活动的正常进行。有专家曾借鉴"合作原则"与"礼貌原则"对交际失误现象进行理论探索,归纳出 14 种口语应用中常见的语病。包括表述类语病和交流类语病。表述类语病包括略语、赘语(这两种违反"量"的准则),散语、断语(这两种违反"关系"准则),模糊语、重语、急语、缓语(这四种违反"方式"准则)等;交流类语病包括不合语境(违反"得体"准则)、角色不当(违反"慷慨"准则)、漠视对象(违反"赞誉"准则)、拦截话题(违反"谦虚"准则)、超前判断(违反"一致"准则)、假意倾听(违反"同情"准则)。表述类语病违反了合作原则,交流类语病则违反了礼貌原则。

上述 14 种语病及其分类,有利于我们从理论的高度对口语交际中的各种失误现象进行鞭辟入里的分析、诊断,从而根据不同病因对症下药,快速有效地提高学生的口语交际水平。

第五节　口语交际训练方式举隅

实例一:教师扮演"母亲"的角色,给"儿子"说如下一段话后,指导学生回答,"儿子"须记住的共有几点。

一位母亲对儿子说的话

啊,你回来了。怎么回来得这么晚? 又踢球了? 瞧你满头大汗。我等你半天了。今天晚上崔阿姨有事,我要替她到医院值班,要赶紧吃饭。我要烧饭去,瞧,热水瓶空了,晚上你负责灌满。不,不用灌满,只要把那个绿的灌满就行了。有封信你替我送到五楼王叔叔那儿去,这是我托他替我办的几件事。别现在就跑,晚上送就行。我现在还要你帮我做事呢。今天晚上就你一个人在家,爸爸也有事。好好做功课,功课做完了才许看电视。你功课有进步(笑了,抚爱他),该夸就夸,不许翘尾巴。今儿的功课也要好好做。看电视不许超过九点半。记住,好,现在帮我剥毛豆,拨完毛豆把青菜择出来,洗干净(拍拍儿子的头)。快去!

实例二:指导学生听读下列材料,概括要点,回答下述问题。
(1) 教师注意衣着美,能起什么作用?
(2) 教师职业的特殊性对教师着装提出了哪些要求?
(3) 教师怎样着装才能和自己的年龄、体型、性格相协调?

教师的衣着美

教师是知识和教养的化身,是新一代的塑造者。教师端庄的仪态优雅的风度得体的着装,不仅能给学生留下可亲可敬可模仿的美德形象,而且有助于教育和教学的成功。教师的衣着历来受到教育家们的重视,并且自己在教育实践中身体力行。我国近代教育家蔡元培先生,每次去学校给师生讲话或上课,必要换上浆洗得十分清爽的衣服,系好纽扣后,还要对着穿衣镜整一下容。进入教室前,也要习惯地整一整衣服,再从容地走上讲台。

由于教师职业的特殊性,其服装既不能像军人那样整齐划一,也不能像演员那样装饰华丽。教师的着装应该符合自己的职业要求,又具有相应的审美效果。

教师的衣着样式要得体,素雅大方。在着装上应大众化,不标新立异,不穿奇装异服。教师的服装式样在设计上应注意到教师工作的特点。如袖子要适合抬胳膊,袖根基不要太瘦小,也不宜过于肥大。女教师上衣的前襟装饰不宜过多、过大,要显示出自然清新而又雅致大方之美。倘若浓妆艳抹,满身透着珠光宝气,就会显得浅薄俗气。

教师的服饰要整洁干净、色调适中。衣着整洁干净方能显示教师的精神风貌。现实中,有些教师的着装虽说赶不上时尚,式样老了点,色调差了点,但由于保持干净平整,穿在身上又适身合体,也能给人一种整洁朴素之美。作为教师,如果不修边幅,衣服肮脏,不仅会使学生厌恶反感,而且也不可能表现出端庄文雅的风度。此外,教师服装的款式、色调应与穿着者的年龄体型、性格等相协调。教师的着装也应与不同的环境场合相适应,平时给学生上课时,着装要端庄规范。但与学生装一起参加劳动或外出郊游时,则不必"西装革履",宜穿上得体的便装或轻便的运动装,显得活泼、自然。总之,得当的衣饰打扮,能衬托出教师美好的仪态和风貌。

实例三:听读下边一段话,听时做一些笔记,听后回答问题。

要重视说话和听话能力的培养

熟悉历史的同学都知道"完璧归赵"的故事。赵国的大臣蔺相如,在与秦国进行外交斗争时,以卓越的论辩才能挫败秦王,捍卫了自己国家的利益,因而被封为上卿。赵国的大将廉颇对此不以为然,认为蔺相如动的不过是口舌之劳,不算本事,不配接受这么大的荣誉。像廉颇这样对蔺相如的口才的错误看法,至今也还存在。不少人认为,说话和听话算不得一种本领,只要不聋不哑,谁都会说会听,说话和听话的能力用不着培养。其实善于说话和听话绝不只是嘴巴伶俐和耳朵好使,它是人的才能的综合表现。

一个善于说话的人必须有严密的思维能力,懂得怎样分析、判断和推理,只有这样,说出话来方能准确、周密,有条有理。一个善于说话的人还必须有流畅的表达能力,语汇丰富,知识渊博,只有这样,说出话来才能准确、通顺、生动。

一个善于听话的人必须有深刻的理解能力,对别人的话能够进行分析、归纳和概括,只有这样,听话时才能抓住中心,区别主次,听出话中的弦外之音。一个善于听话的人还必须有鉴赏力,能够辨明真伪、是非,分别优劣、高下,只有这样,才能对别人的谈话做出正确的判断。

说话和听话能力的培养必须引起我们的重视。

目前,我们青少年说话和听话的能力还不够强。从说话方面看,有的同学在一般场合随便聊聊还可以，一到正式场合就往往说不清楚。从听的方面看，听条理清楚、明白的话还可以，碰到复杂，含蓄一些的话就抓不住要点，捉摸不透话中的真意。说话、听话能力不强，在一定程度上会影响同学们的学习和生活。因此，我们要改变那种轻视听说能力的片面看法，重视听说能力的培养，以适应现代社会的需要。

(1) 这篇讲话的中心思想是什么？

(2) 讲话是从哪几个方面说明中心思想的？

(3) 善于说话和听话的人应该具备什么条件？

(4) 为什么说听话和说话能力必须通过培养训练才能形成？

实例四：指导学生听讲课，做笔记。

让学生选择一堂课，边听讲边记录，听后回答下边的问题：

(1) 这堂课所讲的课题是什么？一共讲了几个具体问题？老师是怎样分析、阐述这些问题的？

(2) 这堂课讲了几个观点？中心观点是什么？重点难点在哪里？

(3) 这堂课老师讲的内容与教材有什么联系？提供了哪些新材料、新观点、新方法？

实例五：指导学生听他人发言，作评论。

(1) 议一议，队员们批评的态度和语言是否合适，为什么？

　　某班篮球队在一次比赛中以两分之差输给对方，赛后几个队员在一起议论。左后卫说："今天这球，输就输在中锋身上了，一点都不配合，光顾着自己投，瞎逞能！"右前锋说："就是，上次比赛我就觉得他别扭。自以为多了不起似的，不就是个儿高吗？我看啊，今儿个要没他，说不定还赢了呢！"左后卫又说："对，篮球赛可没有单打的。他要是怕显不出他来呀，趁早走！"这时，教练和中锋边走边谈，正好经过，听到了他们的议论。中锋就说："走就走！"气冲冲地走了。教练对大家说："他是有错，可你们这种态度对吗？"教练向中锋追去。

(2) 听下面两位安慰病人的话语，然后评论他们的安慰语言用得好不好，为什么？

　　某人因工作劳累生了病，卧床不起，他的朋友说："你多么幸运啊，唯愿我也生点儿病，好让我也能安静地躺在床上休息几天。"

一个人去看望他患伤寒病的朋友,临走时说道:"你的危险期已过,好了之后你将不会害伤寒病了,你比我们多了一重保障。"

(3) 听莎士比亚剧中这段台词,说出他的"话中话"。

"黄金啊,闪烁的宝贵的黄金,有了你,黑的会变白,丑的会变美,错的会变对,老的会变幼,怯懦会变勇敢,神啊,这是什么? 为什么你可以引走他身边的仆人,抽取莽汉头下的枕头? 这黄金的奴才会弥缝宗教,打破宗教,会向奸徒祝福,把癞子变成雅士,使强盗受到册封,受人跪拜,受人颂扬,叫他和元老院议员同席,可以使哀哭绝望的寡妇再嫁,这个被诅咒的东西,这个人类共同的娼妇!"

实例六:指导学生复述课文。

(1) 在学习《大自然的语言》后,简要复述其中关于四季的描写,注意运用下列词语:苏醒、次第、萌发、孕育、差异、推移、灵敏、销声匿迹、衰草连天。

(2) 阅读《鲁提辖拳打镇关西》,然后详细复述,复述时,注意把古代白话改成现代汉语。

(3) 熟读《第二次考试》,改变人称,作创造性的复述。题目可改为《陈伊玲的故事》。

实例七:指导学生讲述故事。

每位同学认真收集整理一些民间故事,在此基础上,班里举行一次故事会。要求:故事的内容健康、情节完整,讲故事时尽可能"说"(说话要口语化,掌握好语气语调,处理好语速和节奏)、"表"(通过声音态势来表演)结合,然后进行课堂评议,评出优秀故事收集者和讲故事的优胜者。

实例八:指导学生介绍事物。

(1) 带一盆花或一束花到课堂上,让学生仔细观察,在厘清思路后作介绍。要求按一定的顺序,用恰当的方法,说出此花的特征。

(2) 举出你在日常生活中熟悉的一两个例子,说明不同生物的相互依存关系,要说得简洁明白。(如结合《什么是生态系统》说明东北虎、金钱豹、野猪、袍子、梅花鹿等动物的相互关系)

(3) 指出下面两段口头说明在语言上的毛病,再用正确的话重新说明。

煤气是一种气体,它是煤燃烧时产生的一种气体。煤气包含许多成分,各种各样,许许多多,这里不一一介绍了。煤的比重是很大的,最主要的成分是一氧化碳。它是燃烧氧气不足形成的。一氧化碳就是人们常说的煤气,煤气中毒就是一氧化碳中毒。煤气包含许多成分,刚才说过一氧化碳可以使人中毒。所以说煤气中毒就是一氧化碳中毒。

合成洗衣粉适合用来洗棉织品和化纤织品。合成洗衣粉是一种用化学原料制成的洗涤剂,它具有去污作用。洗涤时先将衣物用清水浸透,放入洗衣粉溶液中浸泡20~30分钟,洗衣粉要用半盆温水化开,调成溶液,然后再洗。洗完后要用清水漂洗几遍,拿出晾晒。如果遇到衣领、衣袖污垢较重的地方,可以撒上干粉搓洗,便可干净了。

实例九:指导学生即兴演讲。

(1) 开1个小时左右的讲演会,每个讲演者的发言限定在10分钟左右。题目从下列参考题中选择:①2025年畅想;②我们的使命;③闪光的格言;④少壮不努力,老大徒伤悲。

要确定主持人和成绩评判员,按照五项标准——主题、结构、技巧、时间、仪表分别评定成绩。

(2) 下面是同学中对写作文的几种议论。请你快速思考,并打好腹稿在班上作2分钟即兴演讲,有针对性地发表你对其中某个议论的看法:①作文没有什么可写的;②反正将来也不当作家,何必在作文上下功夫;③我也知道作文重要,可自己不是写作文的料儿,又有什么办法?

(3) 请针对下面两件事,确定中心、迅速构思,用借题发挥的方法,作即兴演讲式练习。①海口市拍卖移动电话的号码,一个"908888"号码以30万人民币顺利成交;②在某科技场馆拍卖科技成果,冷场持续一个多小时,56项科技成果,在一个半小时中只卖出3项,总价值仅4万余元。

(4) 下面有一组即兴发言的题目,请每一位同学进行自我训练。

①被人提问时的即兴发言:你对教育要面向世界、面向未来、面向现代化的看法;②必须加以说明的即兴发言:入学后自我介绍,向家长或来宾介绍学校情况;③感情激昂时的即席发言:当你拿到入学通知书时;④被邀请时的即席发言:被邀请参加"学雷锋"主题班会;被邀请参加学习经验交流会;⑤会议主持者的即席发言:主持班会;主持新年文艺晚会;主持欢迎新同学的会;⑥参加访问或集会时的即席发言:参观一个先进中学;参加五四运动纪念会;⑦即兴演讲比赛发言:当我被批评的时候;为什么一个各方面都很突出只是好提意见的学生不能被评为"三好学生"?

实例十：组织学生开展主题辩论会。

组织一次辩论会，从下列参考题中选择一个进行辩论。

（1）有人认为中学阶段应该注重学习知识，培养能力是走向岗位的事。有人认为中学阶段应该着重培养能力，有了能力在工作岗位上可以补充知识。你认为哪种观点正确？

（2）有人认为现阶段还需要那种甘当一颗螺丝钉、安于平凡工作岗位的精神。有人认为现阶段不需要这种精神，要敢于挑大梁，到重要岗位上发挥自己的作用。你认为哪种观点正确？

（3）父母私看子女的信件对不对？甲方：父母对子女有监护权、教育权，检查信件是为了对孩子负责，可以理解。乙方：宪法规定公民有通信自由，他人无权干涉，父母对子女必须尊重。

（4）请与一位同学将下面的争论继续下去：

东汉时有个少年叫陈蕃，独居一室，其庭龌龊不堪，其父之友薛勤见状说道："孺子何不洒扫以待客呢？"陈蕃说："大丈夫处世，当扫除天下，安事一屋？"薛勤当即针锋相对，反问："一屋不扫，何以扫天下？"

（5）发展旅游业利大于弊还是弊大于利？

（6）中学生与异性交往利大于弊还是弊大于利？

（7）机遇是不是一个人成功的关键？

第五章

语文综合性学习论与实践探索

第一节　语文综合性学习的三种形式及三个实例

《全日制义务教育语文课程标准》在"教学建议"中指出：①综合性学习主要体现为语文知识的综合运用、听说读写能力的整体发展，语文课程与其他课程的沟通，书本学习与实践活动的紧密结合；②综合性学习应强调合作精神，注意培养学生策划、组织、协调和实施的能力；③综合性学习应突出学生的自主性，重视学生主动积极地参与精神，主要由学生自行设计和组织活动，特别注重探索和研究的过程；④提倡跨领域学习，与其他课程相结合。

上述一段话概括出语文综合性学习的三种形式：①综合语文课程的各个领域，包括识字与写字、阅读、写作、口语交际等；②语文课程与其他课程的沟通；③学校与家庭、社会的广泛结合。第一种形式体现了综合性学习的语文学科特点，目的在于保证学生听说读写能力的全面发展；第二种形式主要体现了课程整合的理念，把不同的课程按照语文的系列组织在一起，构成具有整体效应的课程结构，实现不同课程的共同价值和语文的独特价值；第三种形式主要体现了语文回归生活、回归社会的理念，引导学生走出课本、走出教室，走进生活、走进社会，根据社会发展的需要和学生的生活实际，发现问题、探讨问题，发展学生参与社会实践的能力，促进学生语文素养的整体提高。

语文综合性学习的三种形式体现出三个层次：首先是识字与写字教学、阅读教学、写作教学、口语交际教学的综合，是语文知识的综合运用，听说读写能力的整体发展。强调的不是"教"而是"学"，是最基本的层次；第二个层次是语文课程与其他课程的沟通，是各个学科的综合；第三个层次是书本学习与实践活动的紧密结合，是实践性和社会性的综合。

《全日制义务教育语文课程标准》把"综合性学习"方式提高到综合识字与写字教学、阅读教学、写作教学、口语交际教学,综合语文课程与其他课程,综合学校教育与社会实践的一个教学领域,把语文综合性学习和识字与写字教学、阅读教学、写作教学、口语交际教学放到了同等重要的位置,共同组成语文教学的五个领域,语文教学的其他四个领域都称为"教学",即识字与写字教学、阅读教学、写作教学、口语交际教学。唯独这个领域称为"学习",即综合性学习。从术语的选用上显示了这个领域所突出的学生学习的自主性:语文综合性学习试图改变教师代替学生活动、代替学生思维的教学现状,强调学生是学习的主人,学生可以超越教材、超越文本,主动积极地参与创新。在综合性学习的实施中,教师要尊重学生学习的兴趣和爱好,尊重学生主动积极地参与精神,让学生就感兴趣的内容提出问题,自己确定学习目标,自己安排学习内容,自己选择学习方式。注意培养学生独立策划、组织、协调和实施的能力,特别注重探索和研究的过程,强调合作精神。

下面是开展语文综合性学习的三个实例,对应的是上述语文综合性学习的三种形式,仅供参考。

第一种形式的语文综合性学习实例
——"月"教学设计

(一) 教学目标

1. 通过开展专题性的"月"综合性学习活动,培养学生搜集资料的能力、观察生活的能力、阅读能力、交际能力、写作能力。

2. 激发学生对月的探究之情,培养他们探究审美意象的能力。

(二) 教学方法

文献检索法、研究性学习方法

(三) 教学时间

一个月。

(四) 教学过程

第一阶段:读月

1. 导读

同学们,在宁静的夜晚,你经常抬头望天空中的月亮吗?如果你能认真观察每晚的夜空,便会被月亮所吸引。在傍晚,在深夜,月圆、月缺、月食、月晕,都会呈现出不同的美,给你美的享受,你将从中获得无限情趣。那么,读一读下面一组关于月的文章和片段,会更加激起你对月的喜爱之情,也许会引发你对月的种种思考。

2. 阅读资料

(1) 荷塘月色(节选):

月光如流水一般,静静地泻在这一片叶子和花上。薄薄的青雾浮起在荷塘里。叶子和花仿佛在牛乳中洗过一样;又像笼着轻纱的梦。虽然是满月,天上却有一层淡淡的云,所以不能朗照;但我以为这恰是到了好处——酣眠固不可少,小睡也别有风味的。月光是隔了树照过来的,高处丛生的灌木,落下参差的斑驳的黑影,峭楞楞如鬼一般;弯弯的杨柳的稀疏的倩影,却又像是画在荷叶上。塘中的月色并不均匀;但光与影有着和谐的旋律,如梵婀玲上奏着的名曲。(朱自清)

(2) 中秋的月亮(节选):

我回想乡间一般对于月亮的意见,觉得这与文人学者的颇不相同。普通称月曰月亮婆婆,中秋供素月饼水果及老南瓜,又凉水一碗,妇孺拜毕,以指蘸水涂目,祝曰眼目清凉。相信月中有裟婆树,中秋夜有一枝落下人间,此亦似即所谓月华,但不幸如落在人身上,必成奇疾,或头大如斗,必须断开,乃能取出宝物也。月亮在天文中本是一种怪物,忽圆忽缺,诸多变异,潮水受它的呼唤,古人又相信其与女人生活有关。更奇的是与精神病者也有微妙的关系,拉丁文便称此病曰月光病,仿佛与日射病可以对比似的。这说法现代医家当然是不承认了,但是我还有点相信,不是说其间隔发作的类似,实在觉得月亮有其可怕的一面,患怔忡的人见了会生影响,正是可能的事罢。好多年前夜间从东城口家来,路上望见在昏黑的天上,挂着一钩深黄的残月,看去很是凄惨,我想我们现代都市人尚且如此感觉,古时原始生活的人当更如何? 住在岩窟之下,遇见这种情景,听着豺狼曝叫,夜鸟飞鸣,大约没有什么好的心情,——不,即使并无这些禽兽骚扰,单是那月亮的威吓也就够了,它简直是一个妖怪,别的种种异物喜欢在月夜出现,这也只是风云之会,不过跑龙套罢了。等到月亮渐渐地圆了起来,它的形相也渐和善了,望前后的三天光景几乎是一位富翁的脸,难怪能够得到许多人的喜悦,可是总是有一股冷气,无论如何还是去不掉的。

(周作人)

(3) 月亮的几个美称。

蟾蜍——指月。"蟾蜍蚀圆影,大明夜已残。"(李白)

桂魄——月的别称。"桂魄飞来光射处,冷浸一天秋碧。"(苏轼)

玉盘——圆月。"汗漫铺澄碧,朦胧吐玉盘。"(李群玉)

金盆——圆月。"夜阑接软语,落月如金盆。"(杜甫)

冰鉴——指月。"绛河冰鉴朗,黄道玉轮巍。"(元稹)

婵娟——月亮。"但愿人长久,千里共婵娟。"(苏轼)

(4) 关于月亮的两则神话传说。

我国高山族的一则神话是这样的:天地间本来是一片漆黑,伸手不见五指,人们只能点火把来照明。也不知过了多少年,也不知是哪一天,突然间,特大的狂风把两个持火把的人吹上了天,天上就有两个太阳。两个太阳轮流照耀着大地,照得人们无法合眼休息,庄稼也都被烧焦了。也不知道过了过长时间,一位箭术高明的神箭手用强箭射中了其中一个太阳,从此,它的光芒减弱,变成了月亮。

我国还有一个关于月亮的传说:相传月亮上的广寒宫前的桂树生长繁茂,有五百多丈高,下边有一个人常砍伐它,但是每次砍下去之后,被砍的地方又立即合拢了。几千年来,就这样随砍随合,这棵桂树永远也不能被砍光。据说这个砍树人,名叫吴刚,是汉朝西河人,曾跟随仙人修道,到了天界,但是他犯了错误,仙人把他贬谪到月宫,日日做这种徒劳无功的苦差事,以示惩处。李白诗中有"欲斫月中桂,持为寒者薪"的记载。

(5) 关于月亮的四副对联。

月月月明,八月月明分外

山山山秀,巫山山秀非常

——重庆巫峡瑶

满地花阴风弄景,一亭山色月窥人

——台湾阿里山胡亭

楼高但任飞云过,池小能将月送来

——上海豫园得月楼

水凭冷暖　溪间休寻何出来源　咏曲驻斜晖　湖边风景随人可

月自圆缺　亭畔莫问当年初照　半杯邀今夕　天上嫦娥识我不

——杭州西湖水月亭

(6) 月亮的基本特征。

月亮是月球的俗称,月球也称太阴。月球的年龄大约是 46 亿年,它与地球形影相随,关系密切。月球也有壳、幔、核等分层结构。最外层月亮平均厚度为 60~65 km。月壳下面到 1 000 km 深度是月幔,它占了月球的大部分体积。月幔下面是月核,月核的温度约为 1 000℃,很可能是熔融状态的。月球直径约 3 476 km,是地球的 3/11。体积只有地球的 1/49,质量 7 350 亿亿吨,相当于地球质量的 1/81,月球的重力差不多相当于地球重力的 1/6。

(7) 月相的变化。

农历每月初八或初九只能看到月亮西边的半圆,这种月相叫"上弦",这时的月亮人们称之为"上弦月"。

农历每月二十二到二十三日只能看到月亮东边的半圆,这种月相叫"下弦",这是的月亮人们称为"下弦月"。

农历每月十五或十六日,从地球上看,月球像是一个明亮的圆盘,这时的月亮,人们称为"满月"。

农历每月初一,当月亮运行到太阳与地球之间的时候,人们无法看到它,这时的月亮,人们称为"新月"。

3. 小组讨论

教师指导学生分好小组,小组成员把自己认为写得好的文章或片段推荐出来,并一起讨论为什么它写得好,好在哪里,或者提出你认为不好的地方,有疑问之处相互讨论。

第二阶段:赏月

(1) 利用晚自习时间,和学生一起到校园的操场上去赏月。

(2) 赏月的过程中,引导学生说说看到的月亮的样子,鼓励他们(特别是那些不爱说话羞于交际的同学)用在读月时学会的对联、名称、优美语句等进行交流。

(3) 指导学生自由组合,把自己此时的感受用语言描述出来,相互交流。

第三阶段:咏月

(1) 导入。

之前,我们一起阅读了关于月的文章和片段,还观赏了夜空中的月亮,老师还建议大家课下到图书馆或网上找一些关于月的诗词知识。前几天,老师还打电话到个别同学家里询问了搜集的情况,今天又看了一些同学的本子,大家做得很不错。那么,现在我们就来品评一下同学们自己找的内容。

(2) 在此环节中,学生推荐了几首咏月诗词。

鸟鸣涧(唐·王维)

人闲桂花落,夜静春山空。月出惊山鸟,时鸣春涧中。

月下独酌(唐·李白)

花间一壶酒,独酌无相亲。举杯邀明月,对影成三人。月既不解饮,影徒随我身。暂伴月将影,行乐须及春。我歌月徘徊,我舞影零乱。醒时同交欢,醉后各分散。永结无情游,相期邈云汉。

中秋月(宋·苏轼)

暮云收尽溢清寒,银汉无声转玉盘。

此生此夜不长好,明月明年何处看。

水调歌头·明月几时有(宋·苏轼)

丙辰中秋,欢饮达旦,大醉,作此篇,兼怀子由。

明月几时有?把酒问青天。不知天上宫阙,今夕是何年。我欲乘风归去,又恐琼楼玉宇,高处不胜寒。起舞弄清影,何似在人间。

转朱阁,低绮户,照无眠。不应有恨,何事长向别时圆?人有悲欢离合,月有阴晴圆缺,此事古难全。但愿人长久,千里共婵娟。

(3)请同学们做一次鉴赏家,对这四首诗词进行鉴赏。

(4)教师对同学的鉴赏进行指导,共同讨论,最后小结得出公认的鉴赏评价:四首诗词,由于立意构思的不同,有的写实,有的借物抒情,有的暗含哲理,有着丰富的内涵,呈现出各异的形象。王维的《鸟鸣涧》以花落、日出的动态和鸟鸣的声音,非常生动形象而细致传神地表现出青山月夜的清幽娴静;李白的《月下独酌》,作者只有明月和身影为伴,充满了想象,同时反映出作者深深的孤独感和怀才不遇的失落感;苏轼的《中秋月》是一首借物抒情的诗,诗人写中秋月亮的圆和皎洁,其实写团圆的美好与离别的难过;苏轼的《水调歌头·明月几时有》作于宋神宗熙宁九年的中秋节。中秋,皓月当空,银光泻地,苏轼想起了分别七年的弟弟。本词通篇咏月,月是词的中心形象,却处处契合人事。在月的阴晴圆缺中,渗透着浓厚的哲学意味,本词意境虚虚实实:文字在幻想与现实中穿梭,思绪在天上与人间徘徊。

第四阶段:议月

围绕月与同学们探究下列问题:

(1)月还有哪些美称?专题中文章《中秋的月亮》写到了中秋节,请想一想过中秋节还有哪些习俗?月亮与中秋节有什么联系?

(2)朱自清文章中说荷塘中的月光"如流水一般",月光虽然"不能朗照",但也"别有风味",这表达了作者什么样的情感?月亮没有意识,没有自觉的行为,可人们为什么称颂它具有"高雅脱俗""浪漫多情""多愁善感""柔情似水"等人类才具有的气质呢?

(3)古今文人都喜欢借月抒情,不同的人感受也不同。王维通过对月的描写,营造出春天山谷中的一派生机;朱自清写月光别有一番风味;而周作人却流露出一种别样的情感,仔细阅读《中秋的月亮》,在文中周作人对月亮的感受怎样? 你能从不同角度分析一下其中的原因吗?

（4）上文"阅读资料（3）"写了关于月亮的神话传说,还有哪些让你感兴趣的关于月亮的神话传说?"阅读资料（4）"写了四副关于月亮的对联,仔细体会其中的韵味,并说出这些对联好在什么地方? 除了"阅读资料（5）""阅读资料（6）"之外,月亮的基本特征及月相的变化还有哪些?

第五阶段：写月

从下列题目中选择一题写月。

（1）朱自清为什么能把荷塘中的月色写得如此美丽（提示：可从审美观赏、抒发情感、观察联想和语言表达等方面思考）? 可以学习朱自清或周作人的写法,从中选取一两个角度,写一篇咏月的文章。

（2）各个小组可以根据自己的观察联想和思考,写一篇以月喻理或咏月抒情的文章,和同学交流。

（3）各个小组写一篇文章,或对月自由发表议论或介绍有关月的知识;也可以出一期以"月"为刊名的手抄报,自己编辑,自加插图。

（4）有兴趣的小组,可以搜集关于月的诗词作品或关于月的佳联,并根据其中所描绘的意境配上插图,举办一个小型展览。

第六阶段：学习交流

（1）请各个小组介绍本组在学习活动中的体验。比如,如何搜集资料,做好准备,如何与小组成员合作开展此活动,解决困难等。

（2）各小组汇报。

（3）各小组展示本组的成果。如,描写的关于月的文章、手抄报、展览作品等。

（4）共同评议。

大家评一评议一议,哪一组的成果比较好,是不是只有谁的活动成果多就算好呢? 教师引导学生讨论后达成共识,看谁的成果好,不仅仅只看其数量之多,更要看其质量之高。

评选出活动成果新颖、有趣,开展得认真深入,收获丰富、感受深刻,对大家启发大的同学或小组,给予表扬奖励。

（5）谈谈了解了他人的成果之后又对比自己的,你有什么感受? 有需要改进的地方吗?

（6）总结。

第二种形式的语文综合性学习实例

——"×××旅游景点风情和文学、文化探究"教学设计

1. 学习活动的背景

有人分析我们语文教学质量低下的原因，讲了三条理由：一是很少创设生动活泼的交际情境让学生参与言语实践；二是很少让学生承担有意义的言语交际任务；三是很少提供在具体的言语环境中开展言语实践的机会。鉴于此，建议在五一长假期间，让大家承担有意义的言语交际任务、开展言语实践活动——探究 XXX 景区风情和文学、文化。

2. 学习活动的目标

(1) 参与言语实践活动，在此过程中深入了解并体验什么是语文综合性学习，语文综合性学习的特点、形式等知识。

(2) 通过承担有意义的言语交际任务，提高实践能力和创新能力，提高语文素养。

(3) 树立参与意识，提升研究能力。

3. 学习活动的要求

(1) 如果有条件的话，请你到你喜爱的某一旅游景点搞一个调查、访问，采集相关的风情和文学、文化因素。有条件的，可带上照相机，拍摄一些风景和人文照片。

(2) 充分利用"五一"长假做好观察、访问工作，作好资料的搜集和整理工作，五一长假结束后做后续的其他工作。结束时间为 5 月底。

4. 学习活动导引

沿着"搜集资料—整理资料—分析并研究资料—表达"或"积累（观察、访问等）—感悟—表达"的思路开展探究。以下是本次活动应该完成的任务，仅供参考。

(1) 景点概况。

(2) 该景点有关的历史故事和民间传说。

(3) 对联搜集和研究（具体方位、对联、对对联的解读和研究）。

(4) 对该景点的主要风情、物产（主要指土特产）的说明和研究。

(5) 就你最感兴趣的方面或内容写一篇作文，可写成游记，也可写成说明文，还可写成散文。

(6) 尝试着为该景点拟写一则广告。

第三种形式的语文综合性学习实例
——"家乡的节日"教学设计

(一) 活动目标

(1) 以已有的社会知识、自然知识和生活经验,系统地了解家乡的节日特点,并加深理解古今中外的节日对家乡经济建设、文化发展的影响和作用,提高学生综合运用知识的能力和观察分析的能力。

(2) 通过活动,广泛搜集整理与家乡节日有关的民俗风情的文化资料,会讲述有关节日的故事传说,会咏诵有关节日的诗歌民谣,能创作出有关节日的彩灯、宣传画和新儿歌,能制作1~2种节日食品或吉祥物,提高学生的审美意识和文化素养,提高学生发展传统文化、创造新生活的实践能力。

(二) 活动准备

(1) 教师和会用电脑的部分学生从网上或书上查找有关节日的背景资料。

(2) 物色好熟悉当地节日掌故的有关机构和个人,以便引导学生进行调查采访。

(3) 准备好创作节日文艺书画、制作节日食品、吉祥物所需用的材料。

(三) 活动过程

(1) 第一阶段:自由组合,自选项目,自订计划。

① 根据活动主题分组确定各自最感兴趣的问题。

② 兴趣相近的同学组成小分队,确定研究内容,商讨活动计划。

③ 按自选内容和小组承担的任务,明确分工与合作的事项。

(2) 第二阶段:分头调查,分头研究,分头创作。

① 根据需要对有关机构和个人进行调查、采访、并搜集有关节日的文化资料。

② 对调查采访获得的素材和搜集到的节日文化资料,分头进行整理和研究。

③ 用"头脑风暴法"研究一次节日活动的设计。

④ 构思创作节日文艺节目,制作节日食品、吉祥物,分工到人,协作完成。

(3) 第三阶段:相互交流,相互启发,相互评点。

① 畅谈活动过程中的初步收获和存在问题。

② 对活动过程中新生成的问题和真切体验,相互指点迷津,出谋划策,解决疑难。

③ 交流对一次节日活动的设计方案,相互提合理化建议。对所选节日相同的,可以在自愿的前提下集中优势,进行设计内容的整合,形成"拳头产品"。

④ 对个人或小组创作和制作的成果进行评点,促使其改进和完善。

（4）第四阶段：口头展示，实物展示，操作展示。

① 口头展示：各小组将自己的主要研究成果向全班汇报；宣读对一次节日活动的设计；朗诵搜集到的有关诗歌、民谣、谚语；讲述有关节日的故事传说。

② 实物展示：已扎好的彩灯；已包好的粽子；已画好的节日宣传画、风俗画；已做好的龙舟模型、中华绳结；有关节日的照片、画册、饰品。

③ 操作展示：

制作元宵节日民俗风物——扎彩灯（可事先做好 2～3 盏灯的部件，现场拼合组装。其余则要求能显示制作的各道工序）。

制作端午节民俗食品——包粽子（可 3～5 人现场包制；1～2 人进行配料，介绍烧煮的经过）。

（5）第五阶段：自我评价，小组评价，总体评价。

本着科学、简单、易行、有效的原则，从以下三方面进行评价：

① 自我评价——主要反映学生在语文综合性学习活动过程中的行为变化：主动参与的精神是否得到发扬；与人合作的态度是否得到提升；科学思维的方式是否得到改善；敢于实践的能力是否得到提高；大胆创新的意识是否得到增强。

② 小组评价——主要反映小组在实施语文综合性学习活动过程中的作用和人际交往状态：成员之间是否志趣相投，乐意共同活动；小组活动是否发挥了每一个人的特长和积极性；小组成员是否独立思考，承担责任；成员之间是否互帮互助、成果共享；与其他小组是否互通情报、交流心得、友好互助。

③ 总体评价——主要反映全班在开展本次活动过程中总体发展的状况：选题的意义；资料的处理；计划的实施；成果的质量；素质的提高。

（四）活动建议

（1）在实施活动过程中，每进入一个阶段教师宜先作适当提示，或培养典型、树立样板。如第一阶段教师宜先出示一个先行组拟订的计划；第二阶段宜先出示一份调查表；第三阶段宜出示一份节日活动设计方案的框架，供学生学习、参考。

（2）对在活动过程中学生可能采用的调查研究方法，为调查法、文献法、比转法、个案法等，教师应在适当的时间，用恰当的方式做好传授、咨询工作。特别是对当地重点节日的个案调查整理要作重点指导。

（3）在展示阶段到来之前，要预检各个小组的准备情况，并指导班干部或活动主持人做好组织协调工作、会场布置工作、制作所需材料的筹备工作。

（4）本次活动共安排 9 课时。有些活动内容须由若干小分队在课外进行。教师可根据进展情况灵活掌握。

(5) 评价卡中的"认定"系量化评价,"所见"系质性评价。对"所见"栏的语言描述应予足够的重视,以便体现二者的完美结合。

(五) 背景资料

关于"岁时节日":岁,指年;时,指春、夏、秋、冬四时。岁时源于古代历法,而节日源于古代季节气候。围绕岁时节日而形成的各种民间传统习俗,就是我们今天所说的岁时节日。根据我国传统的主要内容,大体可分为四大类。

(1) 农事节日——本来"二十四节气"都是预报农事季候的,但后来在每个节气都形成了一些习俗。如立春要饮迎春酒、贴春牛图。再如冬至要饮冬酿酒、亲朋好友互赠食物。有"冬至大如年"的说法。

(2) 祭礼节日——主要是拜神祭祖、攘灾辟邪。如清明扫墓、端午又称"龙子节",本来是一种祭拜龙图腾的节日,家家户户挂菖蒲艾叶、洒雄黄酒,以示辟邪防瘟。

(3) 纪念节日——主要是以纪念民族英雄及地方历史上受崇拜的人物为标志。如清明节前一两天为寒食节,据说就是重耳为纪念介之推被焚而死定下的纪念日。端午节始于春秋战国,盛传伟大爱国诗人屈原正是在这一天,在湖南汨罗江抱石自沉的。故后人便划龙舟以拯之、抛粽子以饷之。

(4) 庆贺节日——主要是以喜庆丰收,祝贺人畜两旺、平安幸福为主题,如春节原是庆贺人们又躲过了掠畜噬人的"年"的灾难,而称为"过年"。再如中秋正值秋收之后,是亲人团聚共享天伦,祝贺平安幸福的节日。人们以圆月为象征,赋以嫦娥奔月的神话,行拜月礼、饮团圆酒,全家团聚共赏明月,分啖月饼。又如重阳。古代以九为阳数。农历九月初九,月日均为阳数,双阳相重,故称重阳,是古人秋日登高避灾的日子,故又称"登高节"。有饮菊花酒、吃重阳糕的习俗。1987 年我国将重阳节定为老年节,取其"九九"谐音有长长久久的含义,为提倡重视老人、爱护老人、尊敬老的社会新风,如今已发展为"敬老节",以祝福老人们长命富贵。

第二节   语文综合性学习的基本目标及其特点

综合性学习的基本目标是培养学生的探究精神和创新意识。《全日制义务教育语文课程标准》把义务教育分为四学段,分别设计了四个层次的语文综合性学习目标。

(1) 第一学段。①对周围事物有好奇心,能就感兴趣的内容提出问题,结合课内外阅读,共同讨论;②结合语文学习,观察大自然,用口头或图文等方式表达自己的观察所得;③热心参加校园、社区活动。结合活动,用口头或图文等方式表达自己的见闻和想法。

(2) 第二学段。①能提出学习和生活中的问题,有目的地搜集资料,共同讨论;②结合语文学习,观察大自然,观察社会,书面与口头结合表达自己的观察所得;③能在老师的指导下组织有趣味的语文活动,在活动中学习语文,学会合作;④在家庭生活、学校生活中,尝试运用语文知识能力解决简单的问题。

(3) 第三学段。①为解决与学习和生活相关的问题,利用图书馆、网络等信息渠道获取资料,尝试写简单的研究报告;②策划简单的校园活动和社会活动,对所策划的主题进行讨论和分析,学写活动计划和活动总结;③对自己身边的、大家共同关注的问题,或电视、电影中的故事和形象,组织讨论、专题演讲,学习辨别是非善恶;④初步了解查找资料、运用资料的基本方法。

(4) 第四学段。①能自主组织文学活动,在办刊、演出、讨论等活动过程中,体验合作与成功的喜悦;②能提出学习和生活中感兴趣的问题,共同讨论,选出研究主题,制订简单的研究计划,从报纸、书籍或其他媒体中获取有关资料,讨论分析问题,独立或合作写出简单的研究报告;③关心学校、本地区和国内大事,就共同关注的热点问题,搜集资料,调查访问,相互讨论,能用文字、图表、图画、照片等展示学习成果;④掌握查找资料、引用资料的基本方法,分清原始资料与间接资料的主要差别,学会注明所援引资料的出处。

综合性学习目标具有以下特点。

(1) 推进学生对自我、社会和自然之间内在联系的整体认知与体验,谋求自我、社会与自然的和谐发展。语文综合性学习,为学生开辟了一条持续发展的渠道,与其生活的家庭、校园、社区交互作用,推进学生对自我、社会和自然之间内在联系的整体认知与体验。学生在体验与探究自然中不断成长,在参与和融入社会中不断成熟,在认识自我中不断完善。谋求学生自我、社会与自然的和谐发展是语文综合性学习的终极追求。

(2) 在综合性活动中获得现代社会所需要的多种能力。例如"到北京去旅行"这一综合性学习单元,学生要围绕到北京去之前的准备工作展开学习:要知道北京所处的地理位置和自己所处的地理位置,怎么样才能由自己的位置到北京,选哪一种交通工具,中间要经过哪些地区,跨过哪些河流,所经过的地区有哪些风俗习惯,这些涉及地理知识;到北京后要游览哪些名胜古迹,这些名胜古迹有什么样的小故事,这些涉及历史知识;北京有哪些有名的小吃,风俗习惯和自己家乡有什么不同,这些涉及文化传统方面的知识;饮食如何保证安全,不生病,涉及安全卫生方面的知识。综合性学习要介入许多其他学科知识,要拓宽语文学习和运用的领域,使学生在不同内容和不同方法的交叉中开阔视野,初步获得现代社会所需要的各种能力。

(3) 强调过程和方法,让学生体验成功。综合性学习强调的是一个学习过程,以及在此过程中学生获得的独特感受和体验到的成功。有的教育家认为,学生如果没有体验过成功而获得的喜悦心情,就不会在学习上有进步,也不会积极地克服学习中遇到的困难。有的教育家提出,要创造"没有失败的教育",不要让学生成为"失败者",因为那会让他们产生否定自我的意识。综合性学习中教师首先要转变传统观念,树立"人人都可以成功"的现代教学思想。对不同学生要有不同的要求,不能按照统一的目标和进度来要求所有的学生,也不能按照一样的评价标准来要求所有学生。尤其对于后进生要特别关注,要为他们创造体验成功的机会和条件,哪怕是一次微不足道的成功,一次小小的表扬,都会给他们带来无比的欢乐和兴奋。如人教版新教材七年级上册第四单元在"探索月球奥秘"这一课题下,分五个子课题:①月球奥秘知多少;②观察月球运行,参观天文台;③丰富多彩的月球文化;④我是月球小专家;⑤月亮照着你,月亮照着我。第一个小课题是要求学生收集资料,汇报成果的,适用于全体学生,对于后进生尤其适用;第二个小课题适用于观察力、想象力好的学生;第三个小课题适用于有条件、又有耐心的学生;第四个小课题适用于知识面宽、口才优秀的学生;第五个小课题适用于写作基础扎实、文笔功底好的学生。教师要根据学生的不同特点,运用多元智能理论,安排学生的学习,做到低起点、小步子、多活动、快反馈,对于学生取得的成绩要给予及时的表扬,遇到的障碍也要给予及时的帮助。教师要把起点放在学生经过努力都可以达到的水平上,使他们产生追求成功的欲望,积极探求的兴趣。

(4) 教学评价的重点是探究精神和创新意识。《全日制义务教育语文课程标准》在"评价建议"中指出,综合性学习的评价应着重于学生的探究精神和创新意识。尤其要尊重和保护学生学习的自主性和积极性,鼓励学生运用多种方法,从不同的角度,进行多样化的探究。这种探究,既有学生个体的独立钻研,也有学生群体的讨论切磋,所以除了教师的评价之外,要多让学生开展自我评价和相互评价。评价的着眼点主要在:①在活动中的合作态度和参与程度;②能否在活动中主动地发现问题和探索问题;③能否积极地为解决问题去搜集信息和整理资料;④能否根据占有的课内外资料形成自己的假设和观点;⑤语文知识和能力综合运用的表现;⑥学习成果的展示和交流。综合性学习评价的一大亮点就是评价方式的多元化，由过去"一把尺子"的评价变为"多把尺子的评价"。教师要善于发现学生身上的闪光点，尊重学生个性的独特性，帮助学生认识到自身的潜能和发展的方向。教师要用评价性的话语来赞扬学生，激励前进。如果遇到障碍，要指导学生采用适当的方法克服困难，取得成功。要使学生体验探究的乐趣，体会成功的喜悦，而不是失败的沮丧和痛苦。通过综合性学习，要使每个学生都可以"抬起头来走路""直起腰来做人"，树立"天生我才必有用"的信念。在评价时要充分注意学生在解决问题的过程中所采用的思路和方法，及时发现差异。对不同于常规的思路和方法，尤其要给予足够的重视和积极的评价。评价主体要多元化，包括学校、教师、学生、同伴、家长等。

第三节　教师在语文综合性学习中的主导作用
——以《"月"教学设计》为例

　　语文综合性学习，是我国当前语文课程改革的一大亮点。在语文综合性学习中，不仅要注意学生的自主性学习，也要注意教师的主导作用。然而，有些教师在某种程度上忽视了教师的主导作用，刻板教条地强调学生的"自主"，认为语文综合性学习强调学生的自主选择、自主组合、主动探究，认为语文综合性学习从学习内容的确立，学习活动的组织实施，到学习成果的呈现，要充分尊重学生的自主权，于是，课内课外什么也不管，放任自流，一切由学生"做主"，教师基本不管甚至完全不管。这是对语文综合性学习的一种误解，因此要防止开展的语文综合性学习活动流于形式，教师的主导作用又被忽视的状况出现。事实上，语文综合性学习并不排斥教师的主导作用。那么，教师的主导作用表现在哪些方面呢？

一、教师在语文综合性学习中的指导作用

1. 在起始阶段的导向作用

　　语文综合性学习"主要由学生自行设计和组织活动"，教师当然不可包办代替，但是教师对学生自行设计和组织活动有必要给予指导，提供支持。可以提出一些框架性的学习主题和建议，让学生讨论研究，或者提出一张"菜单"供学生选择，形成具体的实施计划、方案等。例如，在专题形式《月》的"活动过程"的"第一阶段：读月"中，就体现了教师的导向作用，教师提供出关于月的相关知识材料，并指导学

生相互讨论;在"第三阶段:咏月"中为学生提供查找月亮的知识的途径和方法,对学生关于月的诗词的鉴赏给予指导;在"议月"这一阶段对学生的探究给予指导。

2. 开展过程中的导法作用

综合性学习以其综合性、实践性的特点体现出这一学习方式的优势,同时学生学习时也会表现出一定的难度,因此特别需要教师的指导。在展开综合性学习的过程中,教师的主导作用主要表现在心理疏导、方法指导和价值引导上。心理疏导主要指:鼓励学生大胆探索,敢于质疑,乐于另辟蹊径,善于发表新见,特别是对那些不爱说话、羞于交际的同学,鼓励他们多说多辩,培养他们会交际、善合作的心理品质;方法指导主要指:为学生提供基本的方法和策略,如调查、考察、访谈、收集整理资料、研究及研究报告写作的基本方法和策略。价值引导主要指:引导学生在实现学习目标过程中培养在生活、实践中学语文用语文的兴趣和习惯,让学生在语文综合性学习活动中全面提高人文素养和语文素质。

在例子《月》中就体现了这一作用。在"第一阶段"中,指导鼓励学生大胆探索,敢于质疑;在"第二阶段"中,鼓励不爱说话的学生说出自己的想法;"第三阶段"中,为学生提供了方法指导,搜集关于月亮的诗词,并引导学生按照要求具体展现自己查找的结果;在"第五阶段"中,引导学生在生活实践中运用所学的月的知识,出一期手抄报,还可举办小型展览会等。

3. 在后期阶段的导评作用

教师对学生自我评价的指导主要从以下几个方面入手:一是激发学生对综合性学习所达成的目标和效果进行反思;二是让学生评价自己积极参与的行为表现,整理、总结自己的体验和感悟;三是评价自己在综合性学习中情感态度、思维品质、知识素养、能力结构诸因素的生成、发展与进步。在教学设计《月》的"第五阶段"这一环节充分体现出来。其中的"可以根据你自己的观察、联想和思考,写一篇以月喻理或咏月抒情的文章",意在指导学生整理、总结自己的体验和感悟;其中有兴趣的小组,可以办手抄报,举办小型展览会都体现了指导学生评价自己在综合性学习中知识素养、能力结构诸因素的生成、发展与进步。

通过指导学生进行这种反思和自省,为学生的成长提供了重要契机,同时也培养了学生自我反思、自我评价的能力。

二、教师的管理作用

教师的组织职能。语文综合性学习不仅打破了课堂教学的时空界限,也打破了班级授课制下的学习小组的建制,代之以依据兴趣、特长和个人意愿的自由组合、自主活动,因此,教师的组织职能主要是帮助学生组建合作小组,健全小组合作学习的联系网络,做到合理分工,有效合作。在教学设计《月》活动过程的"第一阶段:读月"中,教师发挥其组织职能,帮助学生组建小组,进行相互讨论;在"第二阶段:赏月"中,教师打破了课堂教学的时空界限,组织学生在晚上赏月,并指导学生自由组合,相互交流自己的感受;在"成果交流"这一部分,教师引导学生开展成果交流是对其组织职能的充分体现。

在综合性学习的开展过程中进行调节和监控。教师对综合性学习的调节和监控较为有效的方法有:通过合作小组组长负责制实施监控;保持信息联络的畅通,及时调研,及时反馈,及时调节;跟踪督查,及时检查活动记录或阶段性成果并加以调控等。教师调节和监控的主要目的是保证语文综合性学习方法合理、过程流畅,促成学生全程有效地参与。在例子《月》的活动过程的"第三阶段:咏月"中教师通过向学生打电话询问搜集情况、观看学生的本子,并参与了学生的诗词鉴赏,且给予引导都体现了教师在综合性学习过程中的调节和监控作用,使其避免浅显化,偏离主题化;在"成果交流"这一环节的"共同评议""总结"中也体现了教师的调节和监控作用,并促成了学生的有效参与。

管理和指导在教育教学过程中是没有严格区分的,正如郑金洲老师说的:"管理在一定意义上讲,也是一种指导,是对受教育者行为方式等方面进行的指导"。

总之,综合性学习过程中,教师的主导作用和学生的主体作用之间不是矛盾的,而是相互依存相互作用的关系。教师的"教"要在教学过程中起主导作用,就必须真正使学生的"学"主动起来。"教"为主导并不意味着"教师中心",而是指教师的"教"能把握教学活动的方向,为学生的学习创设有利机会和条件并调动起学生学习的主动性;"学"的主动也不意味着"学生中心",而是指"学"的目标与教的目标一致,学生能主动利用教师为之创造的机会和条件,有一定的独立性但又能按教师的设计进行学习。所以,我们要辩证地看待教学过程中"教"与"学"的关系,也就是教师的主导作用和学生的主体作用,因而,语文综合性学习过程中应自始至终贯穿教师的指导作用和监控作用。

第四节　实施语文综合性学习的方式与策略

实施语文综合性学习的基本方式是研究性学习。除此之外,还有其他一些策略。

1. 与综合性学习相适应的基本学习方式是探究性学习

语文综合性学习是以学生的直接经验和亲身体验为基础开发和实施的。要坚持学生的自主选择和主动探究,为学生个性的充分发展创造空间。教师的指导作用体现在帮助学生完善学生自主选择意识和自主选择、自主发展的能力,而不是代替学生选择和主动探究。引导学生开展丰富多彩的探究性学习活动,帮助学生学会发现、学会探究,形成发现问题与解决问题的能力。例如"漫话风筝"这个主题就涉及多学科的整合。风筝的起源涉及历史,风筝的设计涉及美术,风筝的制作涉及工艺,风筝与人们的生活就涉及民风民俗及现实社会。要从听说读写的综合、各学课的综合以及语文和生活的联系中,培养学生发现问题,搜集信息资料和自主解决问题的能力。

2. 利用教材资源进行综合性学习

人民教育出版社新教材充分注意到综合性学习的安排。以七年级语文上册为例,第一单元"这就是我"让学生展示个人风采。第一题"自我介绍"的题目设置,对于刚刚进入中学的学生来说,有利于促进师生之间、同学之间的相互了解,也有利于老师对学生特点的把握。第二题"推荐自己",有利于学生发现自身特长,激发学习兴趣。第三题"模拟面试",更是综合能力的一种考察,可以锻炼学生各种表达能力。第二单元"漫游语文世界",让学生向生活学习语文。第三单元"感受自然",是和课文结合最紧密的一个综合性学习。第四单元"探索月球奥秘"。第五单元"我爱我家"。第六单元"追寻人类起源"。这几个单元的设计按照"人与自我""人与自然""人与社会"来设计。教学中要充分利用教材优势,开展综合性学习。

3. 充分利用和广泛开发课程资源

生活是重要的学习资源,自然风光、风俗习惯、传统文化、经济政治,都可以成为有益的学习资源。①从当地文化中选取资源:综合性学习具有本土性的特点,不同地区可以开展不同的研究,从而使学习活动具有区域特色;②从时事材料中选取资源:语文教材有一定的稳定性,有一定的更新周期,不会很及时地反映时代气息,许多的新知识、新观念、新信息都未能在教材中出现;教师要把国内、外发生的大事件提供给学生,扩展教学空间;③从现实生活中获取资源。语文的外延和生活的外延相等。语文教育要广泛联系社会生活,不能只局限于教材和课堂,而应通过多种方式使语文教学和社会现实生活紧密联系起来,能走进社会这个"大课堂"中学习。大语文教学观认为,以课堂教学为轴心,把语文学习与学生各种活动,培养能力与发展智力,读写训练与听说训练,学语文与学做人有机结合起来,对学生进行全方位的整体训练。

第六章

教学设计与"说课"的理论、实践

第一节 "辞格的综合运用"教学设计

(一) 教学目标

(1) 认知目标：分辨辞格综合运用的三种类型——连用、兼用、套用，对提供的练习正确率达到 85%。

(2) 技能目标：掌握辞格连用、兼用、套用的分析方法。

(3) 思维目标：获得辞格综合运用的能力。

(二) 教学重点

掌握辞格连用、兼用、套用的分析方法。

(三) 教学难点

形成辞格综合运用的原因。

(四) 教学方法

合作式问题探究教学法。

(五) 教学课时

一课时。

(六) 教学手段

多媒体教学。

(七) 教学步骤

1. 提出问题，课前探究

提出问题，让学生在课前进行学生与学生之间的合作式探究。

问题 1：如何分辨辞格的连用、兼用、套用等三种类型？

问题 2：怎样对辞格的连用、兼用、套用进行分析？

问题 3：为什么会形成辞格的连用、兼用、套用？

2. 明确问题，课内探究

（1）师生合作探究并解决第一个问题：如何分辨辞格的连用、兼用、套用等三种类型？完成第一个教学目标。

第一步：打开课件，提供材料。

① 那笛声里，有故乡绿色平原上青草的香味，……有太阳的光明。

② 一堆堆乌云，像青色的火焰，在无底的大海上燃烧；大海抓住闪电的剑光，把它们熄灭在自己的深渊里；这些闪电的影子，活像一条条火蛇，在大海里蜿蜒游动，一晃就消失了。

③ 青山有幸埋忠骨，白铁无辜铸佞臣。

④ 一站站灯火扑来，像流萤飞走，一重重山岭闪过，似浪涛奔流。

第二步：根据材料，分析探讨。

分析语言材料 1：

笛声（听觉）→青草的香味（嗅觉）→太阳的光明（视觉）接连使用"通感"这一辞格，这是"连用"（同类辞格的连用）。

分析语言材料 2：

① 比喻……；②拟人……；③比喻＋拟物……

接连使用比喻、夸张、比拟等辞格，这是"连用"（异类辞格的连用）。

分析语言材料 3：

对偶（"反对"）。

对比（"两体对比"）。

兼而使用对偶、对比等辞格，你中有我，我中有你，这是"兼用"。

分析语言材料 4：

按从大到小的层次看，一层套着一层。

第一层：对偶。

第二层：比喻。

第三层：比拟（拟人）。

"对偶"中套用了"比喻""比喻"中套用了"比拟"，这是套用。

第三步：师生合作，总结规律。

经过以上的分析，可看出连用、兼用、套用三者的区别：

辞格的连用——在一句或一段话里，接连使用同类辞格或异类辞格。其实质是接连使用，辞格分布状态是直线型。

辞格的兼用——一种表达形式兼有多种辞格。其实质是兼而使用,辞格分布状态是交融型。

辞格的套用——一种辞格里又包含着其他辞格,分层组合,形成大套小的包容关系。其实质是套着使用,辞格分布状态是包容型。

第四步:布置练习,强化提高。

下面是一首"下水"诗《我耕耘在三尺讲坛上》,请同学们分析其中是否有辞格的连用、兼用、套用等三种类型。

我耕耘在三尺讲坛上,
我愿做一头新世纪的拓荒牛,
埋头拉犁不松套,
与时俱进往前闯。

我耕耘在三尺讲坛上,
我愿化作一台永不生锈的播种机,
用激情播种理想,
用智慧播种希望。

我耕耘在三尺讲坛上,
我愿将一腔热血化成清泉一泓,
浇灌满园桃李芬芳,
滋润一片杏林飘香。

我耕耘在三尺讲坛上,
我愿将人生坐标锁定在那里,
收获一年又一年的希望,
收获一代又一代的成长。

(2) 师生合作探究并解决第二个问题:怎样对辞格的连用、兼用、套用进行分析? 完成第二个教学目标。

第一步:学生讨论。

根据提供的材料——《我耕耘在三尺讲坛上》这首诗,同学们探讨并概括:怎样对辞格的连用、兼用、套用进行分析?

第二步:师生交流。

① 着眼于全诗来分析:本诗中有"反复"。

② 着眼于某一节诗来分析:本诗中有"比喻"。

③ 着眼于某一句或两句来分析:本诗中有"对偶"。

④ 着眼于某一词语来分析:本诗中有"比拟""借代""双关"。

第三步:总结概括。

弄清相互关系。从把握思想内容的整体入手,弄清各种辞格在一个统一体中的相互关系。

进行全面分析。从表达的思想内容和语境出发,进行全面的分析和判断,不能顾此失彼。

注意主次隐显。辞格的综合运用往往有主次之分和隐显之别,要注意突出主要辞格的作用。

(3) 师生合作探讨并解决第三个问题:为什么会形成辞格的综合运用? 完成第三个教学目标。

第一步:学生交流预习时探讨的结果。

第二步:教师启发引导,并进行概括。

首先是表达思想内容和感情的需要。为使思想内容和感情表达得更加丰富多彩,更加鲜明有力,主观上需要综合运用多种辞格。

> 总理的轿车开动了,我们的心哪,跟着总理向前,向前……忘记了卸装,忘记了时间,忘记了春寒……许久许久,周总理的音容笑貌,在我脑际萦绕;周总理的谆谆教诲,在我心中回响。

这是比拟、反复、排比、对偶的连用(属异类辞格的连用)。作者用了比拟,真切地写出了许多颗心被牵动,两次反复是为了深化思想感情,三个"忘记了……"构成的排比,突出了对总理专注的思想感情,对偶则强调了总理给人印象之深。四种辞格构成了连用,为的是使思想内容和感情表达得更加丰富多彩,更加鲜明有力。

其次,辞格在运用时的相互借助,是形成辞格的综合运用的客观原因。比如:

> 时间一天一天地过去,一月一月地过去,一年一年地过去,真理老人所撒的种子,也一天一天地生长,一月一月地开花,一年一年地结果。

这是排比和层递的兼用。借助排比,才形成了层递,表现出了时间的"递升"。其实,除层递常借助于排比才能形成外,对偶中的"反对"常借助于对比才能形成,通感常借助于比喻、比拟才能形成。所有这些都表明,辞格在运用时的相互借助,是形成辞格综合运用(主要指兼用)的又一原因。

板书设计如下所示:

一、辞格综合运用的分类:

连用　　　直线型　　　——　　——

兼用　　　交融型　　—/——　——　—/——

套用　　　包容型　　　◎

二、如何对辞格的综合运用进行分析

　　　　弄清相互关系

　　　　进行全面分析

　　　　注意主次隐显

三、形成辞格综合运用的原因

表达思想内容和感情的需要　　　主观原因

辞格在运用时的相互借助　　　　客观原因

第二节　阅读课《观沧海》教学设计

(一) 设计思路

以"猜-读-说-比"的程序进行设计,重点训练学生借景抒情的写作方法以及读和说的技能,启发学生把学到的方法和技能迁移到其他诗歌的学习中,举一反三,收到更好的学习效果。

(二) 教学目标

通过本诗了解曹操并掌握诗歌的节奏。

理解借景抒情的写作手法。

感受诗中曹操的博大胸怀和豪情壮志,在审美中受到励志教育。

(三) 教学重点、难点

诗歌中借景抒情的写作手法。

(四) 教学方法

教学方法包括竞猜法、美读法、探究法、比较法。

(五) 课时安排

一课时。

(六) 教学程序

1. 设计疑问,导入课文

同学们,你们看过大海吗? 你们知道中国文学史上第一首描绘大海的诗篇是什么吗? 今天,我们来学习这首诗篇——《观沧海》。

2. 竞猜名人,走进作者

(出示课件)请根据老师所给的条件,猜出这位文学和历史名人。

(1) 他是古典小说《三国演义》中的重要人物之一。

(2) 他不仅是政治家、军事家,还是诗人。

(3) 他是我国文学史上"建安文学"的领袖。

(4) 他在戏曲中大多为"大白脸"奸臣形象。

(5) 他组织指挥了以少胜多的著名战役——官渡之战。

(6) "望梅止渴"的故事是他行军打仗中的经典之作。

(7) "老骥伏枥,志在千里;烈士暮年,壮心不已"是他诗歌中的经典名句。

(8) 史书评论他:"治世之能臣,乱世之奸雄""挟天子以令诸侯"。

(9) 他是我国文学史上最先描绘大海的人。

(10) 他是第一个借古乐府写时事的诗人。

3. 竞猜题意,点化思维

多媒体出示曹操观海图,请学生根据这幅图用"头脑风暴法"竞猜曹操当时看到了什么,想到了什么。

点化思维:猜得对不对并不重要,重要的是思维是否活跃,说得是否有条理、有创意。需要注意的是,作为写景抒情诗,看到的与想到的之间最好有内在联系,即景与情有内在关系:景为情服务,情寓于景中(板书:景为情服务,情寓于景中)。就曹操而言,在我们未读本诗之前,至少可以从以下角度来猜其内容。

(1) 看到了露出海面的礁石和波涛起伏的海面,想到了自己大半生戎马倥偬的坎坷经历。

(2) 看到了日出海面的情景,想到了扫平北方割据势力、统一北方,取得胜利的希望。

(3) 看到了日落的情景,联想到自己已年过半百,感慨人生苦短,想到统一中国的壮志难酬。

(4) 看到了日落,想到了日出,再联想到自己的境况,发出只争朝夕的感慨。

(5) 看到了日落的情景,想到了袁绍儿子袁谭、袁尚和乌桓的残余势力,抒发建功立业的豪情壮志。

接下来,我们阅读课文,看曹操到底看到了什么,想到了什么,怎样把眼中景与胸中情艺术地联系起来的。

4. 朗读课文,感悟韵味

(1) 学生自读课文,搞清"碣、竦、澹、峙"等实词和"以、之、哉"等虚词的读音和意义、用法,扫清文字障碍。

(2) 抽一名学生来朗读,读完后请其他同学来纠正读错的字词。

(3) 教师从诗的节奏方面给予提示(出示课件),范读课文。

节奏是声音的强弱、长短等因素所形成的有规律的变化。声音的强弱,主要表现在重读的安排上;声音的长短,主要表现在节拍的划分上。节拍是节奏的单位,又叫音组、音步,是由一系列拍子构成的节奏序列。汉语中,单音节、双音节或多音节字组成组成一个个音组,每个音组后边有或长或短的停顿,这就是拍子。音组和停顿有规律地安排,可以产生和谐鲜明的节奏,形成声音的回环美。

(4) 学生给本诗划出节拍,然后个人读、齐读,读出节奏,读出抑扬顿挫的感觉。

5. 探究课文,感知技法

(1) 再读课文,思考如下问题(出示多媒体课件):

① 全诗以什么为观察点? 由哪个字来展开诗的线索、统领全篇的?

② 这是一首写景诗,从总体看,哪些诗句是写现实景物(实景)的? 哪些诗句是想象的(虚景)? 写景顺序是什么?

③ 全诗写得最好的、最能体现作者博大胸襟的是哪几句?

④ 请找出诗中哪两句与诗意无关?

(2) 总结并明确写景技法。

板书:

一个观察点——碣石山。

一个诗眼——观。

一个方法——借景抒情。结尾"幸甚至哉,歌以咏志",是合乐时的套语,与诗意无关。

一个顺序——先实后虚。

6. 品味语言,突破难点

(1) 师生品说本诗是如何借景抒情的?

明确:诗人以碣石山为观察点,"水何澹澹,山岛竦峙",像绘画的粗线条,是总写。"树木丛生,百草丰茂"这两句写的是静景,是近看所见之景,是特写。"秋风萧瑟,洪波涌起"写的是动景,是远观所见之景。以上四句,由近及远,一静一动,主要描写了树、草、风、波、水等景物,表现了在茫茫苍苍的大海上,波涛起伏,拍打海岸,山岛耸立,丰茂的草木在萧瑟的秋风中摇曳弄姿,万物生机勃勃的壮丽秋景,表达了诗人的博大胸襟和北征乌桓胜利归来时的喜悦心情。"日月之行,若出其中;星汉灿烂,若出其里",是诗人的想象,表面上写日、月、星辰等景物,实际上写的是大海:日、月、星辰都好像从海里升起又落入海里,其运行都离不开大海的怀抱。作者借助奇特的想象和合理的夸张,表现了大海开阔博大的胸襟和巨大的威力。这种胸襟和威力实际是诗人壮心不已的博大胸襟和诗人消灭北方割据势力,进而统一中国雄心壮志的艺术性表现。

(2) 再次用多媒体出示曹操观海图,指导学生将本诗逐句译成现代文。

明确:我向东登上碣石山,以便来把沧海观。海水荡漾多么辽阔,山岛耸立水中间。碣石山上树木葱葱遍地生,百草繁密又茂盛。阵阵秋风瑟瑟响,激起大海滔天浪。匆匆远行的太阳和月亮,还有那灿烂无比的满天繁星,好像出自大海间。庆幸庆幸多庆幸啊,我吟诗作歌抒豪情。

(3) 掩上课本,背诵全诗。

7. 比较阅读,拓展延伸

(1) 教师用多媒体打出《龟虽寿》和一些注释,学生自由阅读几分钟。

(2) 比较阅读,回答问题:

①《观沧海》中表现诗人博大胸襟的是哪几句?

②《龟虽寿》中表现诗人壮志的是哪几句?

③《观沧海》和《龟虽寿》中表现诗人壮志的抒情手法有什么不同?

明确①:《观沧海》中表现诗人博大胸襟的是:"日月之行,若出其中;星汉灿烂,若出其里"。

明确②:《龟虽寿》中表现诗人壮志的是:"老骥伏枥,志在千里;烈士暮年,壮心不已。"

明确③:《观沧海》中用的是借景抒情的手法;《龟虽寿》中用"老骥"喻自我,用的是借物抒情的手法。

(3) 课堂小结。

我们学习了曹操的两首诗,《观沧海》描绘了大海吞吐日、月、星辰的壮观景象,表现了诗人开阔的胸襟,抒发了诗人消灭北方割据势力进而统一中原的远大抱负。虽然许多戏曲中把曹操扮成了"大白脸",塑造成了奸臣形象,但历史上的曹操正如鲁迅所说,是很有本事的人,在许多方面是令人敬佩的人,是英雄。《龟虽寿》就写出了英雄虽至晚年,但仍像老了的骏马一样,满怀雄心壮志。我们也要像曹操一样,树立远大理想,将来报效祖国。

第三节 "说课"论与实例

一、什么是"说课"?

"说课"是教师面对同行和其他听众口头讲述具体课题的教学设想及其根据的教学研究形式,是集体备课的一种形式。说的内容包括说教材、说目标、说学生、说教法和学法、说教学程序、说时间安排、说"板书设计"等。要求用普通话去说,说得有条理、有重点、有声有色,能体现出新课程的教育理念和创新思想。通过"说课",达到同事间互相交流、互相帮助、共同探讨,从而实现共同进步的目的。

二、怎样"说课"

"说课"是教师综合素质的体现,说好课是讲好课的重要前提,是提高教师素养和教学技能的重要手段。从 2003 年以来,笔者每年都指导本中文系的学生"说课",且带领学生参加了河南省两届教师教育专业学生的教学技能(含说课)竞赛。在指导学生进行"说课"训练和参加比赛的过程中,我发现一些学生存在这样、那样的问题,有些问题还比较严重。针对这些问题,我想谈一谈怎样进行"说课"训练。

第一,教学理念要先进。"说课"是在一定教育理念指导下对特定课题教学设计的解说。因此,教学理念新颖与否,直接决定了说课质量的高低,甚至成败。回顾历史,教学理念经历了知识本位阶段、能力本位阶段、发展到今天的人格本位阶段。人格本位,就是要求对学生进行素质教育,使学生全面发展,既注重学科知识、人文知识及各种能力的培养,更要注重学生非智力因素的培养,如情感、态度、习惯、意志、性格等,使学生的人格得到完善。除了这一理念外,各学科甚至各部分教学内容都有崭新的教育理念,如有人总结出语文学科的教学理念是四个具体"理念":全面提高学生的语文素养,正确把握语文教育的特点,积极倡导自主、合作、探究的学习方式,努力建设开放而有活力的语文课程。

　　第二,教学设计要新颖。在设计教学时,要坚持以下四个原则:坚持培养学生"学习力"的原则。所谓"学习力"是指学习动力(动机、兴趣)、学习毅力(意志品质)、学习能力三个因素。要设计探索式、发现式学习方法,充分发挥学生的自主创造性和合作精神,使学生愿学、能学、会学。坚持过程教学的原则。不少教师和"准教师"在说课时仍然注重对知识结果的传授。压抑了学生的创新意识和创新能力的发展。在教学中坚持过程教学,让学生在过程教学中体会到创造、创新的乐趣,学会研究思考的方法。一旦创造、创新的种子在学生心里萌发,经老师精心浇灌,必然能结出丰硕的果实。坚持突出重点、突破难点的原则。对于重点内容,要铺张扬厉,详细解说;对难点内容,要说明解决的办法或技巧。

　　第三,要有独到之处。既然"说课"是教师面对同行和其他听众口头讲述具体课题的教学设想及其根据的教学研究形式,那么教师或"准教师"(尚未毕业的师范生)应该是对某课题(或课文)有了自己的独到想法并产生了新颖的教学设计后,要给大家的"眼前一亮",或者是把自己准备搞的改革、实验,而自己又不知道是否能成功,需要和大家进行交流、研讨,求得大家帮助的教学设计。在这种教学设计中,应该有自己认为的一两个或多个亮点。否则,把你有、我有、大家都有的教学设计或教法、学法,拿来给大家说,不具有"教学研究"的特点,岂不是浪费大家的时间?

　　第四,各个环节要浑然一体。具体来说,教学目标、教学方法、教学手段在教学程序(或教学步骤)中要一一有体现或落实,严禁"贴标签"式的说课。比如,在说"教学目标"时,你设计了三个,那么,在教学程序中这三个目标不仅要通过一个个环节去具体落实,还要通过学生的反馈或布置的课内外作业看这些目标是否完成了,完成得怎样。要知道,学生的参与、反馈是决定教学成败的最重要的两个要素。事实上,关于教学设计的各个方面或基本环节本身就应该是浑然一体的。美国著名学者马杰曾指出:教学设计依次有三个基本问题组成:一是我要去哪里? 即教学目标的确定;二是我如何去那里? 即包括学习者起始状态的分析,教学内容的分析与组织,教学方法与教学媒介的选择等;三是我怎么判断我已到达了那里? 即教学的评价。这一理论告诉我们,"贴标签"式的说课是要不得的。

　　第五,教学目标的确定要具体、明确,尽量做到"作业化"。过去在说课或参加说课比赛时,人们常犯的错误是目标确定得笼统、模糊,不便于检测。美国著名学者马杰在论述教学目标时,举了这样一个例子。请看表6-1。

表 6-1　教学目标案例

教学目标的要素	要问的问题	例子
1. 学生的行为	做什么	把"事实"与"议论"标记出来
2. 作业的条件	在什么条件下做	提供报上的一篇文章
3. 合格作业的最低标准	做的怎样	至少有 85％的句子标记正确

参照以上这个例子提供的方法,可有效防止目标的笼统、模糊。

第六,要加强基本功训练。有人说教学是一种艺术,说课是对这种艺术的彩排。这就是说,说课也要讲究艺术性,要有一种美感,一种流动的美感。为此,说课者要加强平时的基本功训练,着力提高教学素养。首先,在语言方面,要流畅、自然。说课重在"说",要用普通话去说,不要背稿,更不要"念稿";要做到准确流畅,不能欲言又止,吞吞吐吐,更不能重复啰嗦;要注意语调和语气,语调过平,语速过快或过慢,语气不适宜、不受人喜欢等,都会严重影响说课的效果。其次,在思维方面,要有逻辑性,不能东拉西扯;要有理有据,说明教学目标、重点、难点等确定的依据,说清楚为什么这样设计,而不那样设计;在思维上还要注意突出重点,突破难点,对某些重要的教学内容要体现出思维的深刻性、独特性。第三,在方法的运用上,要灵活地运用或套用某名师的教学方法、教学模式,体现出独创性。第四,在气度上,要放大胆子,放开音量,放开手脚,不要低声细语,不要蹑手蹑脚,需要写板书字时既要写得好看,又要达到一定的速度;在气度上,还体现在肢体语言(又叫态势语)的运用上,使每一个表情、手势都自然、得体、亲切,以收到良好效果,达到利用肢体语言来修饰说课内容,利用肢体语言和听众交流的目的。

第七,要注意控制说课时间。全国各地,包括各学校,对说课的时长没有明确的统一的规定。然而从实际情况看,如果说 1 节课的课程,教师说课一般不超过 15分钟。河南省每年所开展的面向"准教师"的师范生技能竞赛,其中的说课时间一般为 10 分钟左右。

三、说课常用的教学方法和教学模式

(一) 质疑问难法

古人陆九渊说:"学贵有疑,小疑则小进。"意思是说,在读书时,能提出疑问是大有好处的,有一份疑问,就会有一分长进。我们在读书时,应养成善于提问的习惯,边读边想,多问几个为什么。那么,如何质疑问难呢?

（1）从音形义方面质疑。

（2）从分段归纳段意上质疑。

（3）从文章题目中发问。

（4）从课文的矛盾处质疑。

（5）从含义深刻的句子中发问。

（6）针对课文中的难点质疑。

（7）抓住标点符号质疑。

（8）抓住文章的写作特点质疑。

（9）从比较优劣处质疑。

（10）从探求原因处质疑。

（二）分层教学法

1. 分层教学的指导思想

第一，学生是有差异的，教师的教学要适应学生的学，教也要有差异。

第二，教学要促进学生的发展，要建立一种能促进每一个学生在原有基础上得到较好发展的机制，这就是递进的机制。

第三，学生之间的差异是一种可供开发利用的教育资源。教学中要努力创设一种合作学习的氛围，促进师生之间、学生与学生之间积极互动关系的建立和协调，努力使各层学生发展所长，互相弥补，互相帮助，形成合作学习的气氛，从而实现以学生发展为主的目的。

2. 分层教学的实施步骤

教学目标分层、课堂教学分层、课堂提问分层、课堂练习分层、课外作业分层、检测分层。

（三）问题教学法

问题教学的思想源远流长，在杜威那儿可以找到根据。杜威认为，教学法的要素和思维的要素是相同的。这些要素是：第一，学生要有一个真实的经验的情境或者要有一个对活动本身感兴趣的连续的活动；第二，在这个情境内部产生一个真实的问题，作为思维的刺激物；第三，他要占有知识资料，从事必要的观察，对付这个问题；第四，他必须负责有条不紊地展开他所想出的解决问题的方法；第五，他要有机会和需要通过应用检验他的方法，使这些观念意义明确，并且让他自己发现它们是否有效。这五步教学过程体现了问题解决模式的基本思想。

苏联学者马赫穆托夫认为，问题教学是发展性教学的高级类型，在这种教学结构中占主导地位的是对话设计和认识性作业。

到了 20 世纪 80 年代,在美国发展起来了问题解决教学模式。它以解决问题为中心,注重学生的独立活动,着眼于创造性思维、意志力和知识迁移能力的培养。

布朗斯福特与斯特恩开发的五步问题解决模式包括:问题识别-问题表征-策略选择-策略应用-结果评价。

有论者认为,问题解决法的关键在于坚持学生的主体作用,充分发挥教师的主导作用。其基本程序如下。

创设情境,引入问题-分析问题,收集信息-寻找方法,设计解决-验证假设,得出结论-应用新知识,产生迁移。

也有论者提出问题教学的实施可按以下四个步骤进行:自我感悟,发现问题;梳理问题,突出重点;师生互动,尝试解答;及时总结,引发深思。

(四)"导学型"教学模式

导学型教学以培养学生良好的主体意识及相关的主体能力、主体精神为目标,发展学生的自学习惯、专注的学习品质、独立运用知识的能力。

导学型教学的环节有:导入、导读、导议、导结、导练五个环节:

导入激趣——教师精心设计新颖有趣的导入,要求做到内容新颖、呈现形式多样,并以此激发学生的学习兴趣。

导读激情——教师创设积极的阅读环境,指导学生进行自学阅读,并及时进行反馈评价。

导议激疑——教师鼓励学生提出问题,展开讨论,激发学生去质疑、思考和探究。

导结激活——教师根据教学内容,设计总结课的形式,梳理学生的知识结构。

导练激励——教师适时安排练习,以反馈和评价教学效果。

四、说课实例

《观沧海》说课稿

今天我说谍的篇目是曹操的《观沧海》,我想就我所设计的本篇课文的教学目标、教学重点和难点、教学方法、教学步骤、板书等方面和大家交流一下,敬请诸位同行不吝赐教。

(一)说教学目标

在研读教材和对学生的认知特点进行认真分析的基础上,我确立了如下三个教学目标:

（1）指导学生朗读课文，85％的学生能做到读正确、读流利、读出感情。

（2）所有学生能分辨诗中的"景"和"情"，85％的学生能理解借景抒情的写作手法。

（3）学生能感受诗中曹操的博大胸怀和豪情壮志，在审美教育中树立远大理想。

为什么要确立以上三个目标，而不确立其他目标呢？其理由如下：

它们较全面地体现了新课程所大力倡导的三维目标。大家可看出，上述三个目标在"三维目标"中既各有侧重，又有相融的一面。目标 1 侧重的是技能目标，目标 2 侧重的是知识目标，目标 3 侧重的是情感目标，也就是情感、态度、价值观目标。在整个教学过程中，我将围绕着重音、停顿、句调等方面进行指导，让学生体会如何朗读；让学生分析诗中的"景"，进而体会景物中蕴涵的"情"。所有这些体现了"三维目标"中的"过程与方法"目标。

以上三个目标抓住了本单元的训练重点，体现了语文教学的性质和特点。本诗被编于人民教育出版社新课标七年级上册第三单元，该单元有《古代诗歌五首》（事实上有两首词），这五首诗词有一个共同特点，都采用了写景抒情的方法，且《观沧海》排在第一篇，遵照叶圣陶所说的"语文教材无非是例子，凭这个例子要使学生能够举一反三，练成阅读和作文的熟练技能"的思想，有必要通过本诗的教学使学生深入理解借景抒情的手法，然后把这一技能迁移到其他四首诗词的阅读中，更好地理解其他四首诗词。因此我确立了教学目标 2；我为什么要确立教学目标 1 呢？一是任何诗歌教学，必须关注学生的诵读，以读感知、以读品味，是其基本原则，以读带讲，读中点拨是其基本方法；二是课本第 67 页的教学提示中有一句话——"朗读必须讲究抑扬顿挫，在朗读中要想象诗中的画面，体会诗人的感情"，因此我认为课本的编者是在告诉我们，在本诗的教学中，必须训练学生的朗读技能和朗读能力。也许有人会问，为什么没有把生字词的学习作为其中一个目标呢？因为要做到"读正确、读流利"，就包括了扫清生字词障碍，领会"碣、竦、澹、峙"等实词和"以、之、哉"等虚词的意义在里边了。我为什么要确立目标 3 呢？大家知道，人文性是语文课程的性质之一。巢宗祺在解释人文性时说："人文性着眼于语文课程对学生的思想感情的熏陶感染的文化功能和课程所具有的人文学科的特点。"事实上，对学生的思想感情的熏陶感染，乃至对学生的思想教育，是通过一篇篇课文的教学来实现的，其中课文是载体，审美是手段，育人是目的。我认为《观沧海》就是对学生进行思想感情的熏陶感染和思想教育的典范作品。为什么这样说呢？《观沧海》是曹操在消灭了吕布、袁术以及袁绍主力后，于建安十二年（即公元 207 年）北伐乌桓,追歼袁绍残部,经过碣石山时所作,诗中描绘了诗人在登临碣石山时所看到的波涛汹涌的大海图景,又利用诗歌的重要特点——想象,给我们展现了一幅大海吞吐日月星辰的壮观美景,抒发了诗人消灭北方割据势力,统一北方的雄心壮志。当然,曹操要实现这一壮志,当时要做的事还很多,比如刘表还未消灭,但我们知道,后来的曹操不仅统一了北方,还雄心勃勃地想征服江东乃至全国,赤壁之战就是最好的诠释。因此,通过本诗的教学,一方面可让学生感受曹操的博大胸怀和远大理想,另一方面也教育学生像曹操一样,胸有大志,才能更好地报效祖国。

(二) 说重点、难点

我把本诗的教学重点确定为借景抒情或写景抒情的写法,即教学目标 2;教学难点确定为景物描写中如何蕴涵了诗人的博大胸怀和理想,即教学目标 3。原因有二。

从课本的编选意图与课文的特点来看,人民教育出版社新课程语文教材的编写都有两大系统、三大板块。两大系统为阅读系统和综合性学习系统,三大板块为人与自然、人与社会、人与自我。本诗编在七年级上册第三单元,属于"阅读系统"中的一篇,为"人与自然"板块,目的是让学生在感受自然中,体会大自然的雄浑壮观,体验自然景物中所蕴含的作者的雄心壮志。本套教材还有一个特点,就是"专题组元",本单元编选了《春》《济南的冬天》等反映四季景物的课文,为"四季"专题。《观沧海》显然描绘的是秋景,但难就难在秋景中如何寄托着"情",这需要指导学生体会"诗言志""登山则情满于山,观海则意溢于海"的文学主张,体会诗不是为写景而写景的,写景是为抒情服务的这一本质特点。

从学生的认知情况来看,学本诗时,学生刚升入初中,以前并没有深入学过借景抒情的写法,很难体会到"日月之行,若出其中;星汉灿烂,若出其里"所寄寓的"志":大海吞吐日月星辰,象征曹操所具有的消灭北方割据势力,统一北方的豪迈气概和雄心壮志。

(三) 说教学方法(学习方式)

(1) 我打算采用点拨法进行教学,对本诗的重点、难点、疑点进行点拨。

(2) 我打算让学生运用自主性学习、合作性学习、探究性学习三种学习方式来学习本诗。其原因有二:一是这三种学习方式是新课程大力倡导的学习方式;二是从本诗的特点和所确立的教学目标来看,比较适宜于同时采用这三种学习方式。

(四) 说教学步骤

本诗用一节课时间来学习。

第一步,开展自主式学习,完成教学目标 1(约 10 分钟)。

（1）学生课前预习，扫清文字障碍。

指名两位学生来朗读，注意节奏、语调、情感。读完后请其他同学来指出读错的字词，教师着重从语调、感情方面进行指导。

（2）朗读，初步整体感知课文。

全班齐读，讲究抑扬顿挫，然后请两位同学来说说诗中画面及诗人的感情。

第二步，开展合作式学习，完成教学目标2（约20分钟）。

（1）把学生按4人一组来分，共同研讨下列问题。

① 整首诗是由一个字来展开诗的线索、统领全篇的，请指出是哪个字？

点拨："观"是全篇的诗眼。

② 诗中哪几句是写实景？主要写了哪些景物？显示了什么？

点拨："水何澹澹，山岛竦峙。树木丛生，百草丰茂。秋风萧瑟，洪波涌起。"全是写实景，主要描写了水、山、树、草、风、波等景物。显示了在苍苍茫茫的大海上，波涛起伏，拍打海岸，山岛耸立，丰茂的草木在萧瑟的秋风中摇曳弄姿，万物生机勃勃的壮丽秋景。

③ 诗中哪几句是写虚景？主要写了哪些景物？显示了什么？

点拨："日月之行，若出其中；星汉灿烂，若出其里。"写的全是虚景，即诗人的想象，主要描写了太阳、月亮、星辰、银河等景物，它们都好像从海里升起又落入海里，其运行都离不开大海的怀抱。作者借助奇特的想象来显示大海吞吐日、月、星辰的壮观景象，显示一种极其开阔博大的境界。

④ 实景是一幅美丽的山水图画，虚景则把我们带进一个开阔博大的境界中，你能悟出诗人的感情吗？请结合本诗的写作背景来考虑。

点拨：诗不是为写景而写景的，写景是为抒情服务的。诗人描写实景实际上在讴歌祖国的壮丽河山。祖国壮丽的河山，更激起诗人要统一中国、建功立业的强烈愿望。虚景描写实际上是诗人以大海自比，借助大海吞吐日、月、星辰、包蕴万千的景象来表现自己统一北方，进而统一中国的雄心壮志。

（2）小结，朗读、背诵。

① 教师小结。这是一首借景抒情的名作，通过登山观海的描写，抒发了诗人统一中国建功立业的理想。

② 学生齐读，当堂背诵。

第三步，开展研究性学习，完成教学目标3（约15分钟）。

（1）教师提问：你能说出此诗中哪些诗句最能体现作者的博大胸怀吗？结合曹操的生平，谈谈你受到的启发和教育。

点拨：实景也能看出诗人的博大胸怀，但跟虚景相比，气象略逊一筹，因为诗人的意图主要在虚景中，所以"日月之行，若出其中；星汉灿烂，若出其里。"最能体现作者的博大胸怀。曹操胸有大志，终成一代枭雄。我们要像曹操一样，树立远大理想，将来报效祖国。

（2）教师提出学习要求：这是一首写景抒情诗，但全诗却没有一句是直接写情的诗句，而是情寓于景中。请在课外找出二三首类似的古诗或诗句，按如下要求加以学习。

① 读一读：读读李白《赠汪伦》：桃花潭水深千尺，不及汪伦送我情。王安石《泊船瓜洲》：春风又绿江南岸，明月何时照我还。张继《枫桥夜泊》：月落乌啼霜满天，江枫渔火对愁眠。这些都是既写景又抒情的诗句。

② 说一说：说说这些诗中写了哪些景物，表达了什么感情。

③ 比一比：把这些诗和《观沧海》比较一下，看看其中有无虚景。

④ 背一背：背诵这几首诗。

（五）说板书设计

采用表格的形式来设计本节课的板书。请看表 6-2。

表 6-2　《观沧海》板书设计案例

	实景		虚景	
	景物	特点	景物	特点
登山观海	水、山岛、树木、秋风、洪波	祖国山河美丽多姿，生机勃勃	日、月、星辰、银河、大海	诗人以大海自比，借助大海吞吐日、月、星辰，包蕴万千的景象来表现自己的远大理想和豪迈气概
	借景抒情：借实景、虚景抒发诗人统一中国的理想和建功立业的豪迈气概。			

为什么这样设计呢？一是用表格显得一目了然；二是有利于突出本节课的重点、难点。

第七章

语文单元教学论与实践探索

第一节　语文单元教学的界说

什么是单元教学呢？20世纪80年代以来，随着语文教学实践与研究的深入，人们从不同角度做出不同的界定。

（一）"教学阶段"说

语文学科教学与其他学科一样，既有连续性，又有阶段性。阶段有大、小之分。单元教学是教学过程中较小的一个教学阶段。所谓语文单元教学，就是把语文教材中的每个单元作为教学的一个阶段，依据语文课程标准的要求，依据本单元在教材中的地位和作用以及课本的编写特点，结合学生实际，正确确定本单元的教学目标，进而确定每篇课文的教学重点和能力训练项目，对每个单元的教学进行总体设计与实施。

（二）"教学单位"说

一般来说，各科教学都是以一个单元作为一个相对独立的教学单位。所谓语文单元教学就是以每个单元为一个教学单位，以文章的共同特点为出发点，分别提出每个单元的教学要求，利用不同类型的课文，协调听、说、读、写四种能力的训练，完成既定目标的一种整体教学。

（三）"教学原则"说

从本质上看，单元教学首先应是语文教学中的一条基本教学原则。这是因为教材按单元的意图和方式、原则和重点编排的。语文教学原则，是人们对语文教学规律的认识，对语文教学提出的最重要的要求。课本，是教学之本。对于教师来说，研究教材、掌握教材的内容及其编排意图、方式，提高驾驭教材的能力，就是最重要的要求。那么，根据教材按单元编排的特点，"按单元组织教学"这个最基本的要求,当然应视为一条基本的教学原则。

(四)"教学模式"说

把语文单元教学视为一种教学模式是恰当的,因为它反映了特定的教学理论和教学特点,具有相对稳定的教学目标,有完整的、易于操作的教学活动。事实上,教学模式这一概念,可以把"教学方法""教学原则""教学阶段"的含义统统包括进去,而且还能将"教学结构""教学程序"这些重要的内容反映出来。

所谓单元教学,就是以语文教材中的一个单元为基本教学单位进行的教学,与它相对应的就是传统语文教学中的单篇课文的教学。单元教学中,教师以单元中的讲读课文为范例,带动学生对其他自读课文的学习,起到举一反三的作用。通过单元教学,可以把听、说、读、写的训练与语文知识的教学密切结合起来,培养学生的自学能力,同时还可以节省教学时间、提高教学效率。正因如此,单元教学已越来越受到人们的重视,也有许多新颖的单元教学模式出现,如西北师大中文系教授吴春晖先生提出的"五阶段单元教学"模式。

吴春晖先生认为,单元教学来自单元编排,它是近百年来兴起的一种课本编排方法,特点是把内容或体裁相同的几篇文章按一定的目的要求组合在一起,作为课本的基本单位。每个单元都有一定的教学目的和教学重点,有课文(一般分为讲读课文和自读课文)、能力训练安排等,它们相互联系,构成相对独立的教学单位,可以起到以讲读带动自读,以点带面,举一反三的作用。根据单元编排的特点,吴春晖先生提出了单元教学的五个阶段。

(1)定向:即确定教学目标与教学重点。这一阶段的教学策略是:①引导学生仔细阅读单元教学重点及各篇课文的教学目标或自读提示,并将其进行比较;②结合本校、本班学生的实际情况,使之具体化。

(2)自读:或叫自学,即在教师指导下由学生自己阅读课文,一方面为讲读做好准备,另一方面也可以培养学生的自学能力。这一阶段的教学策略是:①教师布置自读思考题;②学生自读整个单元的课文或某一篇课文;③教师进行自读结果的检查。

(3)讲读:即由教师对学生在自读阶段不能独立解决的疑难问题加以点拨、说明,同时指导学生进一步阅读和理解教材。这一阶段的教学策略是:①突出讲读重点,不面面俱到;②引导学生积极参与:或质疑问难,或讨论探究;③区别对待讲读课文与自读课文。

(4)练习:即在前三个阶段的基础上指导学生进行语言训练,目的是加深理解,巩固记忆,把知识转化为能力。这一阶段的教学策略是:①与讲读配合;②采取灵活多样的训练方式;③设计具有启发性和训练价值的练习题。

（5）总结：即对整个单元的课文作一个概括,作一次总的说明。目的是帮助学生整理知识并加强本单元与其他单元的联系。这一阶段的教学策略是:①引导学生把学习结果与单元教学目标加以对照,与定向相呼应;②肯定单元教学的主要收获,强化学生的学习动机;③找出差距,为新的单元教学做准备。

这种单元教学模式较好地利用了语文单元编排的特性,把教师的教与学生的学有机地结合在一起,既利于发挥教师的主导作用,又利于培养学生的自学能力。教学程序中的五个阶段各有其独特的任务和作用,又互相联系,环环相扣,构成一个不可分割的整体。按照这一模式设计单元教学,可以充分发挥单元教学的优势,提高语文教学的效率。

第二节　语文单元教学的特点

总结 30 多年来人们对单元教学特点的认识,主要有如下几点。

(一) 整体性

普遍认为,这是单元教学最突出、最本质的特点。表现在:①从单元整体上把握教材、处理教材;②从单元整体出发,制订整体方案;③从整体上进行语文能力的综合训练。实现上述三点的前提是:从整体上把握教材,从学科的教学目标出发,研究各单元的教学要求和各单元之间的配合关系。

(二) 阶段性

语文教学的单元具有相对独立性,就像是整个教学链条中的一个环节。如果把整个语文教学比作爬楼梯,由楼下一级一级上升,那么,每个教学单元就如一级台阶,一个单元一个单元地教学,犹如一个台阶一个台阶地登高,逐步达到学科教学目标。当然,单元教学还有连续性,在整个教学链条中,每个环节只有在与前后的联系中才具有其存在的意义和价值。

(三) 系列性

单元教学是按照一定系列进行的整体教学。其系列性表现在:①教材编排的系列性决定了单元教学的系列性;②根据学生的认知特点和教学规律,要求每个单元集中完成好一项训练任务,由浅入深,逐步发展,形成序列。一个单元既然是一个整体,多个单元也就有多个整体,因此,整体与整体之间必须要考虑到它的联系与区别,并从中制订出相应的策略。

（四）集中性

按单元编排的语文教材，明确提出了单元的"教学目标"，单元的教学目标统领着若干篇课文。每篇课文分"讲读"与"自读"，有时又分"课内"或"课外"自读，并指明"学习重点"或"预习提示"。这样有点有面，相对集中，自成体系。

（五）综合性

以单元的形式编排的语文教材，把阅读训练、写作训练、口语交际训练和基础知识融合在一起，有机地构成一个听、说、读、写的训练体系。教材的综合性，为师生的创造性教学提供了较大空间。

（六）主体性

单元教学是以学生为主体的实践活动，因此在教学思想和教学方法上，要明确学生的主体地位，发挥学生的主观能动性。要充分培养学生的兴趣，调动学生学习的积极性；要以学生为主体，摆正教与学的关系：教师的作用是"引导"，是"点拨"，特别强调学习方法的指导，诱发学生主动钻研教材，积极领会知识。学生的自学必须贯穿在教学的全过程，获得学习方法，养成良好习惯。

（七）比较性

按单元编排的语文教材，课文之间一般都有某种共性——或思想主题的，或语言艺术的，或能力训练的。教学时以单元为单位将它们归类，进行分析、比较、咀嚼、鉴赏，找出共性，区别个性，从而使学生对单元内容有深切的理解，使语文能力训练的目标得以落实。

（八）拓展性

人教版语文教材每个单元都有一个"综合性学习"，要用好、用足每个"综合性学习"内容，同时要挖掘课程资源，达到拓展学生的知识、能力，掌握一定的方法，培养并提升学生的情感、态度、价值观的目的。

如何对单元教学进行评价呢？请看《中学语文单元学习测评表》。本表的设计充分体现了以下四点。

（1）从三维目标进行设计：知识与能力、过程与方法、情感与态度。

（2）体现了评价主体的多元化：自我评价、同学评价、家长评价、教师评价。

（3）体现了评价内容的多样化：不仅关注学生在课堂上的学习情况，同时关注学生对单元的整体学习情况，特别是注意到了对学生在课外的、包括实践活动在内的方方面面的评价。

（4）体现了质性评价和量化评价的结合。

《中学语文单元学习测评表》示例如表7-1所示。

表 7-1　中学语文单元学习测评表

学校_____　班级_____　姓名_____　学号_____

知识与能力		过程与方法	情感与态度	自我评价	同学评价	家长评价	教师评价
课堂学习	聚沙成塔　积累量字： 字词积累个 语句积累句 其他积累字	（一） A. 有合适自己的方法 B. 用老师传授的方法 C. 不太注重方法 D. 不用任何方法 （二） A. 积极思考，思维清晰连贯完整 B. 思考较积极，思维较清晰连贯 C. 思考不够积极，思维不够清晰 D. 思考不积极，思维较混乱，经常理不出头绪	（一） A. 认真 B. 较认真 C. 不够认真 D. 不认真	A B C D	A B C D	A B C D	A B C D
	阅读无限　思考内容摘要：		（二） A. 主动 B. 较主动 C. 不够主动 D. 不主动	A B C D	A B C D	A B C D	A B C D
	智慧考场　质疑与创新摘要：		（三） A. 尽了最大努力 B. 较努力 C. 不够努力 D. 不努力	A B C D	A B C D	A B C D	A B C D
单元测评	题号 得分	A. 轻松完成 B. 部分困难 C. 艰难完成 D. 不能完成	A. 很认真 B. 认真 C. 较认真 D. 不认真	A B C D	A B C D	A B C D	A B C D
实践活动	写作实践　写作内容：_____ _____ 共写作_____字 平均每天_____字	A. 持之以恒，喜欢写作 B. 基本能持之以恒，但时有困难 C. 写作没兴趣困难较大 D. 害怕写作，十分困难		A B C D	A B C D	A B C D	A B C D
	口语交际　上课发言____次 与师生交流____次 与家长交流____次	A. 参与意识强 B. 参与意识较强 C. 有参与意识，但不够积极主动 D. 参与意识较差		A B C D	A B C D	A B C D	A B C D
	课外阅读　阅读内容：_____ 共阅读_____字 平均每天_____字	A. 喜欢阅读，有阅读计划 B. 较喜欢阅读，但无计划 C. 不能经常性地阅读 D. 没有时间或兴趣阅读		A B C D	A B C D	A B C D	A B C D

（续表）

	知识与能力	过程与方法	情感与态度	自我评价	同学评价	家长评价	教师评价
总体评价	自我定性评价				等第		
	同学定性评价				等第		
	家长定性评价				等第		
	教师定性评价				等第		
	本单元学习总成绩						

注：填写此表必须实事求是，凡有"ABCD"的，请在符合实际情况的字母上打√。

第三节　语文单元教学的方法和模式

改革开放以来，我国广大教育工作者对语文单元教学进行多方探索，尤其是结合实际，分别开展了丰富多彩的试验，并从不同角度概括出各种教学方法和模式。

（一）以教读带动学生的自读法

这一设计与试验是由江苏省南京市教育局研究室钱任初倡导、主持的。他认为，单元教学的基本方法就是用教师的教读带动学生的自读。又可分为单一式和综合式两类。单一式——教师教读一篇，带动学生自读一篇。由此根据文章的深浅、长短，学生知识能力的多少高低，又可派生出教一带二，教二带一，教二带二等多种一教一带的单一式，一般说来适用于共性特别明显的教学单元。综合式——这是从单一式中演变出来的另一种形式。其特点是将两个以上的"单一式"加以综合。如果一组文章有两个明显的共性，又考虑到教学循环性原则，这样的单元适合运用综合式。

由于课文组成单元的方式不同，有些单元不适合用基本形式，应因单元而异，采用其他的形式。主要有三种：①比同求异，掌握规律。有些单元的课文，总起来分析虽有共性，但仔细推敲，各篇个性鲜明，特点突出；教学这样的单元，适合围绕共性，各有侧重，通过比较让学生掌握这些类型文章的写法，也就是通过事物的各个侧面来认识事物的整体；②一次多篇，综合训练；这种形式，一般用于非重点单元的教学；文章内容大多是通俗易懂的，便于教师一次多篇，综合进行讲解，让学生知其大要，然后着重进行各种语言训练；③读写互促，以练带讲。有些课文文字不深，但篇幅很长，如篇篇串讲，花的课时多，而效果又不好。像这样的单元，可采取此形式。

总之,不论是单一式、综合式或其他形式,都贯穿教师为主导、学生为主体、训练为主线的教学思想;在教学方法上,努力促进学生想学,指导学生自学,教会学生善学,达到有效地提高学生语文能力的目的。

(二)七环节语文单元教学过程

由陈传和实验、总结的"七环节语文单元教学过程"是:单元整体介绍-讲读课-学习语文知识-课内自读课-课外自读课-单元总结-单元练习。全过程可分为理解知识和训练技能两个阶段。前三个环节是理解知识阶段,从整体到部分,从感性到理性。后四个环节是训练技能阶段,把理性知识放回到实践中去,使知识转化为能力。概括起来,从整个单元的处理来讲,是"整体-部分-整体";从学生掌握知识的角度来讲,是"实践-理论-再实践";从培养自学能力来讲,是"教-扶-放"的过程。

(三)四环节智能训练单元教学法

铁道部太原机车车辆工厂子弟学校成曼珊实验、总结的"四环节智能训练单元教学法",其指导思想是把以传授知识为主的教学变为以智能训练为主线的教学,使学生由被动地接受知识变为主动地参加"知识生产",变"一言堂""一刀切"的教学局面为学生充分发挥其学习个性,各显其能的生动活泼的教学局面。总体设计如下。

这种教学法的结构层次是按照学生认识教材的一般规律,即感知、理解、运用、深化等四个阶段而确定的。由教法上的指导自学、启发点拨、作业设计、单元梳理等四个环节,相应地在学法上确定编写提纲、课堂答辩、应用练习、自我小结等四个步骤,以及在智能训练方面要达到的发展和提高学生的阅读理解、质疑应变、语言运用、综合概括等四项能力的目标。它的教法设计体现了教师对学生学法的指导作用和学习情绪的诱发作用;学法设计反映了学生在教师正确指导下的积极进取精神;智能训练符合语文学科的特点,与教法、学法紧密结合,是一条定原则、有指标、定方向、有内容的主线,它贯穿教和学的始终,是通过教和学双方来实现的。

(四)五步三课型反刍式单元教学法

由广东省顺德区教研室钟德赣设计、实验、总结、推广的"五步三课型反刍式单元教学法",以叶圣陶语文教育思想为指针,着力于培养学生的自学能力和主动参与精神,提高语文教学效率。

第一步:"总览"。要求学生对整个单元的教学内容观其大略、综合理解。首先用跳读的方法个体自读,寻找本单元的学习目标;然后在小组和班级群体中去研究、辨认学习目标;最后统一认识,认准学习目标。

第二步："阅读"。分导读、仿读、自读三个层次。导读的"设疑"，是由教师课前精心设计的问题，引导学生个体自学，进行思维训练；"析疑"是由学生群体讨论分析问题，明辨是非；"辨疑"是将析疑得出的一致性意见去同类辨析问题——进行比较阅读，巩固所学知识，训练迁移能力。仿读主要在"仿"，由学生仿照导读层次去"质疑""析疑"和"辨疑"。自读要放手让学生群体去自己解决问题，教师只到学生"愤""悱"时，作精要、适当的点拨。

第三步："写说"。写作训练课内为限时作文，课外为写自由文与摘抄文。写后分组交叉评改，最后由学生作自我评析。听说可设课前一分钟训练，或结合阅读教学群体讨论进行。

第四步："评价"。单元检测后分组交叉评卷，最后由本人填写单元检测反馈信息表。

第五步："补漏"。学生针对单元学习目标及听、说、读、写检测的情况进行自查，在个人自查基础上进行小组讨论。属于全班性的问题在课堂上及时补漏，个别性问题则课后个别解决。

第四节　语文学科单元教学课型

课型，即课程的类型，就是指上课具体形式的种类，通常以传授知识技能的任务来划分。以传授新知识、学习新内容为主要任务的课称为新授课或讲授课；以巩固知识使之系统化为主要任务的课称为复习课；以培养技能技巧为主要任务的课称为培养技能技巧课或练习课；以检查学生成绩为主要任务的课称为检测课或检查课。这些都归为单一课。而在一次课中兼着两种或两种以上的主要任务，其中一种是传授新知识的，则称为综合课或混合课。

语文学科以培养学生正确理解和运用祖国语言文字为主要任务，其教材中的每一单元主要以知识、能力的某一点或某一方面为核心安排相互联系的各个片段，根据各个片段的特殊性，采用相应的各种类型的课，并由此组成单元教学的全过程。其课型有：导入课、教读课、自读（课内外）课、总结课、练习课（写作、听说）、检测（含矫正、补偿）课。

一、导入课型

单元导入课的目的是在教师的指导下，使学生整体感知本单元的内容，由此意识到目的任务,引起对旧知识的回忆,对新知识探求的动机,并初步了解学习的途径与方法。这样就完成教师引导和学生进入教学情境的最佳结合。因为教学角度不同,侧重点各异,所以单元导入课又可称为"定向启发课""整体感知课""知识引导课""方法指导课"等。

单元导入课,教师应创设符合学生特点的各种条件,以激起学生积极的认识兴趣和强烈的学习愿望,把注意力集中在本单元的学习目标上。

（一）从旧知导入新知

学生学习和掌握新知识,不可能不依靠以前的知识和经验。因此,从旧知导入新知要解决的是:激发学生对课题(或问题)的兴趣,创造情绪气氛,评价某些学生对感知新教材的准备程度。

（二）从整体感知单元内容导入对目标的确认

语文学科单元教学要求把单元内容作为一个整体来把握。导入时,应使学生对所学单元先有一个概括的了解。通读时不仅限于课文,还应包括单元教学要求、各篇学习重点、自读提示以及课后对理解课文带有提示性的思考题等。其中,应着重解决几个问题:①在整体系统中,准确理解单元教学目标的内涵,做出适度分解和概括;②处理好单元教学目标和课文学习重点的关系,体现共性是主要的;③处理好语文基础知识和课文(尤其是教读课文)的关系;④处理好每篇课文的整体和局部的关系,不能只限于单元目标在课文中的体现,而应该把局部放在整体中去考察;⑤要引导学生发现问题、探究问题。

（三）从初步了解单元知识导入对目标的确定

有些单元提供的是新知识,学生对知识的特殊性有新鲜感,最初的感受也比较突出,因而借此来确定目标就比较直接而自然。教师可采取两个步骤,"变陌生为熟悉""变熟悉为陌生"。如初中有一个单元,选入《白杨礼赞》《井冈翠竹》《松树的风格》《茶花赋》等,突出的特点是象征手法的运用,教学要求也突出这一点。导入这样的单元,开始先变"陌生为熟悉"。于是提出:①你们知道抗战时我国北方农民的精神吗?②你们了解井冈山人民过去和现在的性格吗?③你能用一句话概括共产主义风格吗?④在异国他乡思乡之情用什么来表达呢?四个问题相当笼统,不读课文当然答不上,但只要一看题目,就不难了。"白杨树""毛竹""青松""茶花"这些熟悉的东西可与陌生的题目联系起来。然而又进一步引导:看到白杨树,你能确切说出作者所表述的象征意义吗……此时,"熟悉"又变为"陌生"。于是导入新单元的目的就达到了。

"导"而后"入",旨在定向。只有让学生明了学习新单元的意义、它在知识、能力体系中的地位,才能引起学生的注意,从而产生向往与追求的情绪,产生把单元内容所反映的新知识和学生认知结构中原有相关知识和经验联系起来的强烈愿望。

二、教读课型

单元教读课,原称"讲读课",又称"导读课"。其目的在于,通过例文的剖析,使学生获得学习的方法,养成良好的习惯,为自读创造条件。因为本课型一般是精细地剖析例文,所以又称之为"精读课""示例课"。

传统的讲读课,强调由局部到整体,由分析到综合,往往突出了个性,忽视了共性。单元教读课的教学过程是"整体-局部-整体","综合-分析-综合",寓共性于个性之中,求同辨异,教会学生自读。

从单元的重点和教读的课文来看,课文是"载体",单元重点只能靠课文这一特殊语境来显现,离开了课文整体,单元重点就失去了意义。因为从一个系统分解出来的任何一部分,同在整体中发挥功能部分是截然不同的,部分离开了整体其功能是不存在的。例如,同为通讯的《生命的支柱》和《谁是最可爱的人》,突出单元重点——"记叙、议论、抒情相结合",但是,《生命的支柱》中的"记"侧重于言,《谁是最可爱的人》中的"记"侧重于行。为什么呢?因为这两篇记叙的对象和题材都具有不同的特点,如果不把握课文的整体性,这种记叙的功能和技巧是无从探究的。

教读课,重要的是要引导学生达到对课文的整体认识和把握,与此同时有效地促进学生自读能力的形成。

所谓"整体认识",一要认识"文章的整体",二要"整体地认识"文章。文章的整体,是文章多方面要素的辩证统一。它包括:①工具性与人文性的统一;②总分统一(总体精神、框架同局部意义、表达的统一);③表里统一(表象系统与内在意蕴的统一);④主客统一(作者主观意图与作品客观意义的统一);⑤例律统一(例文与其反映的语文规律的统一)。其中以工具性与人文性的统一为基本,例律统一为目标。"整体的认识"文章,是指在教读课文中引导学生与作者交流,投入到读书的实践中去,眼、耳、口、手、脑齐用,读、听、说、写并举,以利于产生整体效应,提高阅读质量和效果,并促进心智的一般发展。

教读课全过程,可简化为"整体-部分-整体":①初步整体认识,即引导学生从文章的整体着眼,初步形成一个完整而鲜明的总体印象,大略把握文章的基本内容与特点;②局部分析理解,是承上启下的中间环节,通过局部的深入分析,达到对课文各个方面的本质理解,促进学生理性分析能力的提高;③整体综合升华,教读课的综合,就是让语言形式同内容思想、具体局部同整体框架、表象与意蕴、作者与作品等重归于一,让内在的中心统领全篇,让文章以通体透明形神兼备的完整体貌重现在学生眼前,铭刻在学生心中。除篇内综合外,还要注意"例律统一"。可从三个角度进行:第一,把教材作为已知概念或原理的特例或例证,从而使学生对已知概念、原理的认识具体化、个别化;第二,通过对教材范例的分析或概括,获得一种新的概念或原理;第三,联系同单元的其他各篇,进行比较辨析或同类归纳,使知识变得明确而有条理,便于迁移。

三、自读课型

自读,由教师指导学生在课内或课外的阅读。自读课应该突出学生主体的阅读实践。其目的是引导学生将教读课中学到的规律性知识和初步培养起来的能力习惯在课内自读中加以应用,求得在应用中巩固、发展,并在课外自读中逐步做到"自能读书"。

在自读课教学中,学生运用教读课学过的语文知识来解决自读时遇到的问题,并在知识运用中深入理解知识的内在联系,形成对知识的综合运用能力;学生运用教读课学过的方法,并根据教师示范的操作要领来解决自读时遇到的问题,并在方法的运用中切实掌握学习相类语言材料所必需的方法;学生通过自己对课文的认读、理解和鉴赏,培养发现、分析、解决问题的能力,使之转化为自己学习语文的基本素质,从而全面提高语文能力。

自读课的阅读是通过学生自己阅读完成的,但教师必须给予恰当的指导:①读前指导,根据单元"教学要求"、课文"学习重点",结合"自读提示",厘清自读要点,确定自读目标,指导学生运用已知去探求未知;②读中辅导,根据学生在自读中遇到的难题或出现的错漏,教师应按照普遍或个别、必然或偶然等不同情况分别予以疏导或指正;③读后引导,引导学生回顾自读过程、归纳自读方法、总结自读规律、交流自读经验,并因势利导,让学生"自观其他类似的文章"。总之,自读课中教师的主要任务是激发兴趣、点拨要点、提示方法、答疑解惑、指导扩展,并从实际出发,采取多种教学方式。

自读课一般有三种形式:①自读辅导课,可选择一两名学生在课堂上作典型发言,其他学生从中得到启示;②自读讨论课,自读中出现的带普遍性典型性的问题,组织学生讨论,做到互相补充,互相提高;③自读检查课,由教师在课堂上提出一些问题,指定学生回答,检查学生自读效果。

自读课教学要注意引起阅读动机、注重知识迁移和加强常规训练。

阅读动机,激发自学兴趣,是自读课得以顺利展开的保证。读书须有疑,教师设疑,然后点拨解疑的门径,就能调动学生的积极性。如自读说明文《死海不死》时,教师设计自学题:这个题目有无矛盾,为什么?学生无从回答,教师如能及时引导学生结合课文去理解这两个"死"字的不同含义,就能激发学生探求的兴趣。再有,巧设台阶,先易后难,让学生尝到攀登的乐趣。如自学《听潮》,教师设计自学题:根据散文"形散而神不散"的特点,举例说明《听潮》一文哪些地方体现这一特点?学生难以回答,教师及时改成三道题:①《听潮》一课写了哪些事?②贯串全文的线索是什么?③结合文章的选材和线索,谈谈散文"形散而神不散"的特点。这样化难为易,学生拾级而上,自然会保持自学的兴趣。

注重知识迁移,从已知求未知,是自读课易于奏效的关键。学生自读时,课文知识的内在联系往往难以发现,这就要靠教师帮助架桥引路,启发点拨。如寻找关键性的词句读懂课文,就是知识转换为能力的一种方法。自读指导中,教师要帮助学生在教读课中学到的知识与自读课文之间建立起联系点,由彼及此,由"旧"到"新",前后串联,实现迁移。其迁移的途径是:复习旧课→找出特点→发现联系点→理解新课。同一单元的课文,在比较中辨析异同,同中求异,异中见同,有助于开拓学生思路,加快知识的迁移。

加强常规训练,养成自读习惯,是自读课取得成效的途径。所谓常规,就是每次自读的基本要求。有的教师总结出"看、查、思、问、解、测、结",即:看教材;查工具书,扫除障碍;思考中心与特点;提出疑问;解决疑难;检测自读效果;总结评定。

在上述过程中,写自读笔记是组织学生自读的一项有效措施,希望引起足够的重视。

四、总结课型

一个完整的教学过程应该包括把知识概括和系统化的课,我们沿用传统的术语:总结课。

总结课型的要求不仅仅是总结性的复习,其基本教学目的在于使知识系统化,也就是把不同的概念、法则、规律引向合乎逻辑的完整体系,以利于知识的迁移。

语文学科单元总结课,是指导学生掌握单元的知识重点,形成系统的认识。它是迁移的桥梁,又是联系前后单元的纽带。

明确目的,把握重点,是上好单元总结课的关键。单元总结,不是教材内容的简单再现,也不是有关训练的机械重复,而是紧扣单元教学要求,为知识的迁移作准备。例如,曾有一个单元选入《回忆我的母亲》《藤野先生》《哥白尼》《祖冲之》《潘虎》等,其教学要求是"理解并掌握选择典型事例,按一定顺序表现人物思想品质的写法"。那么总结课的教学目的,可相应设计为:"运用比较辨析的方法,认识写人的记叙文根据中心思想的要求选择典型材料、灵活运用各种表达方式的特点,提高记叙文的读写能力。"这个目的,是教读篇目的重点的概括,保证单元教学要求的落实,当然,在突出重点的基础上,可以适当拓宽。

运用比较的方法,引导学生层层深入地进行辨析,是实现单元总结课教学目的的有效途径。再以上述单元为例,首先要求学生通过比较,找出五篇课文写法的异同。它们的相同点是:①选取典型事例表现人物思想品质;②按时间顺序组织材料。不同点是:五篇课文虽然都以叙事为主,但《藤野先生》《回忆我的母亲》在记叙中渗透着抒情,《哥白尼》《祖冲之》则结合着议论,而《潘虎》中多有形象化的描写。通过横向比较,使学生知其然。然后,经师生共同讨论分析,得出结论:一篇侧重写人的记叙文,无论材料的取舍,写作顺序的安排,还是表达方式的运用,都取决于两点——有利于表现人物,有利于表现中心。这就使学生知其所以然。

五、练习课型

"众所周知,学生的最重要的任务就是:学习科学基础知识,形成新的概念和新的操作方式,形成科学的世界观。这一过程是在学生以前掌握的概念体系和活动经验的基础上不断地进行的。如果说把以前学过的和掌握的东西经常的现实化是感知、理解和掌握新东西的基础,那么通过运用所学的东西形成智力操作和实际操作的技能和技巧是感知、理解和掌握的完成。"

所谓练习课的目的,就是运用所学的东西,形成智力操作和实际操作的技能和技巧。语文教学单元练习课,实质是本单元学习课文的感知、理解的基础上掌握知识的迁移,也是对感知、理解、掌握的知识的验证。

单元练习课,包括阅读、写作和听说练习。阅读练习有课外自读课文的学习和课外扩展性阅读。写作练习是在教读、自读和知识总结的基础上实行"读写结合"。

单元写作练习课,是语文延伸课型的一种。其关键在于正确贯彻读写结合的原则。

（一）必须从整体上理解"读写结合"

读写结合，在语文教学中往往体现为结合课文教学，对学生进行写作指导，使学生将课文学习所得（包括生活体验和写作技能）运用于写作。其实，这只是"读写结合"的一方面——"以读带写"。从整体上讲，"读写结合"还应包括"以写促读"。"以写促读"，就是结合作文，让学生深入探讨与领会课文内容和形式的某些方面。

（二）必须把课文教学的重点和作文教学的要求联系起来

一个单元对于组成它的课文来说是一个系统，这个系统的整体性是由组成该单元之间的有机联系来保证的。这有机联系就是单元内各篇课文的写作上的共性。如果单元内某些课文之间"共性"特别明显，又与作文教学要求相吻合，就要适当调整，重新组合。例如，曾有一个单元选有《人民勤务员》《驿路梨花》《挺进报》《普通的人伟大的心》《枣核》等篇，作文教学的主要要求是"学习记叙人物二三事的方法"，而《人民勤务员》和《普通的人伟大的心》都是通过几件事写一个人的，所以应把这两篇组合起来，扣紧共性进行教学。

（三）要灵活地选择"读写结合"的方式

"读写结合"没有一成不变的模式，教师应根据作文教学的要求并结合教科书和学生的实际而定。大致的做法有：①先明确作文教学的要求，在阅读教学过程中指导学生发现读与写的结合点；②阅读教学完成后，再提出作文教学的要求，指导学生找出读与写的结合点；③从读与写的单元教学要求中，明确其联系点，指导学生在吸收与表达双向互动中引起写作动机，练习写作技能。

六、检测矫正（补偿）课

单元检测矫正课，指一个单元即将结束时，教师对全班学生进行测试（通常称单元过关测试），检查目标是否完成，检测学生对本单元知识还有哪些缺陷，并进行矫正。

与检测矫正课相似的，有单元补偿课，即针对从反馈中发现的谬误、缺漏，有重点地进行校正和补漏。但补偿课往往又是单元授课的第一步。视补偿量的多少，补偿内容的难易，可以集中一课时，与明确目标、了解重点相结合，也可以分别安排到其他课型中作为一个环节。这一环既注重基础知识，又注意基本能力，体现智能并重的原则。

单元教学过程中各课型的选择与组合，核心问题是要处理好教读课和自读课的关系。不论是先自读后教读，还是先教读后自读，都应该注重两者的衔接与过渡。而关键在于找到过渡的"桥梁"和衔接的"契合点",选取最佳的角度。

(一) 知识、方法上的过渡与衔接

在知识方面,从纵向考察,每一种知识在各册或同册各单元的分布,形成前后承接、环环相扣的序列。由此,可以发现其中的契合点,温故而知新,对某一知识形成系统的理解。例如,曾有一单元选入《春》《济南的冬天》(教读课文)《海滨仲夏夜》《香山红叶》(课内自读课文)《野景偶拾》(课外自读课文)都是描写景物的。其中每篇的写景特点所构成的比较系统的写景方法,自然就是契合点。

在方法方面,指的是适用于某类课文的具体方法。例如《藤野先生》和《回忆我的母亲》都属于写人的回忆性散文,在结构方法上具有异曲同工之妙。所以,教读《藤野先生》,可按"线索-顺序-结构"的分析法,重温《回忆我的母亲》,实现自然的衔接。

(二) 内容、情感上的过渡与衔接

内容上形成系列,使学生在前后联系中更全面更深刻地把握课文的思想内容,从而使学生的思想认识和道德情操得以升华。

情感上,联系课与课之间的共同感情,激发学生潜在的相类情感,使之产生情感期待,以引起"共鸣"。

(三) 课文"类同点"的过渡与衔接

所谓"类同点",包括题材、主题、人物、写法等等。紧扣"类同点",一方面唤起学生对有关知识的回忆检索,激发学生对新知识追求探究的热情;另一方面能促使学生对课文间的比较,对"类同点"更全面更透辟地理解和掌握。

第五节　运用"扶-引-放"三元一体的单元教学模式

叶圣陶先生把指导学生学习形象地比作幼儿学步:开始时要"扶",接着要"引",最后要"放"。把叶老的话用于语文单元教学,就是"扶-引-放"三元一体的单元教学模式。即根据单元的特点、教学目标、难易程度将一个单元的课文分为重点讲读课文、一般性讲读课文、学生自读课文等三类课文。在三类课文的教学中,分别贯彻"扶、引、放"的思想,也就是说,对"重点讲读课文"要"扶",对"一般性讲读课文"要"引",对"学生自读课文"要"放",这是"三元";在一个单元中,沿着"扶-引-放"的轨迹进行教学,形成具有内在联系的整体,这是"一体"。运用"扶-引-放"三元一体的教学模式,有利于培养学生的独立阅读能力。

　　所谓"扶",即扶着走,就是通过教师的讲解和点拨,使学生掌握重点训练项目,巩固并提高一般阅读基本功。怎样"扶"呢? 应特别强调讲解和点拨,强调某单元的重点教学目标的学习,同时兼顾一般性基本功的训练。在"教"与"学"的关系上教师讲的比重较大。在讲读课文中贯彻"扶"的精神,对学生独立阅读能力的培养起着规劝和范例的作用。

　　所谓"引",即拉着走,就是引导学生自己发现问题,再在教师的引导下,学生自己分析问题和解决问题。教师要像一个富有经验的舵手,既要让学生自由而勇敢地前进,又要保证他们不迷失方向而顺利地到达彼岸。怎样"引"呢? 应注意引而不发,这就是说,在教学时教师要善于引导,引导在点子上。如教学《威尼斯的小船》时,要求学生分辨哪些地方是实际看见的,哪些地方是作者的联想,就需要教师适当地指点一下,提示学生"实际看见的"和"作者的联想"两者的区别在于一个是视觉可感的,一个是视觉不可感的。像课文末尾:"这时候水面上渐渐沉寂,我们又看见月亮的影子在水中摇晃,大建筑物立在前面,残破的桥梁横在水上,岸边的船都停泊着不动。"这是实际看见的。"静寂笼罩着威尼斯。古老的威尼斯又沉沉地入睡了。"就是看不见,摸不着的作者的联想。作者既写了实际看见的景物,又写了由此而产生的联想,所以威尼斯静静的夜就显得更加优美了。"引"主要用于一般性讲读课文中。在教与学的关系上学生的自学比重增加了,教师教的比重相应地减少了。教师的作用,主要体现在引导上,表现为"三讲":画龙点睛,讲在关键处;抓住学生普遍不懂的问题进行点拨,讲在要害处;紧扣知识的内在联系,讲在规律处。在一般性讲读课文中贯彻"引"的精神,对学生独立阅读能力的培养起着导航和引路的作用。

　　所谓"放",即放开行,就是放手让学生自学,让学生运用在一、二类课文的教学中所获得的知识和技能去独立阅读,在教与学的关系上应侧重学生的自学。"放",主要用于学生自读课文中。怎样放呢? 教师先根据课后练习题或教学目标提出自学要求,接着让学生通读全篇,然后检查自学效果。在整个教学过程中,应强调学生反复通读课文。当然反复通读不是机械地重复,而是教师对阅读的要求一次比一次提高,学生对课文的理解一次比一次深入。一般来说,一篇课文可以根据教学要求至少自学三遍。第一遍,要求学生了解课文的梗概,通过查字典或联系上下文弄懂生字新词,亦即读通课文。第二遍,要求学生逐句逐段认真阅读,侧重理解重点句、段,通过分段,概括段意,抓住课文主要内容、概括中心思想,进而品味课文中的艺术手法。亦即读懂课文。第三遍,要求学生了解课文读写训练的重点,并能基本正确地解答课后思考题,亦即练习和运用。在教学时,教师要注重检查学生掌握知识和运用技能的熟练程度。通过检查,可以发现学生在自学能力上存在的差异和缺陷,以便在今后一、二类课文的教学中有的放矢地加强训练,以缩小差距和弥补缺陷,促进学生阅读能力的提高。因此,在阅读课文中贯彻"放"的思想,对学生独立阅读能力的培养起着锻炼和独立运用的作用。

学生独立阅读能力的培养,反映在三类课文教学的整个过程中:每一类课文都是培养学生独立阅读能力的重要一环;从一类课文到三类课文的教学过程,实际上是从"扶着走"到"引着行"再到"放开行"的过程,是学生从知识的接受、运用到逐步转化为阅读能力的过程。例如,有的语文课本把练习概括中心思想作为一个单元的重点训练项目。围绕这个训练项目,教师在教学"重点讲读课文"《我的伯父鲁迅先生》时,让学生说说五个段落之间有什么联系,发现他们从不同方面表达了一个总的思想:鲁迅先生爱憎分明,为自己想得少,为别人想得多。这就训练了概括中心思想的一种方法——抓住课文的内容,体会所集中表达的思想。到教学"一般性讲读课文"《再见了,亲人》时,教师贯彻"引"的精神让学生从概括中心思想的三个答案中选择一个正确的,从而对怎样用准确的语言概括中心思想作了进一步的引导和训练。再到教学"自主阅读课文"《一个苹果》时,教师贯彻"放"的精神,要求学生试着自己来概括中心思想,从而对怎样概括中心思想进行了进一步的练习和运用。像这样在一个单元的阅读教学中,沿着"扶-引-放"的轨迹,三环相扣,连成一体,构成了三元一体的教学模式。

通过一个单元中一篇篇课文的反复训练,可以达到有效地培养并提高学生独立阅读能力的目的,达到"教是为了不复需教"的美好境界(叶圣陶语)。

第六节　单元教学的总体设计及构想

语文出版社出版的义务教育课程标准实验教科书《语文》(七年级下)第四单元,是一个诗歌单元。通过钻研课文,揣摩教材的编写意图,本单元的教学目标可确定如下。

(1)诗歌的节奏(含停顿、重音)。

(2)诗歌中的押韵及其他音韵美。

(3)学会欣赏诗歌(诗歌的立意、感情、表现手法、表达方式、音韵等),从中受到情感的熏陶和感染,受到美的教育。

事实上,以上三个重点目标归纳起来就一个,那就是目标3,因为目标3包含目标2,目标2包含目标1。但是,目标3太"综合"了,学生不容易一下子掌握,需要分步进行,需要循序渐进,因此有必要安排目标 1 和目标 2 两个梯度。本单元编选了 4 篇课文。教材中已注明前 2 篇是"讲读课文"(又叫教读课文),后 2 篇是"自读课文"(分课内自读课文和课外自读课文两种)。为此,我们把《我爱这土地》和《乡愁》按"讲读课文"来设计,把《我为少男少女们歌唱》按"课内自读课文"来设计,把《纸船》按"课外自读课文"来设计。按照钱梦龙的"四式"和单元教学法的要求,我们又设计了《单元总结、测评与练习》,用一课时完成。

一、"讲读课文"教学示例("用教材教"示例)

这里有一则《我爱这土地》的教学设计,可看作"讲读课文"的教学实例,同时也是"用教材教"的实例。

(一) 教学目标

(1) 初步了解诗歌的节奏及其标注方法,85％的同学能读出本诗的节奏,喜欢朗读。

(2) 学习诗歌中的象征手法,85％的同学能指出本诗中的象征意象及其蕴涵的意义,能体验出诗人的爱国之情。

(二) 教学重点与难点

(1) 教学重点:诗歌的节奏。

(2) 教学难点:诗歌中的象征手法。

(三) 教学方法

教学方法包括讲授法、讨论法、点拨法、朗读法、练习法。

(四) 课时安排

课时安排为两课时。

(五) 教学步骤

第一课时:诗歌的节奏及其训练

(一) 什么是诗歌的节奏

(1) 抽一名同学读知识短文《诗歌的节奏》。

(2) 全班齐读《诗歌的节奏》。

(3) 教师分析、讲解《诗歌的节奏》,要点。

① 节奏——以声音的强弱、长短等因素所形成的有规律的变化。

② 节拍——节奏的单位,又叫音组、音步,是由一系列拍子构成的节奏序列。汉语中,单音节、双音节或多音节字组成一个个音组,每个音组后边有或长或短的

停顿,这就是拍子。音组和停顿有规律地安排,可以产生和谐鲜明的节奏,形成声音的回环。如:为什么/我的/眼里/常/含/泪水?

因为/我/对这/土地/爱得/深沉……

③ 声音的强弱,主要表现在重读的安排上;声音的长短,主要表现在节拍的划分上。节奏是表达诗的内容、抒发诗人情感的重要手段。

为什么/我的/眼里/常/含/泪水?

因为/我/对这/土地/爱得/深沉……

(二) 训练诗歌的节奏(含停顿、重音)

首先,让学生划出节拍、重音,然后师生讨论矫正,然后个人读、齐读。

假如/我/是/一只鸟,

我/也/应该/用/嘶哑的/喉咙/歌唱:

这/被/暴风雨/所/打击着的/土地,

这/永远/汹涌着/我们的/悲愤的/河流,

这/无止息地/吹刮着的/激怒的/风,

和/那/来自/林间的/无比/温柔的/黎明……

然后/我/死了,

连/羽毛/也/腐烂/在土地里面。

为什么/我的/眼里/常/含/泪水?

因为/我/对这/土地/爱得/深沉……

(三) 反馈、小结

问学生前2个问题,教师说明问题3。

(1) 节奏——以声音的强弱、长短等因素所形成的有规律的变化。声音的强弱,主要表现在重读的安排上(重音);声音的长短,主要表现在节拍的划分上(停顿)。节奏是表达诗的内容、抒发诗人情感的重要手段。

(2) 节拍——节奏的单位,又叫音组、音步,是由一系列拍子构成的节奏序列。汉语中,单音节、双音节或多音节字组成组成一个个音组,每个音组后边有或长或短的停顿,这就是拍子。音组和停顿有规律地安排,可以产生和谐鲜明的节奏,形成声音的回环。

(3) 诗歌的节奏是诗歌音韵美(音乐美)的重要组成部分,也是语调的重要组成部分。除此之外,诗歌音韵美还有押韵、平仄、双声、叠韵等因素。语调除停顿、重音外,还有句调。

这些我们以后还要逐步学习。

(4) 学生齐读一遍后,合上书背诵全诗。

(四) 作业

给课后《中国的土地》划上节拍,标记重音,并进行朗读练习。

第二课时：学习诗歌中的象征手法

(一) 何为象征

通过某一特定的形象来暗示另一事物或某种较为普遍的意义,这种表现手法叫象征。

象征能含蓄深刻地表现作者的思想感情。如：本课中的"黎明",象征抗战的光明前景,即抗战胜利的一天(因为本诗写于抗战时期)。《白杨礼赞》中的"白杨"象征北方农民,白杨的精神就是北方农民所具有的精神。

(二) 分小组讨论、思考

课文中有哪些象征形象？这些形象象征了什么？为什么要用这些形象？

(1) 全体学生分组讨论。

(2) 师生交流。

(三) 反馈、小结

(1) 做课后"思考与练习一"。

(2) 复习"什么是象征",为什么要用象征手法。

(四) 围绕"思考与练习"二、四学习课文的其他内容

(五) 作业

运用象征手法写一段话或写一首诗。

二、"教读课文"教学实例

这里,有一则《乡愁》的教学设计,可看作"教读课文"的教学实例。

(一) 教学目标

(1) 巩固并检测诗歌的节奏及其标注方法,85％的同学能正确、熟练地读出本诗的节奏,喜欢朗读。

(2) 从节奏、押韵、重叠词和重章叠句等方面欣赏诗歌的音韵美。

(3) 学会初步的欣赏诗歌的方法。

(二) 教学重点、难点

(1) 教学重点：教学目标 2。

(2) 教学难点：教学目标 3。

（三）教学方法

问题导学法、练习法、诵读法。

（四）课时安排

一课时。

（五）教学步骤

1. 展示问题

（1）师问：从哪些方面去欣赏诗歌？

（2）学生发言。

（3）小结：内容——立意、感情等；形式——手法、方式、音韵（节奏、押韵、重叠词、重章叠句）等。

2. 分组讨论（板书以下问题）

问题1：给本诗标注节奏（含停顿、重音），并试着读几遍。

问题2：尝试发现本诗的音韵（节奏、押韵、重叠词、重章叠句）美。

问题3：本诗采用的手法、方式主要有哪些？

问题4：本诗的立意、感情是什么？是怎样表现的？

3. 点拨问题

问题1：在学生反复诵读的过程中，点拨并矫正。

问题2：音韵美：节奏。

押韵（头 tou——韵脚）（参看107页的知识短文《诗歌的押韵》）。

重叠词（小小、窄窄、矮矮、浅浅）。

重章叠句（四节中句式大致相同）。

问题3：本诗采用的手法、方式（叙事抒情、比喻、反复）。

问题4：本诗以"乡愁"为线索，表达对大陆同胞的思念之情，表达对海峡两岸统一的渴望。

本诗以叙事的形式，通过各个时期情感的变化，表达了对母亲、对妻子、对大陆同胞的思念之情，表达对海峡两岸统一的渴望（叙事抒情、比喻、重章叠句）。

4. 反馈小结

（1）师问：怎样欣赏诗歌（即诗歌的欣赏方法）？

（2）小结：披文入情。

形式（手法、方式、节奏、押韵、重叠词、重章叠句等）——内容（立意、感情等）。

（3）背诵全诗。

三、课内自读课文教学实例

这里,有一则《我为少男少女们歌唱》的教学设计,可看作"课内自读课文"的教学实例。

(一) 教学目标(师生讨论确定)

(1) 巩固并检测诗歌的节奏及其标注方法,85%的同学能正确、熟练地读出本诗的节奏,喜欢朗读。

(2) 体会本诗的立意,能把本诗与《毕业歌》的立意相对比,培养分析立意的能力。

(二) 教学重点、难点

(1) 教学重点:巩固并检测诗歌的节奏及其标注方法。

(2) 教学难点:培养立意的分析能力。

(三) 教学方法

练习测试法、重点突破法、集中答疑法。

(四) 课时安排

一课时。

(五) 教学步骤

1. 定标(约 5 分钟)

要求学生根据"单元说明""思考与练习",根据课文的特点和教材的编辑意图确定自读目标。师生讨论后,将目标确定如下。

(1) 巩固并检测诗歌的节奏及其标注方法。

(2) 体会本诗的立意,能把本诗与《毕业歌》的立意相对比,检测对立意的分析能力。

2. 自学(约 25 分钟)

第一步:采用"练习测试法"巩固并检测诗歌的节奏及其标注方法——全体同学在课文中标出节拍及重音,并自由朗读。教师巡回指导。

第二步:围绕"思考与练习"中的三个大问题,去自读课文。教师巡回指导。

3. 检测(约 15 分钟)

(1) 关于目标 1 的检测。

第一步:学生 A 朗读,师生矫正。

第二步:学生 B 朗读,师生矫正。

第三步：学生 C、D、E 各朗读一段，师生矫正。

第四步：全班齐读。

（2）关于目标 2 的检测：采用"重点突破法"，把本诗与《毕业歌》的立意相对比，检测对立意的分析能力。

第一步：本诗的立意。

第二步：《毕业歌》的立意。

第三步：本诗与《毕业歌》立意的区别。

（3）采用"集中答疑法"，检查"思考与练习"一、二的学习情况。

四、"课外自读课文"的教学示例

这里，有一则《纸船》的教学设计，可看作"课外自读课文"的教学实例。

（一）指导思想

"自读"不是"自流"，不是撒手不管，放任自流，使"自读课文"形同虚设；也不能把自读与教读混为一谈，等量齐观，一样讲和读，使"自读课文"变成"教读课文"。

博士生导师周庆元先生说："课外自读课文要求学生在课外自找时间，自选学习重点，运用教读课课内所学的知识、方法和能力，自求自得，完成课后习题或自写读书笔记，教师指导的任务主要是布置与检查，包括安排自读课题，规定自读时限，提出自读要求，指点自读方法，检测自读效果等。其二，自读课文教学不宜像教读那样采用全班集体讲读法，而应当采用小组或个体阅读指导法，对不同层次的学生进行具体指点。"周庆元先生的话，是我们开展"课外自读课文"教学的指南。

用一课时时间检查。

（二）教学设想

1. 布置自读任务，并提出自读要求

（1）在两天内自找时间在课外学习《纸船》，有条件的可阅读《泰戈尔诗文集》或其中的部分作品。

（2）自选学习重点（如诗的节奏、诗的音韵、诗的欣赏、诗的想象等）。

（3）完成课后"思考与练习"，并自写读书笔记。

2. 检查自读情况，检测自读效果

（1）检查每人所确定的"学习重点"（个别进行）。

（2）检查课后"思考与练习"（个别进行）。

（3）检查并交流读书笔记（个别进行与集体进行相结合）。

五、单元总结、测评与练习——"复读式"教学过程设计

(一) 对课文篇目的总结、测评

(1) 对本单元各篇课文的作者进行简介。

(2) 回忆本单元各篇课文的主要特点和思想感情。

① 《我爱这土地》中的象征手法,《乡愁》中的叙事抒情、重章叠句,《我为少男少女们歌唱》中的直接抒情,《纸船》中的丰富想象等。

② 分析各篇课文的思想感情(见《单元说明》)。

(3) 检查本单元各篇课文所涉及的生词。

(二) 阅读李春生的《春望》,对本单元所涉及的重点进行回顾、检测

(1) 用"/"线给本诗划上节拍,用着重号"·"或短线标上重音。

(2) 复习音韵方面的知识,欣赏本诗的音韵美。

(3) 除音韵外,从哪些方面欣赏诗歌? 结合本诗分析。

① 内容——立意、感情等。

② 形式——手法、方式、音韵等。

(三) 作业

(1) 写作训练。

仿照《乡愁》写一首小诗。

(2) 口语交际训练。

以"沟通：与家长进行一次对话"为主题开展口语交际训练,按"实施步骤""要求"进行,一周后分小组检查、交流。

(3) 书写训练。

按要求进行行楷字的书写训练,并按照行楷字的书写原则默写本单元的四首诗歌。

第八章

语文课程评价论与实践探索

第一节　当前在语文课程评价方面存在的问题及其改进办法

决定课程成败的因素有三个：一是教师的提示；二是学生的参与；三是师生的反馈与评价。从某种意义上说，语文教学改革能在多大程度上取得成功，关键在于我们能在多大程度上将评价引向合理的轨道；评价是语文课程实施的一个重要环节，如果我们最终没有一个比较科学的评价体系，语文课程的管理就会落空。

当前在语文课程评价方面存在的问题和不足主要有以下几方面。

（1）评价目的片面。过去语文课程的评价目的主要是为了选拔与甄别，过分强调学生的学业考试，把考试与评价等同起来。

（2）评价范围狭窄。表现在：从三维目标来看，较为重视"知识与能力"的评价，忽视"过程与方法""情感态度与价值观"的评价；从内容方面来看，只看重对阅读和写作的评价，忽视识字与写字、口语交际和综合性学习的评价；重视对感觉、知觉、注意、记忆、思维、想象、能力等智力因素的评价，忽视对情感、意志、动机、态度、兴趣、性格、习惯等非智力因素的评价。

（3）评价手段或方式单一。过多地强调以考试分数为标志的量化评价，忽视了定性评价；过多地强调终结性评价，忽视形成性评价；过多地采用考试、测验的评价手段，忽视访谈、观察、文献研究、范例考察、个人经历纪录、档案资料分析等评价手段。

（4）评价主体局限：过去，参与语文课程评价的主体主要是教师，缺乏把教师的评价与学生的自我评价以及家长的评价的结合。

（5）在实施评价的具体过程中，普遍存在简单化、唯量化等弊端。

那么，我们应该怎样改进对语文课程的评价呢？

首先,树立正确的语文课程评价目的观:促进学生的发展,促进对语文课程从规划到实施的全面诊断、比较、修改、完善,检验和发现语文教与学双边的问题和不足,而不是仅仅为了选拔与甄别。

其次,评价范围要全面。把三维目标统一起来进行评价;把阅读、写作、识字与写字、口语交际、综合性学习等五个方面的语文教学范畴同等评价;既重视对感觉、知觉、注意、记忆、思维、想象、能力等智力因素的评价,又重视对情感、意志、动机、态度、兴趣、性格、习惯等非智力因素的评价。

第三,评价手段或方式要多样化。把定量评价和定性评价结合起来,把终结性评价和形成性评价结合起来,既重视考试、测验等评价手段,又重视访谈、观察、文献研究、范例考察、个人经历纪录、档案资料分析等评价手段。要认识到:评价不等于考试,它们是两个既有联系又有区别的不同概念。考试是评价的一种重要依据和重要组成部分,两者的根本区别在于考试是评价的手段,考试是局部,评价是整体。所以,以往那种把考试与测验作为评价学生语文学习成效的做法是片面的。语文考试是语文教学过程中的一个重要环节,同时往往也是制约语文教学改革的一个"瓶颈",因为考试对教学活动具有导向性。

第四,把教师的评价与学生的自我评价以及家长的评价结合起来。确立学生在评价中的主体地位,这种评价的实质,从一个侧面反映了学生是学习主体的现代教育观。

第五,在评价的实施中,坚持以鼓励、表扬等积极的评价为主,采用鼓励性评语,尽量从正面加以引导。对评价的功能要有正确的认识:评价不仅是对课程实施结果的考察,而且还有对课程进行诊断、比较、修改、完善等多项功能;把复杂的语文课程和语文教育现象简单化为数字,不仅会丢失许多重要信息,如对学生团结合作精神的评价,对价值观的评价等,而且还会歪曲许多教育信息,更何况语文学习的内容本身,就有许多是无法量化的,如学生口语交际水平的提高,在短时间内是很难用数字量化出来的。

第二节　对语文课程评价中几个具体而重要问题的认识

在语文新课程评价实施中存在几个具体而重要的问题,比如对"过程与方法""情感态度与价值观"的评价,对语文"文化素养"的评价,对学生阅读态度和习惯的评价,对欣赏能力的评价等,这些问题只有认识到位,并且掌握了基本的评价策略,才能收到良好的效果。

(一) 关于"过程与方法、情感态度与价值观"的评价

过去,许多教师总觉得评价"知识与能力"是"实"的,而评价"过程与方法、情感态度与价值观"是"虚"的。其实,这种认识是非常片面的。在学生的语文学习过程中,无论他们从事听、说、读、写的什么样的言语实践活动,他们总得借助一定的方法,伴随着一定的情感态度,具有一定的价值取向,这是一种客观存在。所以,对他们的评价应该是语文课程评价的题中之意,而不是外加的。就拿背诵来说,过去我们对学生的评价只看结果,打一个分数:背得比较流利的打 80 分;能够背完整,但有些夹生的,打 60 分;不能背完整,而且背得断断续续的,打 40 分。但光看这个分数,并不能真正反映学生的学习态度和努力程度。也许得 40 分的这位同学为背诵这篇诗文非常努力,下了很大功夫,他已经读了 20 多遍,只是他的方法不对;而得 80 分的同学也许只读了 10 遍。实行这种简单的分数评价,由于学生的努力得不到肯定,容易产生负面影响,导致丧失自信心,他们一味埋怨自己笨,因而也不会从方法上去找原因。同样,那个读 10 遍就得 80 分的同学,也许他在读书方法上有独到之处,但光看这个分数也得不到正确的反映。

再如价值观的问题,它同样也不是"虚"的。某地一次作文考试,题目叫"母爱"。一些学生为获得高分,突出母爱的"伟大和珍贵",不惜把自己身体健康的家长说成是身患绝症,把自己健在的家长写成已经与世长辞。因此,光凭简单的一个分数,往往掩盖了这种严格的人格背离的现象,其结果只能为学生今后的发展埋下隐患。因此,为了学生今后的健康发展,教师应在教学的各个环节中针对学生的价值观作必要的评价和指导。

(二) 关于语文"文化素养"的评价

文化素养主要是文学方面的修养和文化典籍方面的修养。所以,评价学生的文化素养,主要是文学方面的修养和文化典籍方面的修养的评价。但人的文学方面的修养和文化典籍方面的修养是内隐的,不像人的言语交际能力是外化的,可以通过外在的表现进行评价。文化素养存在于人的内部,它并不必然地要求表现于外。那么,这一部分的内容怎么评价呢?简单地说,可以设置两个尺度,一是广度,就是看学生在多大的范围内接触了文学作品和文化典籍,《语文课程标准》关于"九年课外阅读总量应在 400 万字以上"的规定,已经蕴涵了第一个尺度;另一个是深度,看学生在多大程度上内化了这些文学作品和典籍作品的精神内容,成为自己的价值追求和人格内涵。评价方法可以采用写读书报告、作品评论等形式。也就是说,不管采用什么样的评价手段,其最终成果都必须由学生用语言文字表达出来。

这样既考察了学生的阅读,又考察了写作,并且在阅读和写作中检测了学生的文化素养。这样,语文课程评价也许能比较有效地保证促进学生的发展。

(三) 关于阅读的评价

(1) 对学生朗读能力的评价。阅读活动是从朗读开始的。朗读是默读的基础。因此,整个九年义务教育阶段,尤其是小学,朗读是阅读教学评价的重点。评价学生的朗读能力,一般要从正确、流利、有感情三个方面去考察,看学生是否做到了吐字清晰、发音正确,能否注意停顿和重音,能否注意句调和速度,要看学生读得是否流利、有感情。此外,还要看学生能否区分不同文体,能否正确把握读物的内容和格调。

(2) 对学生阅读质量的评价。主要包括以下五个方面的内容:理解的情况、记忆的情况、评价的情况(能否对读物内容和形式的优劣作出正确的评价和鉴别)、速度的快慢(能否在一定的时间内完成阅读活动)、是否有良好的阅读习惯(如圈点、批注、边读边思考等)。

(3) 对学生阅读态度和习惯的评价。可以从以下几个方面综合考察:是否热爱阅读,有阅读的内在积极性;有无制订读书计划的习惯;是否善于安排和利用时间;是否具有读、写、用相结合的习惯;有无虚心向他人请教的习惯;有无勤于自学和使用工具书的习惯等。

(4) 对学生精读和略读等阅读方式的评价。精读可从语言的品位、思路的展开、主旨的把握、情感的体验、写法的探究等方面全面加以考核;略读要把评价的重点放在阅读方法和由此获得的信息量上,可关注学生拿到书后,是否先看序、前言、目录、插图、图表、照片及注释、参考文献和索引等,看学生能否对全书内容有个概要了解。

(5) 对学生阅读量的评价。评价学生的阅读量,可以通过平时的观察和统计,对学生所读读物的性质和数量与课程标准相对照。鼓励学生读好书、好读书、多读书。通过多读,使读书成为他们生活的自觉需要。

(6) 对学生认读能力的评价。阅读是从感知文章的语言符号——文字开始,这就是认读。认识生字、生词是顺利进行阅读的前提。所谓认识,一要知道生字、生词的读音和意义,二要了解它的用法,知道它的使用场合。评价学生的认读能力,可通过考查他们使用工具书和利用课文注释,以及在上下文,在具体的语言环境中的认读能力来进行,不要孤立地就字词论字词,就句子解句子,更不要孤立地考查学生死记硬背词语解释和句子含义的能力。

(7) 对阅读理解能力的评价。要注意从以下几个方面来综合考察:是否拥有丰富、广泛、准确的词汇量;是否领会逐步扩大的意义单位;能否寻求特定问题的答案;能否筛选关键词句和理解主要意思;能否厘清事情的发展顺序;能否回忆重要细节;能否把握文章结构;能否用自己的话对读物进行准确、完整的概括;能否对阅读内容进行评价;能否记忆已读的主要文字材料。特别要注意评价学生对作品的整体理解,具体包括:整体感知,理清思路,把握主旨,领会写法等方面。

(8)对欣赏能力的评价:要评价欣赏能力,必须搞清楚什么是欣赏。欣赏是在理解的基础上进行的,需要调动情感,运用形象思维,对文章进行分析地研究、综合地感受,理智地了解、亲切地体会,领略文章的细微曲折之处,窥见作者的思想感情。欣赏是一种主观体验,是读者的一种艺术再创造。欣赏包括对作品的内容和形式的欣赏,文学作品欣赏的重点是作品的形象、情境和语言。鉴于以上这些,评价学生的欣赏能力,要注意以下几点:重在评价学生的想象能力和联想能力,评价他们通过想象能否正确把握作者的艺术构思,丰富地再现作者创造的形象;对文学形象的欣赏,不要用一个统一的固定答案评价学生,限制学生的思维,因为文学形象具有多义性,人们对文学形象及其社会意义的理解具有不确定性;要引导学生用言语表达自己的主观感受,重视学生的个性差异,不能搞"一刀切";评价的方式以定性评价为主。

第三节   对语文档案袋评价的认识与实践

一、对语文档案袋评价的概要认识

档案袋有"代表作选辑"的意思,也即汇集学生作品的样本,其中包括其目的和内容。档案袋的使用,要有一定的目的,并进行精心设计。通常情况下,档案袋内容的选择和提交,是由学生和教师共同决定的。档案袋制作的进程涵盖了一项任务从起始阶段到完成阶段的整个跨度,是为了展示学生的学习和进步状况的。

所谓语文档案袋评价是在语文课程中所开展的档案袋评价,它并不是指学生语文学习分数的成绩档案,而是某一项学习任务定量与定性评价资料的集合。通过记录学生某一项学习任务从开始到结束全过程中的主要活动,从而来评价学生的语文学习表现。

语文档案袋评价的适用范围主要是定性评价,而我们以往的语文课程评价采用的主要是量化评价,力图把复杂的课程现象简单化为数量,进而通过数量的比较与分析,推断某一评价内容的效果。

语文档案袋评价不同于以往的评价,把课程→教学→评价三者看作简单的线性关系,而是动态的循环回路关系,它实质上是考查学生运用所学知识而获得的效果。

语文档案袋评价的意义对教师而言,可把课程、教学与评价整合起来,贯彻到日常课程活动中去,即运用当前的课程活动达到对学生的成绩进行评估的目的。具体地说,就是学生的某项语文学习活动的成果,如作文、读书报告、问题设计或解决方案等,能够提供有关他们学习的情况,因而也就有了评价的意义。对学生而言,语文档案袋评价的意义,在于为他们提供了一个学习机会,使他们能够学会自己判断自己的进步。因为在过去的量化评价中,问题的设计、答案的确定、分数的评判,全由教师掌握,学生几乎无法介入,而档案袋评价由于考查的是学生运用所学知识所取得的成效,学生就成了选择档案袋内容的一个主要决策者,因而他们就有了判断自己学习质量和进步的机会。

实行语文档案袋评价的目的,不是对学生是否达到教学目标的阶段考核,而是对其进步的持续性考查。

二、语文档案袋评价的类型

1. 以档案袋的不同功能为标准,依据美国格莱德勒的研究分类

可把语文档案袋分为:理想型、展示型、文件型、评价型、课堂型。

(1) 理想型。作品产生过程的说明,系列作品,学生的反思。

(2) 展示型。展示的可以是文字材料,也可以是图画的,或者录音、录像带等。

(3) 文件型。学生的作品或以文件形式呈现的学习成果。

(4) 课堂型。在课堂内完成的习作、笔记及其他学习材料。

2. 以提交对象为标准,依据比尔·约翰逊的研究成果分类

可把语文档案袋评定分为:最佳成果型、精选型、过程型。

(1) 最佳成果型。包括创作成果、研究成果、学习成果。成果可以是文字的,也可以是图画的,或录音、录像、光盘等。比如,练了一学期后,把一篇演讲稿录成音频,装到档案袋中。

(2) 精选型。要求学生提交感到最困难的成果例证,时间往往要持续一个月或半年甚至一年,使之成为深刻反映学生成长的概要和高度揭示学生一般成绩的证据。

（3）过程型。寻求发展性成果证据，它要求学生一步一步地检查他们在一定领域中取得进步的成果，如不断修改的小论文，几易其稿的习作等，其中也包括材料、提纲等的不断补充、完善。

三、档案袋管理与评价方法

可把档案袋管理与评价看作是信息反馈的过程。这个过程可以看作对信息的内容、信息的意义和信息价值进行评价的再编码。档案袋内的各个项目的作业（含语文综合性学习等）是一定要批改的，学生写了作业不批改，得不到权威的认可，信息没有反馈过程，他（她）写作业的热情就会下降，也很难产生新的热情。可把批改分为两大环节。第一环节，学生细改；第二环节，教师批改。

（一）学生细改

办法是把档案袋发给学生，一人一袋来批改，主要是指望细改，发现错误，订正错误，在切磋与交流中提高自我的水平和评改能力，收到事半功倍之效。具体做法如下。

第一步：讲明评改类型。对档案袋的评改，主要分两类。

（1）一般性评改。要求学生指出或纠正字、词、句、段等方面的毛病，以练就过硬的基本功。同时，告诉学生正确使用评改符号：——、……？ ‾‾ ×〔 〕、0000000 等。

（2）重点评改。每次评改，要求重点解决一两个方面的问题，不必面面俱到。这些问题是：内容和形式是否符合本次作业的要求，材料是否充实，文题的拟定是否恰当；开头与结尾；是否有创新的成分；观点与材料是否一致；演绎与归纳是否合理；详写与略写的处理是否合理；记叙、议论、说明与抒情是否恰当等。

把一般性评改和重点评改结合起来，灵活掌握。

第二步：讲明评改过程。

（1）分组互评。本组不评本组的。

（2）两人互评。同一个档案袋，先由一个人评改，到一定时间（一般不超过 20 分钟），同位的两人交换评（一般不超过 10 分钟），最后由两人共同商定评分等级（一般不超过 5 分钟）。

（3）评改要求。眉批；尾评；确定评分等级：优、良、中、差；评改者二人署名，以示负责。

第三步：讲明评改分寸。

(1) 语气坚决。对明显的错误,如错别字和语病,断语要坚决、明确,不可疏漏、含糊。

(2) 语气委婉。对作业中不太准确,不太符合实际的文字,要修改,但语气要委婉,切忌盛气凌人,大叉大删。

(3) 问题商讨。鼓励同学们在评改中提出问题、商讨问题、百花齐放,不拘一格。

第四步:在评改中答疑。要求学生在改中问,在问中改。笔者特别提醒同学注意:不要自以为是而轻率判定正误。

第五步:要求学生写评语,打分。为了让学生认真批改,笔者采用双重记分的办法,即对学生的评语、批改和打分的情况也给予评价,并记分。

(二) 教师批改

把评改后的作业收齐后,再由老师通阅一遍。这时,主要做好"批"和"选"两方面的工作。批有两个任务,一是审查学生的批改和记分情况,做出评判,主要是奖励和矫正,并最后评定学生的作业分数。二是写批语。批语一是针对本次作业的主要问题,从理论方面给予指导,二是检查主要要求在作业中落实的情况。关于"选",就是选优,每次挑选几篇最优秀的给予表扬,这样一来,学生写作业的热情就会高涨。

四、"最佳成果型"档案袋实例

万仙山景区风情和文学、文化探究

叶贝贝　新乡学院 05 级语文教育三班

万仙山风景区位于辉县市西北部太行山腹地沙窑乡境内,距新乡市 70 km,总面积 6 000 km²,最高海拔 1 672 m,年均气温比山下低 6℃。这里群峰竞秀,层峦叠嶂,沟壑纵横,飞瀑流泉,既有雄强而苍茫的石壁景观,又有妙曼而秀雅的山乡风韵,集雄、壮、奇、幽、峻为一体,景区由中华影视村——郭亮、清幽山乡——南坪、人间仙境——罗姐寨三个部分组成,1990 年被评为"省级风景名胜区",2003 年被评为省级地质公园。

(一) 主要景点

主要景点有:红岩绝壁大峡谷、影视村、绝壁长廊、天池、莲花盆、百龙洞、喊泉、日月星石、黑龙潭瀑布、五峰山林海、黄龙洞、磨剑峰、罗姐寨、孙膑泉、葫芦峰、七郎峰等 200 余处。

优美的自然风光,古朴的风俗民情,吸引了众多的中外游客、艺术名家、影视巨星、美院学生,著名导演谢晋称郭亮为"太行明珠",著名画家张仃称万仙山为"华夏奇观"。先后有《清凉寺钟声》《走出地平线》《倒霉大叔的婚事》《战争角落》《举起手来》《天高地厚》等40多部影视片在此拍摄,国内200多所美术艺术院校和30多个摄影协会把万仙山定为写生采风基地。

(二) 历史故事和民间传说

(1) 喊泉:相传,七仙女畅游太行,玉肤生津,急欲沐浴。龙王得知,拔几根髯须掷此崖罅隙,顿成天然喷池,水量受声音影响,喊声大则大,喊声小则小,泉下一石,长满青苔,人称仙女浴台。

(2) 瑶池:俗称老潭。由崖顶山滴水淘蚀而成,近水平的厚层碳岩(距今5亿年)构成半圆形潭沿,弧度适中,布局得当,属鬼斧神工的自然造化。瑶池西南岩壁上,一束泉水潺潺而下,使池水充溢,晶莹剔透。山泉为裂隙泉,泉水携带的矿物质在溢水口处积淀、钙化,呈扇形,其上布满碧绿青苔,犹如凤尾摇曳其中,为如画的仙境锦上添花。

相传,有一年盛夏,王母娘娘路过太行,云雾中忽见明珠熠熠闪光,定神细望被翠谷、碧水、幽静典雅的老潭吸引,遂在潭中沐浴冲凉,盛赞此处胜于瑶池,从此"瑶池"之名流传人间。

(三) 主要土特产

(1) 野菜类:野香菇、香芝麻叶、野芹菜、野木耳。

(2) 农副产品类:石磨玉米面、手工红薯粉条、太行山小杂粮、绿壳鸡蛋、土鸡蛋、山楂、核桃、柿饼、野山楂汁、山楂醋、巴巴果汁、南瓜汤。

(3) 草药类:连翘、藿香、党参、何首乌、柴胡、五味子、山药、丹参等140余种。

(四) 对联解读与探究

对联:万壑有声伴天籁,千峰无语立斜阳

解读与研究:该对联位于万仙山腹地的一座山峰上。环顾一座座奇峰,多层重叠,赳赳向上,直刺云天,姿态迥异,似神似仙,在雾遮云绕中飘然欲动:甲胄在身的将军峰,挥手遥望的华山石人,仰天侧卧的虎啸石,错落有致的七郎峰,体积上万立方米的太行石王……好一个"千峰无语立斜阳"。万仙山山高林密,人迹罕至,是众多野生动物的乐园,金钱豹、猕猴、黄羊、獾,时有出没,鹰、山雀、雨雉等,随处可见。还有众多色彩斑斓的蝴蝶。正所谓浑然天成,充盈着洪荒野气。这里水源丰富,汨汨清泉,淙淙小溪,汇成一个个深潭。真是"万壑有声伴天籁"!

此联运用了对仗的手法,并且对仗工整,字字相对。如"千"对"万","有声"对

"无语"。上联表现的动态美,下联表现的是静态美;上联以"壑"写水,下联以阳光衬山峰,有山有水,而重在写山,突出了万仙山景区的最大特征——千山万壑。

第四节　语文教学评价

学生的学业成就评价是学生学习质量评价的重要组成部分,但不是全部。发展学生良好的个性心理品质是素质教育的重要目标之一,也是教学所追求的目标之一。通过教师的教和学生的学,不仅要使学生掌握知识,发展以认知为核心的多种能力,而且要形成他们良好的个性心理品质。这才是语文教学评价的全部。

首先,对学生的个性发展进行评价,是实现素质教育的目标和教育价值的重要手段。教育价值在于教育不仅要适应和满足社会的需要,而且也必须有助于个性的发展。这是由教育的本质所决定的。我国的素质教育将形成和发展学生的素质作为教育的第一任务,而良好的个性心理品质是学生素质结构中至关重要的要素,同时培养学生良好的个性心理素质又是我国目前教育实践中急需着力的地方。

其次,非智力因素对学生的学习有重要影响。良好的非智力品质既是提高学习成效的重要前提,也是教学所要达到的重要目标之一。探讨非智力因素评价的理论和方法,是教育、教学评价的重要课题。从心理学的角度来看,个性包括的因素非常多。这里是把个性作为学生学习质量评价的一个内容,其主要的应是学生的学习态度,以及在学习中克服困难、持之以恒的意志品质。

对学生的个性进行评价,可以采用专门的测量工具,这需要教师具备相关方面的专门理论和技术,但仅凭这种定量的方法是远远不够的,在教学实践中,主要是依靠教师的日常观察、谈话及调查等方式来了解学生的个性心理的状况和发展变化。这是由人的心理现象的复杂性和多变性决定的。

日常观察是教师了解学生的一种基本途径。首先,要做到有目的、有计划地在自然状态下对学生的行为和表现进行观察,如对学生的学习态度、兴趣、学习的方法、习惯、意志力等进行全面的观察和了解,这当然应事先确定学生在学习行为方面应达到的标准和水平。其次要做好观察的记录和分析,随时将观察到的学生的行为和表现记录下来并做分析,把握学生为什么学得好、为什么学得不好的种种因素,并找出这些因素之间的联系。第三,要注意保持评价标准的一致性。要对全班的每个学生进行较长时间的观察,在对不同学生以及同一学生不同时期的学习行为和表现进行评价时,要保证既定评价标准的一致性。

　　需要注意的是,对学生的个性进行评价时要将绝对评价和"个体内差异评价"结合起来,还要注意把总结性评价、形成性评价、诊断性评价三者结合起来,发挥评价的正面导向和激励作用。

　　表8-1所示为总结性、形成性和诊断性评价比较,表8-2为语文课堂教学质量评价,表8-3为语文课外活动质量评价。

表8-1　总结性、形成性和诊断性评价比较

种类	总结性	形成性	诊断性
作用	评定学业成绩	确定学业成果	查明学习准备和不利因素
主要目的	证明学生已达到的水平,预言在后继教程中成功的可能性	改进学习过程,调整教学方案	合理安置学生,考虑区别对待,采取补救措施
评价重点	结果	过程	素质、过程
手段	考试	经常性测验、作业、日常观察	特殊编制的测验、学籍档案和观察记录分析
测试内容	课程和教程:标的广泛样本	课题和单元目标样本	必要的预备性知识、技能的特定样本,与学生行为有关的心理、生理、环境的样本
试题难度	中等	以教学任务而定	较低
分数解释	常模参照	目标参照	常模参照、目标参照
实施时间	课程或一段教程结束后,每学期1~2次	课题或教学单元教学结束后,经常进行	课程或学期、学年开始时,教学进程中需要时
主要特点	"回顾式"	"前瞻式"	

表8-2　语文课堂教学质量评价

评价母项及权数	评价子项	子项权数	子项得分	母项得分
A 教学目的 $K_A = 0.15$	A$_1$ 能否体现以学生为主体、启发思维、能力培养等现代语文教育观	$K_1 = 0.20$		
	A$_2$ 教学目的是否符合大纲要求和学生实际	$K_2 = 0.30$		
	A$_3$ 知识传授、能力培养、思想教育、美育要求,是否正确、恰当	$K_3 = 0.30$		
	A$_4$ 教学目的能否落到实处,目标到达度如何	$K_4 = 0.20$		

(续表)

评价母项及权数	评价子项	子项权数	子项得分	母项得分
B 教学内容 $K_B=0.22$	B_1 教学内容能否体现教学目的,做到重点突出,难点分散	$K_5=0.25$		
	B_2 内容选择能否贴近生活实际,适应现代社会需要,体现时代精神	$K_6=0.15$		
	B_3 知识的讲授是否准确无误	$K_7=0.30$		
	B_4 内容安排是否充实而恰当	$K_8=0.30$		
C 教学结构 $K_C=0.15$	C_1 教学结构能否涵盖第二、第三课堂,体现课内外结合的教育原则	$K_9=0.20$		
	C_2 教学程序安排是否系统完整、层次分明	$K_{10}=0.30$		
	C_3 教学组织是否连贯有序、衔接自然、疏密有致	$K_{11}=0.30$		
	C_4 各环节处理(如讲、练、板书等)的时间是否合理	$K_{12}=0.20$		
D 教学方法 $K_D=0.20$	D_1 方法的选择是否灵活多样,能否扬长避短	$K_{13}=0.30$		
	D_2 方法的选择与教学目的、内容、学生的实际情况等是否相适应	$K_{14}=0.30$		
	D_3 能否及时掌握学生的反馈信息,并采取相应的调控措施	$K_{15}=0.20$		
	D_4 各种辅助性教学手段的利用说明、演示与讲解的结合情况如何	$K_{16}=0.20$		
E 教学基本功 $K_E=0.10$	E_1 能否用标准流利的普通话授课	$K_{17}=0.20$		
	E_2 教学语言是否准确、生动、简洁、有逻辑性	$K_{18}=0.30$		
	E_3 板书是否规范美观、简要有序,切合目的、内容,突出重难点	$K_{19}=0.30$		
	E_4 手势语体态语等手段的使用是否恰当、自然、生动、有效	$K_{20}=0.20$		
F 教学效果 $K_F=0.15$	F_1 课堂气氛是否活跃而有序	$K_{21}=0.30$		
	F_2 学生能否主动求知,积极思维,认真听讲,大胆发言	$K_{22}=0.30$		
	F_3 单位时间内学生知识、技能掌握的程度如何,能力发展程度如何	$K_{23}=0.20$		
	F_4 好、中、差生是否各尽其智、各有所获,受益面能否达70%以上	$K_{24}=0.20$		

（续表）

评价母项 及权数	评价子项	子项权数	子项 得分	母项 得分
G 教学效率 $K_G = 0.22$	G_1 有效教学时间在实际教学时间内所占比值是否大	$K_{25} = 0.40$		
	G_2 单位时间内教师输出的信息量与学生接受的信息量之比是否大	$K_{26} = 0.40$		
	G_3 能否严格执行教学计划，不加课，严格控制时间，不拖堂	$K_{27} = 0.20$		

表 8-3　语文课外活动质量评价

被评者：　　　评价者：　　　时间：

评价因素			得分		
母项	母项 权数	子项	子项 权数	子项 得分	母项 得分
A 活动 目的	$K_A = 0.10$	A_1 对活动的意义有否正确理解，展开活动的态度是否积极主动	$K_1 = 0.30$		
		A_2 活动的目的是否明确、具体，符合学生实际	$K_2 = 0.40$		
		A_3 活动的开展与课堂教学有否较密切的配合关系	$K_3 = 0.30$		
B 活动 内容	$K_B = 0.20$	B_1 活动对课堂所学知识的巩固情况如何	$K_4 = 0.10$		
		B_2 活动对学生某方面技能的形成与熟练作用如何	$K_5 = 0.10$		
		B_3 活动对学生语文能力的培养作用如何	$K_6 = 0.10$		
		B_4 活动对学生智力的开发与提高作用如何	$K_7 = 0.10$		
		B_5 活动对学生非智力品质的培养作用如何	$K_8 = 0.10$		
		B_6 内容选择能否体现时代精神，贴近现实生活，适应社会需要	$K_9 = 0.30$		
		B_7 活动内容的安排是否充实而恰当	$K_{10} = 0.20$		
C 活动 组织	$K_C = 0.15$	C_1 活动程序安排是否系统完整、层次分明	$K_{11} = 0.30$		
		C_2 活动组织是否连贯有序、衔接自然	$K_{12} = 0.30$		
		C_3 活动次数安排是否合理，切合各方面实际情况	$K_{13} = 0.20$		
		C_4 各环节处理的时间是否分配合理	$K_{14} = 0.20$		

(续表)

评 价 因 素			得 分		
母项	母项权数	子　项	子项权数	子项得分	母项得分
D 活动指导	$K_D=0.20$	D_1 活动前能否示范,示范对学生实际操作的作用如何	$K_{15}=0.30$		
		D_2 活动中能否对其错误及时纠正,给予学生必要的帮助	$K_{16}=0.40$		
		D_3 活动后能否继续创造条件巩固学生已获得的成果	$K_{17}=0.30$		
E 活动条件	$K_E=0.10$	E_1 是否是使活动顺利展开的足够活动空间	$K_{18}=0.20$		
		E_2 是否拥有开展活动的基本设备、器材,对其利用情况如何	$K_{19}=0.30$		
		E_3 活动经费的筹集情况如何	$K_{20}=0.20$		
		E_4 组织指导者的素质如何	$K_{21}=0.30$		
F 活动形式	$K_F=0.10$	F_1 开展活动的形式是否灵活多样	$K_{22}=0.40$		
		F_2 活动形式与活动目的内容是否密切配合	$K_{23}=0.30$		
		F_3 活动形式是否适合学生的生理、心理特点	$K_{24}=0.30$		

第五节　如何编制语文试卷

一、试卷编制的主要原则

1. 高效度

效度是指所要测量的东西和实际所测出的东西之间的一致性程度。如果本来想要测量学生对知识的全面掌握和应用的情况,用编制的试卷测出的结果不能反映学生对知识的领会程度、分析综合的能力和对知识的应用程度,只能反映学生对独立的、事实性知识的记忆情况,则编制的这份试卷不具备良好的效度。再举一个通俗的例子,我们想要测量一个房间的湿度,用一个度量计测出的却是温度,则这个度量计就其测量湿度的目的而言,就没有任何效度。

2. 高信度

信度是测量工具所测出的结果的可靠性和稳定性程度。简单的测验会造成学生考试成绩的"天花板效应"（由于测验缺乏鉴别力，不同能力与水平的个体在学习上没有差别，都取得很好的成绩）。不能有效地检测出不同学生对知识点的掌握情况或能力水平。题量小，就难以保证试题是对样本最适宜的取样，会直接导致检测的可信度降低。由此，检测获得的信息几乎不能说明任何问题。

3. 全面性

一份好的测验试卷要能全面反映出所要测量的目标的各个方面和层次的要求，试卷要有较大的覆盖面。

4. 难度、分量适当

一份试卷中难、较难、较易、易各个层次的题目所占比例要适当。试卷的难度一般根据测试的目的而定，若是选拔考试，难度可以适当大一些，便于把不同程度的考生拉开距离；若是目标测试，可适当降低难度，切合大多数学生的水平，以调动学生学习的积极性。试题的难度一般用通过率来反映。

5. 经济性

一份好的试卷应该使学生在答题时使用的时间既经济又有效。测验题目文字不宜过长，题意要浅显，表达要明确。

二、编制试卷的步骤

1. 明确测验的目的

测验的目的是为了选拔、分组，还是为了诊断学生学习中的困难，或为了获得教学的反馈信息。测验的目的和类型与测验的形式和试题的类型有密切的关系。

2. 明确所要测验的各方面内容及其达到的结果

测验的内容是教学内容的抽样，要具有较高的代表性。对学习结果的测量，既要测试对知识的记忆情况，也要考核高层次的认知能力。

3. 设计测验蓝图

这是试卷设计中最关键的一步。试卷蓝图通常是一张双向细目表，其中一个坐标反映教学内容，另一个坐标反映学生认知能力的水平。如表 8-4 所示。

表 8-4　语文试卷蓝图

知　能	记　忆	理　解	应　用	分　析	综　合	评　价
语文知识	5	10	10			
现代文阅读		10		5	5	5
文言文阅读		10		5		
作文		5			30	
总计	5	35	10	10	35	5

三、编制测验题目

1. 试题的分类

主观题、客观题。

2. 常用的题型

默写题、填空题、注音题、改错题、翻译题、判断题、配伍题、选择题、论述题、小作文题、作文题。

第六节　如何评析语文试卷

考试和评价不是一回事。考试是评价的一种方法。考试注重的是局部,评价注重的是整体。因此,考试结束后,还应及时地进行试卷质量分析,并进而引向对"教"与"学"质量的全面检查和评价。

批阅试卷结束后,可按以下提纲进行试卷质量分析。

一、考试概况

1. 考试范围

是一个单元还是一册教材,是一个学期还是一个学年的学习内容。

2. 考试的性质、目标

性质是开卷还是闭卷考试,目的是为了选拔还是为了检测,等等。

3. 试题的难度和区分度

难度表示语文试题的难易程度，也就是学生对试题的通过率。计算题目的难度，有四种方法。

方法 1：直接计算题目的通过率。如果一个试题是二分法记分，即只有答对答错两种情况，可根据下列公式直接求出某题目的通过率。

$$通过率（即难度）＝答对人数÷总人数$$

方法 2：如果一个试题是非二分法记分，即在不完全正确的情况下也可能得到一定的分数。可根据下列公式计算该题的通过率（也就是难度）。

$$通过率（也就是难度）＝该题所有学生得分之和÷该题满分与总人数之积$$

方法 3：非二分法记分的题目也可用下列公式计算难度。

$$通过率（即难度）＝被试学生在该题得分的平均数÷该题的满分$$

方法 4：如果参加考试的学生较多，为了简化计算，可将考生按该题的分数由高向低依次排列，然后分别在两端各取总人数的 27％作为高分组和低分组（或者各取 10 人），再分别计算高分组和低分组的通过率，然后计算高分组和低分组通过率的平均值。计算公式为：

$$通过率（即难度）＝（高分组通过率＋低分组通过率）÷2$$

需要说明的是，难度值最大为 1，最小为 0，难度值越大，题目越容易。一般情况下，难度值在 0.4～0.7 之间最好，不要过易也不要过难。

区分度指某试题对于不同水平的考生加以区分的程度。好的试题可以使好学生得高分，使差学生得低分。能把好的、差的区分开来，就是区分度高。保证区分度的关键是做好难题、中等题和容易题的搭配，一般可按 3：5：2,2：6：2 和 3：4：3 三种方式搭配实施。

计算区分度的方法是，将被试者按测试分数依次排列，从两端各取 29％分别列为高分组和低分组，然后分别求出这两组被试者在某一试题上的通过率（或叫得分率），再用高分组的通过率减去低分组的通过率，所得的差数，就是区分度指数。公式为：

$$区分度＝高分组的通过率－低分组的通过率$$

一般来说，试题区分度在 0.4 以上者为优良；在 0.3～0.39 为良好，要作一定修改；在 0.2～0.29 的经修改后可以用；在 0.2 以下的试题应被淘汰。

4. 考试成绩统计

统计出平均分,以及优秀、良好、差生学生人数,统计出成绩是否呈正态分布。

二、逐题分析

(1) 各题考试目标及评分标准。

(2) 考生在该题所得平均分。

(3) 得分与失分的原因及典型案例。

三、综合分析

(1) 从考试情况看学生的学习情况。

(2) 从考试情况看教学工作存在的问题。

(3) 今后改进教学工作的设想或建议。

第九章

语文教学中的美育论与实践探索

第一节　语文课：打开美的大门的第一把钥匙

多年来，对中学各科教学来说，人们只看重语文课在文化学习中的基础地位，对语文课中的美育却重视不够，挖掘不深。因此，一提起美育，人们首先想到的是音乐、美术而不是语文。诚然，音乐、美术、语文在美育中各有其不可替代的地位和作用，但相比之下，语文课显得尤为重要，它是美育的第一把钥匙。为什么这样说呢？

一、由语文课在美育中的基础地位所决定

首先，语文课不仅是文化学习的基础课，也是实施包括德育、智育、美育和劳动教育在内的一门重要基础课程。一方面，在课文中，学生要学习并运用字、词、句、篇、语、修、逻、文的知识，从而掌握语言这一交际工具，从这一点上说，语文课是学习其他学科的基础；另一方面，要进行阅读、写作等方面的训练，其中阅读是对美的感受和欣赏，从中可获得各种文化信息和美的信息，写作是对美的创造，用于状物摹形、表情达意，从中可培养审美感知力和审美想象力。在阅读和写作的训练过程中，又逐步形成学生正确的审美观。总之，语文课是学生感受美、欣赏美、创造美的最重要的学科，也是培养学生正确审美观的重要途径。

其次，语文课作为一门基础课，开设在小学、初中、高中的各个年级，并在全部学科中占有最多的课时量，其课时量一般来说音乐、体育、美术、历史、地理等课程合起来也超不过，因此要通过课堂教学的主渠道实施美育，离开语文是要不得的。

二、语文教材中蕴含着丰富的美的矿藏

从宏观到微观,语文教材给学生展示了一个绚丽多彩的美的世界。多种体裁的课文以生动、形象、优美的语言文字,多方面展现了大自然的美、深刻地刻画了社会生活美、具体体现了语言艺术的美。

1. 丰富多彩的自然美

学生通过一篇篇课文的学习,可以一次次领略山川河流之美,花鸟亭台之美,可以一次次感受不同季节的不同美。如关于四季景物的描写,语文教材就曾选录了白朴的《天净沙·春》《天净沙·夏》,马致远的《天净沙·秋思》、关汉卿的《大德歌·冬景》,四季不同的美景一览无余。课文内容还涉及美的各种形态,比如,表现大自然崇高雄伟奇观的,有"雷鸣般怒吼的蒋家沟的泥石流";描写大自然优美宁静景物的,有"月光如流水一般,静静地泻在这一片叶子和花上"的荷塘月色……

2. 深刻感人的社会生活美

课文对社会生活美的展示更为丰富而深刻,更能拨动学生情感的琴弦,铸造美的心灵。不少课文反映了历代的人民英雄、民族英烈的光辉业绩和波澜壮阔的群众正义斗争的场面,闪耀着人民创造历史的光辉和爱国主义精神,如《娘子美前》《涉江》。不少课文反映了正义与邪恶的斗争,唱出了一曲曲人性美的赞歌,如《凤凰更生歌》《中国人失掉自信力了吗?》《窦娥冤》等。还有一些课文讴歌了深厚无私的友情、纯洁真挚的爱情,如《酬乐天扬州初逢席上见赠》《刑场上的婚礼》。尤其是一篇篇课文揭示了一系列人物的心灵美、精神美、性格美,更是美的活生生的材料,如《百合花》中着重塑造的小媳妇和小通讯员的形象。

3. 精妙的语言艺术美

课文中的美,归根到底是一种语言艺术美。文质兼美的课文,它的语言之美首先体现在语言的表现之美。汉语,语言优美、语汇丰富、绘形摹声、表情达意,都很精细而形象,具有极丰富的表现力。看似普通的字,经过诗人、作家的巧妙组合,就会跳动出美的节奏,回荡起美的旋律,如杜甫《登高》中的首联"风急天高猿啸哀,渚清沙白鸟飞回",14 个字,经过诗人的艺术提炼,字字精当:在水清沙白的背景上,点缀着迎风飞翔、不住回旋的鸟群,构成了一幅形、声、色、态俱佳的美的图画,其中天、风、沙、渚,猿啸,鸟飞,天造地设,自然成对,不仅上下两句对,而且还有句中自对,形成了流畅的旋律。除此之外,语言之美还表现在生动鲜明的形象美,各具特色的结构美,情景交融的意境美,标新立异的风格美等方面。

总之,语文中对美的内容的表现,从宏观到微观,其深度和广度都是音乐、美术所不可比拟的。

三、语文课表现美的形式独特而丰富

众所周知,音乐、美术、文学作品中都有形象美,然而音乐、美术中的形象具有可听性、可视性,因而是直观的形象。文学形象是间接形象,它是用语言为媒体塑造的形象,不具有可视性,也不具有可听性,如小说中人物的音容笑貌靠听觉和视觉是不能感知的。文学以语言为表现手段,而语言反映现实生活的功能,比起音乐的声音、美术的色彩等,所受限制小得多。世界上的万事万物,大到宏面世界,小至微观世界,都可以用进行描绘。尤其是语言可以深入人的内心世界去寻幽探微,把人物那些丰富复杂的心理活动一一揭示出来,这是其他艺术难以做到的。然而,正是因为文学形象不像音乐、美术中的形象那么直观、具体、定型,所以在美的鉴赏中,它可以为读者进行创造性的想象和欣赏提供广阔的天地,读者可以根据自己的生活经验和思想感情,加工、创造、补充文学形象。人们常说,在一千个人的心目中,就有一千个哈姆雷特,或有一千个林黛玉,道理就在于此。文学形象的间接性为美育提供了广阔舞台。

语文教材中表现美的手法具有丰富性。如《伐檀》《涉江》中的赋、比、兴手法,《刘玄德三顾茅庐》中欲扬先抑的手法,《山居秋暝》中以动衬静、动静结合的手法,《春之声》中的意识流手法,《荷花淀》中的先弛后张的手法,《陈奂生上城》中的心理分析手法等,如此众多的表现美的艺术手法是音乐、美术所不可比拟的。

四、审美观在语文教材中的理性表达

关于美的本质的,如说:"自然加上人的活动就定会改观。"(《风景谈》)涉及美丑关系的,如丑小鸭变成了一只美丽的白天鹅,"大家说他是美丽的鸟中最美丽的一只。"(《丑小鸭》)。谈到自然美时,秋色之美是"因为它表示着成熟和繁荣,也意味着愉快和欢乐。"(《秋色赋》);谈到社会美时,苟活着和真的猛士的美在于:"苟活着在殷红的血色中,会依稀看见微茫的希望;真的猛士,将更奋然而前行。"(《纪念刘和珍君》)……这些夹杂于文学作品中的抒情或议论文字,为美育增添了理情色彩。另外,语文课本中收录了一些纯理论的美学课文,这部分课文数量不大,但地位不可低估,因为它是美学理论的直接灌输,如《拿来主义》《简笔与繁笔》《作家与铸炼语言》《文学仅仅是一面镜子吗?》等,这些纯理论的美学论文正是进行美育所不可或缺的。

综上所述,语文课是美育的第一把钥匙。在大力推进素质教育的今天,我们重视美育,固然不可忽视音乐、美术的教学,但更不可忽视语文课在美育中的地位和价值。

第二节　语文教学既有科学性又有艺术性

一、语文教学活动既有科学性,又有艺术性

苏联教育家苏霍姆林斯基就曾指出:"教育和教学过程有三个步骤: 科学、技巧和艺术;要获得优秀的教学效果,达到全面育人的教学目的,就必须在追求教学的科学性的基础上,还要讲究教学的艺术性。

语文教学作为一门科学,具有它自己的特定的本质和规律,有必须遵循的相对稳定的规则和程序。语文教学是一种艺术性的活动。有可以传授和重复进行的操作技术。很多著名的教育家,如苏联的乌申斯基、美国的赫修特都强调教学的艺术性质。捷克的教育家夸美纽斯也曾指出,"教学是把一切知识传授给一切人的艺术;教育人是艺术中的艺术,因为人是一切生物之中最复杂,最神秘的;不讲究教学艺术,不注意发掘教学活动中的美学因素,教学就有可能蜕化为一种工具式的纯技术性的工作,一种程式化的工作,缺乏个性、创造力和感染力,达不到教学应有的目的。"语文教学也不例外。语文教学不是艺术教学,而是艺术化的教学,是使用具有审美价值的特殊技艺而进行的创造性的教学活动。教学艺术融入了施教者对人生的体验、情感、创造等,因而是对艺术技巧的一种超越和升华。语文教学艺术大致有这样一些特点:一是情感性,即要使教学活动成为教学艺术,就必须有情感交流,爱心传递,形成富有情感意味的教学情景。教育者能"春风化雨,"受教者自然就能"如沐春风"。二是创造性,教学不能死守某种程式化的方法,不能机械模仿,而应有独立的见解,是对教学内容的创造,也是方法方式的更新,因而有着教者的风格特点和创造心血。三是审美性,使语文教学活动力争成为一种特殊的审美活动,力求将教学关系转化为一种审美关系,从而使活动于其间的人得到美的享受。

二、语文教学体现科学性和艺术性的实例

下面,是笔者在教读李白的《长干行二首(其一)》所进行的分析,全课围绕"一首优美的诗体小说"来展开,应当说体现了科学性和艺术性。

一首优美的诗体小说
——教读李白《长干行二首(其一)》

诗体小说,"叙事诗的一种。用诗的形式写成的具有完整故事情节结构的小说。兼有诗歌分行排列、押韵和小说多方面细致地刻画人物性格、描绘具体环境等特点"(孙家富、张广明主编的《文学词典》)。李白著名的诗篇《长干行·其一》(妾发初覆额)作为叙事诗,被读者广为传诵。但此诗不同于一般叙事诗。本诗循着主人公情感发展的脉络,情节发展自然完整,典型环境的描绘具体形象,还多方面刻画了人物性格。小说的三要素——情节、环境、人物,应有尽有,生动具体,堪称一首优美的诗体小说。

(一) 自然完整的故事情节

李白的这首诗,以长干里一位商人妇为题材,以少妇直率的自白口吻,叙述了她的爱情生活,描述了她对外出经商久盼未归的丈夫的相思离愁。

本诗按照女主人公的年龄顺序,选择"恋""婚""思"三个生活片段作为情节发展的主线,形成了完整的故事整体。诗从童年写起,"妾发"六句,展现了一对长干小儿女"青梅竹马,两小无猜"的游戏情景。这六句可称为恋爱的过程。"十四"四句,准确细腻地描绘了少女新婚时特有的心理和神态,表现她新婚的羞涩不堪。"十五"四句,抒写夫妇间婚后发展起来的炽热爱恋,以及对爱情忠贞不渝的信念。以上八句是第二个典型的生活片段:长干女回忆甜蜜的新婚生活。然而,好景不长。正当这对小夫妻沉浸在新婚燕尔的幸福和炽热的爱情生活中时,忽而丈夫远行经商,劳燕分飞。"十六君远行"以下十六句以展叙商妇的相思之苦为中心,细腻地描述她"忧夫-伤夫-盼夫"复杂的情感历程。至此,情节发展到高潮部分。在这一部分中,作者不惜笔墨,尽情铺陈。"十六"四句,写少妇想象丈夫经商途中的行旅之苦,并为丈夫的安危忧心忡忡。"门前"八句,即景生情,展示闺中少妇"坐愁红颜老"的忧伤。最后四句,以浪漫的夸张手法,抒写对丈夫的召唤和许诺:不管你什么时候从三巴(今四川)沿江而下,都要预先给我捎个信,我一定不辞山高水远,到长风沙(今安徽安庆市长江边,距长干里约六百里)去迎候您。尽管在唐代这是不可能的,但却极力表达了思妇盼望丈夫早日归来的殷切心情。

(二) 典型环境中的典型人物

从自然环境方面说,本诗借不同季节的景物描写(主要指情节发展的第三个生活片段：思)刻意渲染环境气氛,塑造人物形象。

"十六君远行,瞿塘滟滪堆。五月不可触,猿声天上哀。"也许在夜深人静辗转反侧时,她的脑海中浮现过一幅幅"江夏遇险图"：丈夫经商途中,路经瞿塘峡,碰上了凶险的滟滪堆。正值夏季,江水高涨,波涛翻滚,滟滪堆露出水面不多,行船更险。哀猿长啸,响彻云霄……这幅江夏遇险图,作者着意渲染了滩险、猿哀、峡高、阴森恐怖的环境气氛,表现女主人公思念丈夫,为丈夫的安危担忧的情怀。

"门前"八句,从近处着墨,描绘了一幅"闺门秋思图"。少妇独立闺门,看到自己等待丈夫时留下的斑驳的足迹,尽管为青苔掩没,也不肯轻易抹去,因为那是长相思的见证。秋叶飘零,倍感凄切;蝴蝶双飞,而自己形单影只,怎能不感到孤寂和惆怅呢? 青春的容颜为之憔悴,"思君令人老"啊……闺门秋思图,用"行迹""绿苔""落叶""蝴蝶"等一系列景物,生动地表现了女主人公的忧伤之痛、相思之苦,烘托出温柔、细腻、钟情的思妇形象。

诗还把人物置于当时的社会环境中,艺术地再现了盛唐社会现实的一个方面。开元天宝年间,是大唐帝国极度强盛时期。社会安定、经济发达,水陆交通的发展,对外贸易的增加,促进了城市商业的繁荣。大批人离家经商,漂泊天下,致使许多年轻的妻子独守空房,虚度韶华。长干,是唐代金陵里巷名,在今南京市,靠近长江,是一个特殊的生活环境,"居民多从事商业"(摘自《唐诗鉴赏辞典》)。这首诗以一位商人妇的深情自白,艺术地折射出当时的社会现实,再现了典型环境中的典型人物。

(三) 多方面塑造人物形象

除了情节的铺叙和环境的描绘外,还从其他方面刻画人物。

一是在情节的展叙中抓住人物的心理特征进行描绘。在少妇的童年生活中,抓住少男少女两小无猜的心理,塑造她天真、活泼、可爱的性格特征。从她和丈夫的结发完婚中,抓住她羞颜腼腆的心理,以及逐渐发展起来的对爱情的炽热追求,塑造她性格中纯朴、热情的一面。从丈夫婚后的远别中,抓住她思夫、忧夫、伤夫、盼夫的复杂心理,塑造了她温柔、细腻、痴情的性格特征。各个时期不同的心理特征,有血有肉、生动鲜明地刻画出她的形象,几乎展示了她的一部性格发展史。

二是通过时间和空间的结合塑造人物形象。从时间上说,首先是以女主人公的年龄序数法为顺序,表现恋、婚、思三个时期的不同心理。其次是借季节的更替寄托相思的感情。选择夏季和秋季两个季节的景物进行描写,通过有代表性的季节及其景物，寄托女主人公的四季相思之苦。再次是通过丈夫离别前与离别后两个不同时期的情感，来表现她对爱情的坚贞不渝。丈夫离别前，夫妻恩爱，陶醉在幸福中，发下"愿同尘与灰"的誓言；丈夫远别不归，她苦苦等待，望眼欲穿，并做出了"相迎不道远，直至长风沙"的承诺，这就更令人肃然起敬了。俗话说：路遥知马力，日久见人心。作品正是在上述三重层次时间的交合嬗变中，塑造了一位经得起时间考验的对爱情忠贞不渝的思妇形象。从空间上说，诗作先从远处落笔，设想了一幅《江夏遇险图》，继而从近处着墨，描绘了一幅《闺门秋思图》。通过时间和空间的结合，一位刻骨铭心的思妇形象跃然纸上。

三是化用典故和美丽动人的传说塑造人物形象。"常存抱柱信"一句，化用《庄子·杂篇·盗跖》的典故："尾声与女子期（约会）于梁（桥）下，女子不来，水至不去，抱梁柱而死。"后人称坚守信约为抱柱信。"岂上望夫台"一句，借用了古代妻日日登山望夫，终于化为望夫石的典故。正因为女主人公和丈夫童年时有青梅竹马的感情基础，婚后才有"常存抱柱信，岂上望夫台"的坚定信念。

总之，李白的《长干行二首（其一）》不仅具有诗歌的特征，而且在情节发展、典型环境、人物塑造等三个方面呈现出小说所具有的特征，堪称一首优美的诗体小说。（本文发表于《阅读与写作》1997 年第四期）

第三节　语文教学活动中的美学因素

斯托洛维奇指出："在每个领域中出现的凡是值得被称为艺术性的活动，都必定具有审美意义。"语文教学作为艺术，当然包含着丰富的美学因素，教师要善于发现和发掘，使教学活动成为一种审美活动。

在语文教学活动中，美学因素是多方面、多层次的。总括起来，大致有以下几个方面。

1. 从直观性美学因素看，有教师的仪态美，板书的形式美，教学的环境美等

教师内在的美，可以由某种外部感性形象表现出来，这就是教师的仪态美。仪态美又可以分为静态美和动态美两种。静态美是指教师的衣着服装，应该样式得体，色调适中，整洁大方；要适合自己生理和心理特征。动态美是指教师在教学活动中的举止、姿态、表情等所表现出来的美。培根说："相貌的美高于色泽的美，而秀雅合适的动作美又高于相貌的美。这是美的精华。"教师的动作美常取决于两个因素，一是安定感，这来自于站立和运动时对重心和倾斜度恰当的控制。教师的动

态若具有安定感,就能传达出正直、坦然的信息,使学生感到可信赖、可依靠。二是力度适宜,教师的首饰、运动的姿态若从容舒缓,快慢适中,力量大小适当,就会产生一种可视性的美。另外,教师的表情要注意不要夸张或呆板,应庄重而亲切。眼睛是心灵的窗户,能传达出丰富的审美信息,教师的"眼语"要注意可理解性和可沟通性,用真情与学生交流,其审美效果不亚于语言。静态美与动态美的结合,就构成了教师的仪态美,这是一种特殊的风度美,其审美感染力是直接而持久的。它具有双重意义,既以美的形象给人以美的示范,又有助于教学效果。

板书是教师的书面语言,它以空间编码符号的形式出现。在教学活动中,板书可以通过空间布局,线条组合,色彩变化等,从视觉渠道传递出审美情趣。优秀语文教师的板书常常具有文字美、结构美、线条美、色彩美等因素,形成一幅幅有较高审美价值的图案。

语文教学总是在一定的空间内进行的,即它是在教学环境(如教室、校园、师生人际关系等)中进行的。教学环境是教学活动的物质载体,是教学审美活动的有机组成部分。优美的教学环境能产生积极的审美效应,使活动在其间的教学主体受到陶冶、净化,长期地获得审美体验。具体说来,教学环境的审美效应有两个方面:其一是导向功能。优美的教学环境,通过优秀的景观设计和教学用具的布置,可以鲜明地表现该学校的传统和风格,以及教学的目的,从而潜移默化地持续引导教师和学生为完成教学而努力向上。优美的教学环境所反映出来的审美情趣,所塑造出来的审美氛围,对师生精神世界也起一种审美升华作用。其二是约束功能。优美的环境,自然对不文明、不健康的行为产生约束作用,活动于其间的人,会自觉不自觉地改变自己不美的行为。

教学环境的美化,要遵循以下原则,才能达到教学的审美要求。其一是功能性原则,即教学环境的设计和建设,一定要符合其使用目的,不管是建筑物、道路、绿化带,甚至教室内的桌椅、采光、色彩都应按照教学目的来设计,使人一进入这个环境,就能意识到这是教学环境。只有具有鲜明教学个性的环境,才能取得更好的教学效果。其二是形式美原则。教学环境在满足功能性要求的同时,还应讲究形式美。例如教室空间的分割,应尽量遵守"黄金分割率"。而教室设备的布局,应既有由整齐所造成的"秩序感",又具有由变化造成的运动感。色彩也既要有统一性,又要有变化,要符合多样统一律,围绕基调形成旋律,而且要与周围的色彩反差不太大,安静而明朗。其三是实践性原则。教学环境的美除了来自设计者和建造者外,还应该给使用者——师生留下足够的再创造空间,让教学主体主动去美化环境,这是一种有重要意义的审美实践活动。

2. 从表述型美学因素看，有教师的语言美，教学活动的节奏美等

语文教学活动主要通过语言来进行。和其他学科相比，语文教师的教学语言是一种职业性语言，它具有口语性，又不同于日常用语；强调规范性，又不同于书面语言；富有专业意味，又要与普通语言结合。它是科学性与教育性的统一：科学性是指它既符合教学内容的学科特点，具有专业科学性，又符合语言规范，还具有语言学的科学性。又因为目的是教育，因而还需有大量的指导性语言（即教育性）。它又是讲演性与对话性的统一：不仅是讲述和讲解，还要沟通教学的对象——学生。另外，它还是丰富性和简约性的统一。

语文教师的语言美来自两个方面：其一是表述的准确、恰当和生动。教学语言所传递的语义信息必须准确，具有科学品格和清晰美，能满足学生求知的欲望，获得求知的快感。恰当，是指对语言难易"度"的把握，和对一定时间内所包含的内容的"量"的把握。教师的语言还应是生动活泼，优美典雅的，而且不乏机智和幽默，既形神飞动，又耐人寻味，努力做到使每一个词，都闪烁着智慧和灵感的光彩。其二是语音的美。它是由教师的音高、音量、音速、音色等诸因素结合所产生的美，一种犹如音乐一样的听觉美。教学语言的音高、音量应控制在一定的音域内。过，则成为噪音；不及，则影响教学。节奏应跌宕起伏、抑扬顿挫、有韵律美。音速应与讲授的内容相配合，做到快慢有度，音色应力求柔美。

教学活动是一种创造性的艺术劳动，它的节奏，构成了教学美的重要因素。教学活动中的节奏是将教学方法、教师、教材等因素和谐组织起来，产生一种秩序、一种规范，并将这种秩序和规范与人的心理和生理的运动节奏相吻合，就成为一种美的流动，产生强烈的节奏美感。

3. 从氛围型美学因素看，有课堂双边情感交流的和谐美，思维活跃兴趣盎然的意态美等

教学氛围是由教学过程中的情景反映出来的心理氛围，是教学主体（教师和学生）所具有的带有整体弥散性的心理氛围。良好的教学氛围常常是既和谐又活泼，既紧张又有序，既庄严又亲切，既有播种的繁忙，又有收获的喜悦，既有竞争向上的意识，又有漫步知识田园的情调。这种氛围是富有审美意味的。在这种氛围中，活动主体有强烈的审美感受，能够形成带有审美愉悦的良好的心境和情绪；反过来，这种情绪和心境向外扩散，相互感染，使审美氛围更浓。在这种氛围中，活动主体常有神圣感、庄严感，从而注意力高度集中，全身心地投入"教师角色"和"学生角色"之中。这种氛围既是一种压力场——教学主体被教学的"共振圈"所约束，感到一种无形的压力，使个体趋向于与主体一致的活动，又是一种引力场——教学主体

主动地自觉地进入传授和接受知识的活动中。

教学氛围美的具体表现为：其一，课堂内双边情感交流的和谐美。师与生，教与学之间，不仅仅有知识信息的流动，而且伴随着人格、情操、情绪的交流，形成一种情绪共振的和谐美。其二，在这种氛围中，教师和学生的各种心理能力能协调作用，认识功能和情感功能相互激发。教师的思维高度活跃，在他的创造性教学的引导下，学生为教师的行为所激励，也主动积极地参与教学活动；在吸收知识的同时，也伴随着主动探索所带来的快乐。认知活动、情感活动、意志活动，三者既同时活跃又和谐统一。学习不再是一种从属于外部压力的苦事，而是充满吸引力和审美情趣的创造性劳动。从而，课堂上呈现出一种思维活跃、兴趣盎然的意态美。

要创造出这种富有美感的教学氛围，首先是教师无论编排教学内容，还是运用教学语言和教学方法，都能达到艺术境界。其次是师生能互敬互爱，有情感共鸣的基础，进入教学活动后，在心灵"默契"的状态下，产生精神共振。

4. 从语文教材本身的内容看，总是包含着自然美、社会美、艺术美等因素。这里有一篇论文《自然美　社会美　人格美——再读王维的〈山居秋暝〉》①，全文如下

自然美　社会美　人格美
——再读王维的《山居秋暝》

十年前，我曾读过唐代诗人王维脍炙人口的诗作《山居秋暝》，感到这首诗赏心悦目，在艺术方面，具有多种美感。如情景交融的意境美，匠心独运的结构美，以动衬静的手法美，流畅自然的音乐美等。十年后的今天，当我再次拜读它时，感到这首诗耐人寻味，在诗意方面蕴含着多种美感：幽清明净的自然美，纯洁美好的社会美，心志高洁的人格美。

在颔联、颈联中，诗人选取了初秋雨后终南山中有代表性的一系列景物：明月、青松、清泉、翠竹、浣女、青莲、渔舟，这些景物有天上的（如明月），地下的（如青松，翠竹等）；有动态的（如浣女、渔舟），静态的（如青松）；有喧闹的（如浣女），安谧的（如青松）。作者把景物和谐、完美地配置在一幅画面上，描绘了幽清明净的自然美和理想中的纯洁美好的社会生活美。如在"明月松间照，清泉石上流"一句中，作者描绘了这样一幅迷人的山水画卷：天色已暝，却有皓月当空；群芳已谢，却有青松如盖。山泉清冽，淙淙流泻于山石之上，犹如一条洁白无瑕的素练，在月光下闪闪发光。——多么幽清明净的自然图画啊！在"竹喧归浣女，莲动下渔舟"一句中，诗人描绘了这样一幅世外桃源式的动人的生活图景：竹林里传来了一阵阵的歌声

---

① 段全林：《再读王维的〈山居秋暝〉》，载《语文教学与研究》，2007(35)，第71页。

笑语,那是一群天真无邪的姑娘们洗罢衣服笑着归来了;亭亭玉立的荷叶纷纷向两旁披分,掀翻了无数珍珠般晶莹的水珠,那是顺流而下的渔舟划破了荷塘月色的宁静。在这青松明月之下,在这翠竹青莲之中,生活着这样一群无忧无虑、勤劳善良的人们。——好一幅纯洁美好的生活图景!

《山居秋暝》是一首山水诗,一方面这首诗用"赋"的方式模山范水,描绘了幽清明净的自然美、纯洁美好的社会生活美。另一方面,在对明月、青松、清泉、翠竹、青莲等一系列优美景物的描绘中,寄寓着诗人心志高洁的人格美。为什么这样说呢?

我国自古以来就有诗人、作家、画家用月、松、竹、莲等自然景物来比兴寄托、抒情言志的传统,有的还以描写(绘)某一景物而著称。如郑板桥以画竹而著称,周敦颐以写莲而闻名。这些景物在他们的作品中频频出现,且形神兼备,又和他们的性格、品质密切相关,因而成了他们人格的化身。不少带有松、竹、莲等景物的书画作品还常常出现在寻常人家的客厅、书房里,成了主人人格的象征物或主人追求的一种人格美。王维继承了民族文化的这一传统,在《山居秋暝》中通过月、松、泉、竹、莲等自然景物表现自己心志高洁的人格。

在"明月松间照"中,诗人选取明月、青松来暗指自己的心高志洁:青松,在秋冬时节万物凋蔽时,却依然青翠挺拔,焕发出勃勃生机,它象征着诗人的超凡脱俗;王维晚年官至尚书右丞,官职可谓不小。但是,由于政局的变化反复,官场的黑暗污浊,他看到了仕途的艰险,因此想超脱这个烦扰的尘世。他吃斋奉佛,悠闲自在,大约四十岁后,就开始在辋川别墅过半官半隐的生活。在终南山那貌似"空山"之中找到一个称心如意的世外桃源后,便情不自禁地说:"随意春芳歇,王孙自可留。"——本来,《楚辞·招隐士》中说:"王孙兮归来,山中兮不可久留!"诗人的体会却恰好相反,他觉得"山中"比"朝中"好,洁净纯朴,可以远离官场而洁身自好。一般人愿意做官,且官做得越大越好,王维却放着高官不愿意去做,由半官半隐进而完全归隐;一般人觉得官场生活比隐居生活好,王维却认为"山中"比"朝中"好。由此可见,王维确实有心高志洁,超凡脱俗的一面,他把这一人格特征寄托在明月、青松中,通过景物的描写曲折地反映了出来。

在"清泉石上流"中,诗人的人格在"清泉"这一景物中也有寄托。王维在《济上四贤咏》中曾经称赞两位贤隐士的高尚情操,谓其"息阴无恶木,饮水必清源"。他曾对自己说:"宁栖野树林,宁饮涧水流,不用坐梁肉,崎岖见王侯。"由此可见,清泉不仅仅是作者所描绘的终南山的自然美景,更是诗人心志高洁的人格美的写照!在"竹喧归浣女,莲动下渔舟"中,翠竹、青莲也暗含诗人的人格特征:翠竹,可焚而不可毁其节,象征着诗人高风亮节的人格美;青莲,"出淤泥而不染,濯清涟而不妖"，象征着诗人峻洁高雅的人格。

明月、青松、清泉、翠竹、青莲，五种自然景物有着共同的特征：洁身自好，清高脱俗。这些景物所具有的共同品质与诗人对污浊的官场生活的厌恶、对宁静纯朴的隐居生活的向往完全一致，因而蕴含着诗人洁身自好、清高脱俗的人格美。

总之，在《山居秋暝》中，诗人选取了终南山初秋雨后的一系列有代表性的自然景物，描绘了幽清明净的自然美，纯洁美好的社会生活美，寄寓了诗人心志高洁的人格美。

第四节　语文教学活动中的几种艺术形态

在语文教学活动中，有以下几种艺术形态。

一、组织教学的艺术

教学活动是有组织进行的，而组织教学的艺术有两个方面：其一是设计和运用组织形式的艺术，即根据不同的教学目标、教学内容和教学对象，或是灵活巧妙地应用现有的教学组织形式，或是大胆探索设计新的教学组织形式。所用的教学组织形式除了始终要与教学目标、内容、对象保持和谐一致外，还应注意要具有开放性和可调配性：当情况变化时，能随之变化和更新。其二是使用教学组织方式的艺术，它包括课堂教学组织方法、课外教学组织方法、教学调节的方法等等。一般来说，教学组织方法的使用要具有：即时性——及时发现问题，及时采取对策；隐蔽性——尽可能不让学生感受到管理的约束；灵活性——根据具体情况，选择相应对策；高效性——要保证教学进展是高效率的。

二、教学讲演的艺术

教学讲演主要是通过讲演的知识内容、语言动作、思想情感来获得教学效果，它讲究过程的优化组合、内容的美化整形、气氛的活跃愉悦等。教学讲演，一般分为开讲、续讲和结讲三部分。

开讲犹如戏剧、电影的序幕，其质量的优劣直接影响学生的学习兴趣和效果。开讲的艺术也是导入的艺术，它必须与教学的内容紧密联系，有利于省时、高效地展示内容,同时应注意导入方式的多样化,如运用悬念式、问题式、故事式、新旧联系式、情境式等方式,力求有吸引力和凝聚力。

续讲是教学讲演的主体,其技巧主要包括:内容衔接的艺术——应该做到水到渠成、自然流畅,下一环节是上一环节的延伸,上一环节是下一环节的启发性前奏,特别应该注意前后内容之间的关系,或是逻辑深化的关系,或是分化转移关系等;问答的艺术——教学讲演的双向交流性,主要表现形式是质疑问难,提问要做到适时(选择时机)、适度(深难度合适)、适量(需问则问),提问要有针对性、启发性、回味性,要在引入矛盾冲突的质疑答问中激活思维,将教学讲演环环相扣地推向纵深;启发的艺术——通过诱引、暗示、点拨等方式,使学生由无知转为有知,要做到"道而弗牵,强而弗抑,开而复达",要注意选择恰当的时机,体现"不愤不启,不悱不发";应变的艺术——对课堂偶发情况能及时、巧妙、灵活地加以处理,从而收到意外的教学效果,它是对语文教师智慧和机智的考验,教师应从容不迫,随机应变。

结讲即结尾,它应能使学生对整个讲演产生浑然一体、余味无穷的感觉。一般采用总结概括式、激励启发式、悬念设置式等,要避免产生"强弩之末"感,避免仓促、平淡、节外生枝等问题。

三、处理教材的艺术

应在把握《语文课程标准》的基础上,领会教材的意蕴,能独辟蹊径地处理好教材,不脱离教材,但又能超越教材,灵活自如地运用教材;既能照顾每节课的完整性,又能维护知识的系统性和连续性;既要统筹兼顾,又要重点突出,力求化难为易,化繁为简。

四、使用板书及其他教学手段,如多媒体、录音机等的艺术

板书、多媒体、录音机等教学手段的使用,具有直观生动性和信息表达的简洁性,并且是立体的、多渠道的刺激源,因而能有力地调节和引导学生思维,增强学生兴趣,加强记忆,活跃教学气氛;对学生操作能力的提高也起着一种示范作用。

板书是使用最普遍的传媒,能持续地刺激学生,加强信息的接受。板书常常是教学内容的简明揭示,故能使学生准确直观有序地把握学习的内容和教学进程。

要使板书达到艺术境界,成为审美对象,应该做到设计新颖别致,书写整齐优美,条理清楚,布局合理,灵活多变,并且书之适时,擦之有序。

板书种类多种多样。一般有:纲领式——其主要构成为不同的标号和内容要义,体现出教学信息的基本逻辑结构;图画式——对抽象的概念或原理进行形象的描绘;线索式——根据教学的纵向发展过程进行板书,显示内容层层向前推进的逻辑顺序和循序渐进的教学思想;对比式——根据教学内容中具有鲜明对比性的材料而设计,用于进行对照、反衬,使学生易于理解和记忆,发展求同存异的思维能力。另外还有回环式、表格式等。

第五节　语文教学与审美教育

一、语文教学审美教育三部曲

在语文教学中如何对学生进行审美教育呢? 大体上分三步走,可称之为"感知美-鉴赏美-创造美"三部曲。

(一) 要培养学生对形象的感知能力,成为美的发现者

对于人的眼睛,不是缺少美,而是缺少对美的发现。现行中学语文教材中,不乏文质兼优、字字珠玑的佳作,也不乏众多个性鲜明的人物形象,这些都具有丰富的美的因素。因此,要引导审美的主体——学生提高眼力,有所发现。这是审美教育的第一步。

(二) 要培养学生鉴赏美的能力,成为美的欣赏者

毛泽东同志认为,感觉到的东西我们不能立刻理解它;只有理解了的东西才能更深刻地感觉它。鉴赏就是要在形象感知的基础上进行思索,进一步领会其中所蕴含的意义的过程,分析其妙处的过程。这是审美教育的第二步。

(三) 要培养学生创造美的能力,成为美的创造者

语文教学过程中的创造美集中表现在写作上。教师可引导学生根据所学的课文择词选字,借景表情,借文移情,表达自己对生活的见解,把已知的材料加以合理的想象加工,创造新的图景、新的形象。除写作外,创造美还表现在"创造性复述",表现在对课文人物、结构、语言、意境等所作的不同于他人又言之有理的评析。请参看本书中的《"趣"味无穷——评杨万里的诗〈宿新市徐公店〉》。

二、"美育三环节"导读模式

语文课是对学生进行美的教育的最重要的基础课程之一。语文教材中编选了70％以上的文学课文,这些课文中的诗、词、精美的散文和短小的记叙文、议论文,都是实施美的教育的典范"例子"①,都可用"美育三环节"导读模式进行教学。"美育三环节"指的是"初读感知美-精读鉴赏美-深读创造美"。本模式以提高阅读课教学效率为宗旨,目的是冲破"以讲析为主线"的陈旧教学模式,构建以导读为主线,以审美为核心的充满生机的课堂教学机制。

(一) 本模式的提出及理论依据

在阅读课教学中,传统的模式是以讲析为主线。这种模式把着眼点放在理解课文的思想内容上,以烦琐的内容分析为特征。课堂上教师以讲为主,穿插提问,学生以听为主,间或回答问题。教师把问题提完、讲完了,学生也就把课文学完了,结果学生连课文都没有读正确,读流利,更谈不上读出感情了;有的教师对修辞、章法讲得过多,而对学生语感的培养重视得不够,对学生必须掌握的字词的读、写、用也重视得不够。这种教学模式严重窒息了语文课的生机与活力,忽视了语文课的人文性和情感性,语文课的美育功能没有凸现出来,直接导致了语文教学的"少、慢、差、费"。② 针对这种陈旧、落后的教学模式,笔者在多年教学实践的基础上,总结并探索了"美育三环节"导读模式。

古人总结出的"书读百遍,而义自见"的读书经验启示我们:对于任何一篇文章,要知晓其意义,理解其感情,领悟其美感,多读是至关重要的。读得多了,读得熟了,不待讲析,自晓其义,自明其妙。古人的读书经验对本模式的提出给予了有益的启示。

"读"要动用眼、脑、口、手等器官,所以读是眼、脑、口、手共同作用于读物的现象。课文本身是审美客体,以导读为主线,可以审视美(动用眼)、思维美(动用脑)、再现美(动用口)、创造美(动用手);可使学生在眼、脑、口、手的并用中感知课文、理解课文、品味课文,并在读中积累大量的词汇和材料;可使语文教学的听、说、读、写多项训练也得以落实。这是提出本模式的生理学基础。

心理学研究表明:学习的基本因素由两大系统构成,一是认识系统,行为上表

---

① 叶圣陶:《大力研究语文教学》,载《中国语文》,1978(2)。

② 吕叔湘:《当前语文教学中两个迫切问题》,载《人民日报》,1978 年 3 月 16 日,第 2 版。

现为智力操作系统;二是情意系统,行为上表现为动力系统。在学习过程中二者互为影响,互相促进。"美育三环节"导读模式,能使学生在读的过程中产生积极的、主动的心理状态,形成书声琅琅而不是死气沉沉的课堂氛围,因而可有效地激发学生的动力系统,提高他们的学习效率;教师在"读"中的"导",又可激发学生的智力操作系统,使学生的多项智力,特别是言语表达能力和思维能力得到培养和提高。这是提出本模式的心理学基础。

二、操作程序

在指导学生学习某篇课文时,分三个环节来教学,即初读感知美、精读鉴赏美、深读创造美。每个环节都要有明确的目标和要求,形成分层递进的训练格局。

1. 初读感知美

通过读,使学生感知课文,把课文读正确,做到吐字清晰,发音正确,做到不错读(不读错音)、不添读,不漏读,不回读,不破读,并初步了解课文的内容及线索,从整体感知课文。其教学流程一般为:(师)读-纠-(生)读-导-(生)读。

2. 精读鉴赏美

在感知的基础上,使学生鉴赏课文,把课文或重点段落读懂,读流畅,做到理解课文的层次结构和主要内容;在读中反复揣摩课文的蕴意,咀嚼文中的自然美、社会美、艺术美;体会文中的思想感情。其教学流程一般为:问-读-议-导-读。

3. 深读创造美

在鉴赏的基础上,使学生品味课文,把课文读出感情、读出韵味来。做到:声情并茂,抑扬顿挫皆佳,把课文内在的情感和重要的标点符号的韵味读出来,把对课文从内容到形式的美感说出来、写出来或演出来,进而创造出美。其教学流程一般为:读(或演)-导-说(或写)-读。

以上三个环节,是互相联系、逐层递进的。以导读为主线,以审美为核心,可看作是"感知美-鉴赏美-创造美"三部曲,它以美始,以美终,源于美又归于美。

三、教学策略

1. 设立课堂教学的刚性指标

初读、精读、深读每个环节都要有具体明确的目标,分别做到读正确、读流利、读出感情;分别做到感知美、鉴赏美、创造美。每节课学生各种形式的读书活动净时间总量不少于 20 分钟;学生在阅读中要有边读边批注的环节;课内要有学生质疑问难的环节;学生发言的人数不少于三分之一(50 人的班额)。

2. 合理选择阅读方式

从阅读的主体(即学生)来看,朗读适合学生集体进行,有利于相互监督、相互感染,有利于激活课堂气氛;默读则适合于个别进行,有利于激发思维,体悟课文的蕴意和美感。从阅读的客体(即课文)来看,诗歌、散文、记叙文宜朗读,说明文、议论文宜默读;课文长的宜用默读中的跳读、扫读,课文短的宜用表演式读或分角色式读;凡表现壮美与优美的段落适合朗读,而表现含蓄美、朴实美的篇章,则适合采用默读的方式。

3. 以读代讲,以讲助读

以导读为主线,固然要把相当多的精力放在读上,但并不是不要讲,关键是如何讲。不应是逐句逐段地耕作式串讲,应是一种在导读中的讲,是关键处的点拨,重点处的强调。讲的目的不是为了取代学生的读,而是为了帮助学生去读书。有些问题在课文中能找到答案的,可以让学生多读读课文,自己去寻找;学生读不好的地方,教师要通过句式对比、感情分析、创设情境、调动想象等方法帮助学生理解句子表达的意思和蕴涵的美感,并确定轻重音和语速的快慢、语调的高低;对于课文的重点、难点部分,教师可通过范读把自己的分析理解和感情处理潜移默化地传导给学生,把学生引入课文特定的情境之中,激起他们相应的情感;对于文中远离学生实际,难以自悟自得,但又与课文重点、难点密切相关的知识,如诗词赋中的基础知识和涉及的历史背景等,老师非讲不可的,就要讲得清清楚楚、明明白白,以帮助学生提高阅读效率。

4. 以读带练,以美育带德育、智育

本模式强调把"导读"看作一条纽带,强调读书训练和审美训练,但不排斥其他项目的语言文字训练,而是以读带练,在读中有机穿插诸如字、词、句、篇等各项语言训练;在读中、读后,让学生结合课文谈体会,写评论,进行说、写的训练。本模式,强调以审美训练为核心,强调发挥语文课的美育功能,但并不是排斥语文课的德育功能和智育功能,而是在导读中有机地融入德育内容,融入观察、想象、思维等智力因素的训练,形成以审美为核心的德、智、美多元化和一体化的训练格局。

第六节 语文学科中的立美教育

　　教育部一再强调要全面加强和改进德育、智育、体育、美育和劳动教育,培养学生良好的审美情趣和人文素养。那么,如何改进美育、加强美育呢? 笔者认为,以立美教育为抓手,应当是有效而可行的举措之一。那么,什么是立美教育? 语文学科立美教育的现状怎么样? 怎样加强立美教育呢?

一、语文学科中的"立美教育"及其在美育中的地位

　　美育的正式提出始于 18 世纪,乃德国人席勒在《美育书简》中所为。在中国,最早系统论述美育的则为 19 世纪末出生的王国维,他认为"必须在人生学习各阶段施以美育。"[①]之后,《教育大辞典》给美育下了这样的定义:美育亦称"美学教育""审美教育",使学生掌握审美基础知识,形成一定的审美能力、培养正确观点的教育。

　　周庆元教授、胡绪阳博士通过对美育概念的广泛考察,认为《教育大辞典》把审美教育混同为美育,认为教育理论界普遍把"美育仅定位于审美教育,把审美教育(又叫美感教育)混同为美育。"[②]正因如此,翻看各种版本的教育学著作,都没有立美教育的名称,都把美育称为审美教育。

　　周庆元教授、胡绪阳博士认为美育是对学生"美"的培育,促进"美"的素质的发展。"审美素质"只是"美"的素质的一个方面,而不是"美的素质"的全部。"审美教育"只是"美育"的一部分,而不是完整的美育。他们还认为,一个人既是审美主体,同时也是审美客体,一个被审美的对象。作为对审美主体的教育,从美育角度来说叫审美教育,属于"物美"体验,内容包括审美知识、审美能力、审美心理三个方面,其中"审美心理"包含了审美需要、审美情感、审美意识、审美倾向等。这是已被人们广泛认识并接受了的部分。作为对审美客体的教育,从美育角度来说可以叫作立美教育,属于"我美"塑造,内容包括以人格为核心的内在美的教育和以形象、语言、行为等为表现的外在美的教育。

---

① 王炳照等:《中国教育思想通史(第六卷)》,湖南教育出版社,1994 年,第 160 页。
② 周庆元:《走向美育的完整》,载《教育研究》(北京),2006(3),第 33 页。

完整的美育应该具有两个维度：一个是审美教育，就是把学生当作审美主体培养，使学生成为善于审美的人；一个是立美教育，就是把学生当作审美客体来培养，使学生自身成为美的人。语文科同其他学科一样，共同担负着美育的使命。如果说审美教育是语文科中美育的一只眼睛的话，立美教育则是语文科中美育的另一只眼睛。两只眼睛缺一不可，失去了立美教育，语文科中的美育就会成为"独眼龙"。

二、语文学科立美教育的现状

在理论上，语文学科同其他学科一样，都把审美教育混同为美育，造成立美教育理论的空缺。翻看各种版本的语文学科教育学著作，都没有立美教育的名称，都把美育称为审美教育，从而造成立美教育理论的空缺。理论上的这一状况，在课程标准中有所反映。如《普通高中语文课程标准》(实验)明确提出了"审美教育"这一概念，并有其内容的表述："审美教育有助于促进人的知、情、意全面发展。……语文具有重要的审美教育功能，高中语文课程应关注学生情感的发展，让学生受到美的熏陶，培养自觉的审美意识和高尚的审美情趣，培养审美感知和审美创造的能力。"显然，这一段话两次提到"审美教育"这一概念，并对语文课程中审美教育的意义和功能进行了具体表述。作为美育的"另一只眼睛"——立美教育，其内容在《普通高中语文课程标准》(实验)中有多处的零星表述，如"注意口语的特点，能根据不同的交际场合和交际目的，恰当地进行表达。借助语调、语气、表情和手势，增强口语交际的效果。"又如"在口语交际中树立自信，尊重他人，说话文明，仪态大方，善于倾听。"这些都触及立美教育的培养内容和要求。但立美教育这一概念或替代概念在《普通高中语文课程标准》(实验)中却没有提出，这不能不说是一大缺失。

在实践上，语文学科立美教育这只眼睛虽然是睁开的，但处于"半睁半闭"状态。教师们并不明白立美教育的系统内容，甚至不知道还有立美教育这一名称，但他们意识到立美教育内容的本然存在，因而他们从阅读、写作到语文教学的各个环节，尤其是伴随着审美活动，伴随着口头表达和口语交际教学，都多多少少对学生进行着教育。这种教育，由于缺乏理论指导，大多处于懵懵懂懂的不自觉状态。同时，由于高考不考，也很难来考，立美教育的应有地位被边缘化，造成了立美教育"犹抱琵琶半遮面"的尴尬处境：教师有时间、有兴趣的就训练，没时间、没兴趣的就不训练，导致相当一些学生认识上不重视，言行上不能达到课程标准所提出的要求。突出体现在：无论说话还是朗读、朗诵、演讲，他们中的相当一部分普通话水平不高,声音不清亮甜美,说话时不讲口德,不热情、专注,不够坦诚,语气不委婉,不注意避讳,不自信,不大方,甚至不讲礼貌;女生说话含含糊糊,爱伸舌头,爱用眼角瞥人;男生说话不文雅,不得体、不自然,要么得意忘形,要么抓耳挠腮,摇来晃去……这些是口语交际教学存在的问题,从美育的角度看,恰恰是立美教育存在的问题。

三、加强语文学科立美教育的策略

针对语文学科立美教育的上述现状,应当从以下几方面加以改进。

(一) 加强语文学科立美教育具体内容的研究

语文学科立美教育的内容包含形象美、语言美、行为美和心灵美四个方面。这四个方面在阅读、写作、口语交际、识字与写字等领域各有其不同的具体内容。下面,以口语交际教学为例,谈一谈这四者分别有哪些具体的教育内容。

1. 语言美的培养

语言美的培养在口语交际教学中包括声音美、语意美两个方面的塑造。首先,声音美的培养:发音正确,字正腔圆,语调优美,声中蕴情。即按照普通话的语音标准,发准每个音节的声、韵、调,力戒方言土语;发音吐字清亮圆润,做到声音不过高、过低、过慢、过快,不尖、不粗、不沙、不哑,避免噪声过多、鼻音浓重、口齿含混不清;注意语速的快慢、语音的轻重高低、音节的长短停顿和句调的抑扬等方面的变化;注意以声传情,以情带声,做到声情并茂。声音美还指伴随着有声语言出现的音域变化之美,以及恰到好处地处理为表达特别效果的声音,如呻吟、叹息、笑声、哭声、叫喊声等,做到准确、自然、和谐。其次,语意美的培养:话语高品位、合语境,表意明晰、简洁。所谓高品位,即说话内容健康向上,适合全社会尚真、尚善、尚美的精神需要,不说低级情调、消极落后、有碍团结,有碍他人进步的话,更不说粗俗污秽、无聊乏味的话;所谓合语境,就是话语要切合时机、身份、场合、目的、对象,那种说话不看场合,不看对象,不分男女老少,不讲忌讳,不讲时机,就是不合语境;所谓表意明晰,就是表达思想旨意不含糊,言必中的,不东拉西扯,不信口开河,不颠三倒四,自相矛盾;所谓简洁就是以精炼的话语描绘和概括丰富生动的内容,做到不啰嗦,不重复。

2. 心灵美的培养

心灵美的培养主要体现为良好的心理素质和高尚的思想道德情操两个方面的塑造上。要自信,不要有恐惧心理、羞涩心理、自卑心理、悲观心理;要有勇气,勇敢地面对任何挑战,不怕失败。要负责地表达,讲口风、讲口德,至诚热情,谦逊、温和、爽朗、宽容、随和,以真情实感去说服人、鼓动人、教育人;冷静把握话语的分寸,面对专横霸道者从容应对,说到自己熟悉而与题旨无关的地方能自制,心乱如麻时能自制,大喜大悲时能自制,显示出应有的风度气质;善于倾听,耐心而专注地倾听,不要假意倾听,拦截话题,超前判断,漠视对象;要讲真心话,不讲假话;要讲文明话,不讲污言秽语;要热情而不矫情;要与人为善,不滥发脾气;要乐于赞勉,不吹毛求疵;要就事论事,勿不可理喻;要合理判断,不以偏概全;要宽容体谅,不斤斤计较;要慎思慎言,不胡言乱语;要幽默自然,勿出言粗暴;要相互尊重与理解,勿傲慢无礼。

3. 行为美的培养

行为美的培养主要体现在举手投足的动作合乎规范、合乎"美的规律"。在舞台上朗诵或演讲时,站立的姿态要自然大方,两脚微微分开,正面站立或成"丁"字形站立,身体上方要正对听者;头部端正,腰直肩平,收腹挺胸,稍前倾,双手自然下垂;眼睛平视听众,不要俯视地面,也不能过分昂头,更不能走来走去;上身切忌大幅度左右摇摆,前俯后仰,或背对听者;不要抖腿、抖脚,不要用手摆弄衣角或搔耳摸头,不要双手插入下衣袋,或叉腰、背双手。

4. 形象美的培养

形象美的培养包括服饰和仪态两个方面。服饰要做到干净整洁,装束得体,可以有个性,但切忌怪模怪样;仪态要大方而不拘谨,端庄而不轻浮,切忌不修边幅。

总之,语言美、行为美、形象美、心灵美,各有其相对独立的教育内容。其中语言美、行为美、形象美是外在的美;心灵美是内在的美。外在美的培养与内在美的塑造相统一,构成了完整的立美教育。当然,这种"独立"也是相对的。实践中,有些内容较为特殊,难以归类。比如,口语交际中的表情、手势和身势。如果把它们看作伴随着有声语言而出现的无声语言,即表情语、手势语和身势语,那属于语言美的教育内容;如果把它们看作举手投足的动作,那属于行为美的教育内容;如果把它们看作仪态,是风度、气质、个性的展现,则属于形象美的教育内容。不管属于哪一类,在口语交际教学中是必须训练的,并且要求做到准确、自然、大方、适度、和谐。

(二) 自觉地从多渠道、多领域实施立美教育

立美教育可以在"表达与交流"中通过口语交际教学和作文教学来实施,也可以在"阅读与鉴赏"中通过审美活动来实施。在口语交际教学中通过朗读、朗诵、演讲、辩论甚至回答问题、发言、讨论等形式可实施立美教育。在作文教学中,指导学生写真情实感,写有创意的文章,提倡个性化表达,不写空话、套话、假话,同样是对立美教育的实施。

在语文学科中,立美教育主要通过审美活动来实施的。比如,在阅读教学中,通过对作品人物、情节、结构、感情、语言等方面的感知、鉴赏,来涵养心性,把作品的美内化为个体的语言美、心灵美、行为美、形象美。这种审美活动尤其对心灵美的形成有重大影响,即"以美启真""以美储善",通过审美活动,能够促进心灵的"真"和"善"的形成。马克思关于"人也按照美的规律来塑造"自己的论断,①正揭示了这一真谛:立美是在审美过程中把文本的美内化为个体自身的美,一种真和善体现的心灵之美,一种知、情、意的协调之美。

立美教育还可在读课外名著、看报纸、杂志中得到培养,在看电视、看电影、出席生日宴会、走亲访友等多种活动的"大语文"中得到培养。

立美教育可以通过"他教"实现,也可以通过自我教育实现。如果是在教师、家长、同学的指导、帮助下得到的教育,那属于"他教";如果是在自己独立的感悟、体验下完成的,则属于自我教育。比如,在识字与写字教学中指导学生握笔姿势和端坐姿势,是行为美的教育,是"他教";在语文综合性学习中学生之间互相帮助、互相鼓励,互相发表独立见解又尊重对方,是对心灵美的塑造,是自我教育。

总之,立美教育的途径是全方位、多渠道的。应指导并教育学生在教学活动的各个环节以及日常生活中参与体验与实践,充分利用课内外阅读、写作、朗读、朗诵、演讲、辩论、课堂上的发言、讨论等形式不失时机地进行培养与教育。

(三)加强立美教育的其他策略

课程标准中应明确提出"立美教育"这一概念。因为这有助于人们对美育的全面认识,有助于匡正多少年来人们把美育混同为"审美教育""美感教育"的错误认识以及由此而造成的在认识上对立美教育应有地位的漠视。

加强立美教育与德性教育的结合。德,包括政治品德、伦理道德和个性心理品质,也就是情感、态度、价值观教育。德性教育与立美教育中的"心灵美"教育在某些方面是一致的。因此,加强德性教育某种意义上就是加强立美教育。语文教育既应重视从美学角度又应重视从思想道德角度对学生自身美(含语言美、行为美、形象美和心灵美)的培育。

牢固树立素质教育的理念。立美教育的重要性不言而喻,因此要牢固树立素质教育的理念,谨防考什么就教什么、学什么的功利思想。

---

① 纪怀民:《马克思主义文艺论著选讲》,中国人民大学出版社,1983年,第2页。

　　加强对教师的培训。通过短期培训或业务自学，对教师进行礼仪、伦理、朗诵与演讲、服饰、行为美学等方面的教育，使他们对这些直接关涉"立美教育"的课程体系及其相关知识有更进一步的了解，提升他们的认识和施教能力。

　　只有从以上几个方面加以改进，语文学科"立美教育"这只"半睁半闭"的眼睛才能完全睁开，进而才会出现审美教育与立美教育两只眼睛并用、并亮的美好境界。

第十章

语文教师的专业成长与科研论

第一节　语文教师专业化发展的"鸟模型"及其对我们的启示

一、当代语文教师专业化发展的"鸟模型"

　　我国在 1994 年 1 月 1 日正式实施的《教师法》承认了教师是"专业人员",还没有明确"教师专业化""教师专业发展"问题。事实上,"专业人员"与"教师专业化""教师专业发展"不是一回事。"专业人员"是一种静态的社会职业定位,而"教师专业化""教师专业发展"表达出的是一种动态的追求,包含着对未来发展趋势的把握,包含着职业对教师未来的要求和教师对专业发展或专业化的追求(专业化通常被用来指称一个半专业性职业不断满足一个完全专业性职业的标准的过程)。

　　教师的"专业化发展",重在"发展"。那么,作为语文教师,"发展"什么呢? 发展内在的和外在的素养。何谓素养? 素,有"向来"之意,故"素养"一般指平时的修养和训练。概括起来,就是加强基础性的、学术性的、师范性的平时的修养和训练,即基本素养、学术素养和教育教学素养三大素养。这三大素养,可用"一体两翼"的鸟模型来描述。如图 10-1 所示。

　　"一体"指基本素养,包括教育精神素养、基础性的智能(包括知识与能力)素养、心理素养。

　　"两翼",即我们平时所说的"学术性"和"师范性",主要指学科专业智能素养和教育教学智能素养。专业智能素养,包括语文学科专业智能素养和语文学科拓展学识素养;教育教学智能素养,包括教育智能素养和语文教学智能素养。表 10-1 所示为"一体两翼"鸟模型的构件及其内容。

图 10‑1　"一体两翼"鸟模型

表 10‑1　"一体两翼"鸟模型的构件及其内容

一　体		两　翼	
基本素养	左翼（学科专业智能素养——"学术性"翅膀）		右翼（教育教学智能素养——"师范性"翅膀）
基础性的智能素养	语文课是一门综合性很强的基础学科。语文学科的综合性和基础性要求教师不仅要有丰富的语文专业学科知识，还要具有广博的一般基础知识，举凡文、史、哲、数、理、化、天、地生、工农医德基本常识应当有所涉猎，对于社会现象、自然现象、世界形势、现实生活、科学技术动态都要有所了解	语文学科专业智能素养	专业知识修养包括语言学基本理论知识、系统的现代汉语知识、古汉语知识、逻辑学知识、丰富的文学知识，懂得文学理论和文学史，了解古代文学、现代文学、当代文学以及民间文学、儿童文学和外国文学的基本内容；比较系统的美学知识，掌握一些美学理论；具有写作理论知识以及常用文体知识	教育智能素养	语文教学是一门科学，也是一门艺术，是一种十分复杂的实践活动。要取得语文教学的成功，必须要有教育学、心理学、生理学的理论武装自己；要有教育研究理论知识，如研究方法、统计学等知识
					要有德育能力、心理辅导能力和对学生的学习指导能力；要有组织管理能力以及沟通交往能力；能科学拟定自己的研究计划，能对自己的教学活动进行理性反思，根据自己的专业活动情况进行行动研究，能有效地分析并尝试解决问题，能撰写研究报告，能利用研究成果改进自己的教学
			专业的述说能力、阅读能力、写作能力学术自学和科研能力	语文教学智能素养	熟悉语文课程与教材、教法知识。了解语文课程的性质、目标、过程、原则、方法，了解语文教材的体系与编写特点
	一般的智力技能和动作技能，如"三字一话"技能、讲演交谈论辩技能、计算机运用技能等	语文学科拓展	自觉地、超前地、开拓性地自我提高、充实学识修养的那种学养。这种学养，已经内化为教师个体的一种善于学习、善		教学准备能力。独立钻研教材，深刻理解和恰当处理教学内容，根据教材的特点和学生实际确定教学目标、突出教学重点和难点，科学安排教学步骤，恰当选择教学丰方法，独立自主地写出科学完整而切实可行的教案的能力，具有制作教具的能力

（续表）

一　体		两　翼	
教育精神素养	职业认同感与师德：敬业、爱生、律己、献身；服务态度与精神；责任感和使命感；合作精神	学识素养	于自求自得的学识修养。它外化为一种能力和智慧，而内化则为一种知识灵感、学术底蕴和文化积淀。这实际上就是一种超越常态的学识与修养。王荣生博士描述的语文知识，分布在四个层面，其中"三是特指语文教师个人关于听、说、读、写等方面的缄默知识和内隐于具体言语作品中的待体验感知的'语文知识'，我们认为这就是拓展学识素养"	教学实施能力。要善于创造课堂气氛，创设教学情境集中学生注意力，调动学生学习积极性。要坚持启发式，反对注入式教学，充分发挥学生的主体作用和教师的主导作用，把方法教给学生，让他们学得自觉、主导、生动、活泼。还要善于调控课堂，随机应变，具有较强的教育机制。 课后教学能力。比如，批改作业作文、批阅与讲评试卷，检查教学效果，指导早读，课外辅导答疑，组织与指导开展课外阅读与课外活动等方面的能力
心理素养	独立成熟的人格系统；良好的心理健康状态；较高的认知水平；较强的心理健康教育能力和教育实践知识			

二、语文教师专业化发展"鸟模型"给我们的启示

语文教师专业化发展"鸟模型"启示我们语文教师的专业发展是一个动态的发展过程。鸟儿从出生到发育成熟，从羽翼未丰到展翅翱翔，需要长期的呵护、关爱、培育，需要在一定的环境中经受风雨的磨炼。所以，语文教师的"专业化发展"，重在三大素养平时的修养和训练，包括从幼儿园、小学、中学到大学的职前和职后工作岗位上的长期持续的学习、实践。优秀的语文教师是在长期的学习和教育教学实践中成长起来的，而不是一夜成名的。

语文教师专业化发展"鸟模型"启示我们，"一体两翼"是一个不可分割的整体，不可厚此薄彼。否则，将使机体出现严重问题。过去，在我们师范院校，有所谓"学术性"与"师范性"之争。其实，作为鸟的两翼，我们还有争论的必要吗？试想如果不注意养护其中的任一翼，鸟能飞起来并且飞得很高吗？过去，在我们师范院校，有所谓轻公共基础课重学科专业课之说，这实际上是忽视"一体"而注重"两翼"的问题。试想，如果鸟儿的身心，特别是五官、内脏、心理发育不全，鸟儿能健康地存活下来吗？

既然"一体两翼"即三大素养之间是一个动态的持续发展过程,是相互联系、不可分割的整体,那么我们怎样改善和提高我们的素养呢? 我想到了古人的"养气"说。"养气"说为我们认识和提高语文教师的专业素养有很好的启示意义。

古人在谈文学创作的经验和体会时,经常谈到"养气"。孟子是养气说的滥觞。在《孟子·公孙丑上》中提出"我知言,吾善养吾浩然之气"。这就是文学批评中著名的"知言养气"说。孟子主张加强内心修养来养气,这里的"气"可看做底气、文气、正气、气度的综合体。三国时曹丕在《典论·论文》中说"文以气为主,气之清浊有体,不可力强而致。"这是曹丕对"气"的论述。他强调作家的才性(指先天的秉性、才气),认为"气"在文学创作中至关重要:作家的气质、个性形成作家自己独特的风格。他还认为气有清浊之分,"所谓清浊,意近于刚柔。后来刘勰在《文心雕龙·体性》称'才有庸杰,气有刚柔''风趣刚柔,宁或改其气',说的气有刚柔,刚近于清,柔近于浊。"曹丕所说的"气"主要是底气、才气(文气)、气韵(风格)。韩愈《答李翊书》中说"气,水也;言,浮物也;水大而物之浮者大小毕浮。气之与言犹是也,气盛则言之短长与声之高下者皆宜。"这就是著名的"气盛言宜"的主张。这里的"气"虽指语言的气势,但他主张通过加强道德修养来养"气",只有把"气"养好、养"盛"了,才会出现"言宜"(文从字顺、自如表达)的美好境界。苏辙进一步发展了养气说,认为"气充乎其中,而溢乎其貌,动乎其言,见乎其文",主张养气一方面在于内心的修养,一方面在于外境的阅历。显然,韩愈和苏辙的养气说,内容和范围更广了,包括涵养正气、大气、志气、底气、文气、气度、气韵等多种内容。

纵观古人对养气的论述,养气的含义可归结为养文气、养正气、养气质、养气度、养风格等。我们从古人的"养气"说中受到启发,赋予"养气"以新的时代内涵,而且加以拓展,那就是:除了养文气、养正气外,还要"养"底气、志气、和气、大气、气度、气韵,以此来发展语文教师的专业化素养。

1. 养底气

底气有两层意思:一是生理层面上的。语文教师的说话、朗读要做到吐字清晰、发音准确、音亮洪厚,做到慢而不拖、快而不泥;做到以声传情、以情带声。这些都要求语文教师要保护好声带和喉头,养好发音的动力器官——肺,并且在呼气、换气的方法和技巧上多下功夫进行训练。二是学历层面的。语文教师只有把职前教育和职后培训、进修、自学结合起来,努力做到小学教师的学历大专化,初中的本科化,高中阶段的教师达到研究生学历,并且树立终身学习的思想,才能使"底气"充沛起来。三是精神层面的,包括理想、情操等教育精神和独立成熟的人格等心理素养方面。

2. 养文气

语文教师的文气,体现在基础学识修养、专业学识修养和拓展学识修养三方面:在基础学识修养上,是指要有广博的一般基础知识,举凡文、史、哲、数、理、化、天、地、生等学科的基础常识都应有所涉猎,就连人生和社会的现象也应该有丰富而深刻的体验。因为语文是人文学科,它无所不包,无时不有。在专业学识修养上,是指要有扎实的语文学科专业知识,同时要有教育学、教育心理学理论知识,在此基础上,重点钻研语文学科教育理论,使之有效地转化为语文教学能力,所有这些都在哲学(含美学)指导下广泛吸收相关学科知识。

语文教师的文气,还体现在拓展学识修养上。"这是一种源于专业和基础学识修养又高于专业和基础学识修养的发展性学识修养。我们知道,学习,有元学习;认知,有元认知;而学识修养,也应当有一种'元学识修养',这就是自觉地、超前地、开拓性地自我提高、充实学识修养的那种学养。这种学养,已经内化为教师个体的一种善于学习、善于生活、善于自省自励、善于自求自得的学识修养。它外化为一种能力和智慧,而内化则为一种知识灵感、学术底蕴和文化积淀。"

语文教师的文气,还体现在职业能力方面。包括"一笔好字,一口好话、一手好文章",包括听说读写等多种语文能力。因为语文学科具有工具性,要教好语文这一工具性很强的学科,教师自身对这一工具要掌握并运用得很好。因此在听、说、读、写上,要显得高人一筹。比如,在"写"上,要能够写出其他学科一般教师写不出的锦绣华章;写出来的"下水"作文要让绝大多数学生从心底感到佩服。

3. 讲正气

徐特立先生认为,教师有两种人格,一种是"经师",是教学生做学问的;一种是"人师",是教学生养成良好行为习惯和高尚道德品质的。教师的重要职责就是将教师的角色行为模式展现在学生面前,为学生树立起一个可供模仿的榜样模型。面对着社会上某些方面的物欲横流和金钱至上的歪风邪气,语文教师要像陶行知那样,"捧着一颗心来,不带半根草去",牢固树立两袖清风、一身正气的思想;要像全国优秀教师李镇西那样,"用心灵塑造心灵,用人格塑造人格",牢固树立以高尚的灵魂和健全的人格育人的思想。为此,语文教师要从以下两方面涵养正气:一是注意自己的一言一行,扮演好学生学习的榜样的角色,被学生看作是社会的代表、伦理的化身;二是注意对所教学科——语文的态度以及自身治学的态度,使学生在潜移默化中受到熏陶感染。

4. 有志气

语文教师要有志于成为名师。如何成为名师呢?除了涵养底气、文气、正气等之外,还要有如下心理品质:对语文教学浓厚的兴趣,丰富的情感,坚忍的意志和刚毅的性格。根据人才学的一般理论,成为名师要经历模仿、熟悉、创新、成熟四个阶段。

(1) 模仿阶段。对于刚从师范院校毕业,走上语文教师岗位的人而言,面对着五彩纷呈或刻板呆滞的语文教学现状,或应接不暇,或困惑不解。因此,对愿意致力于语文教育的人来说,有一个了解、鉴别、选择、模仿的过程。本阶段主要达到语文教学的技术(操作性)层次。

(2) 熟悉阶段。经过一段了解、模仿,逐渐熟悉教学的全过程,明了语文教学过程的纵向和横向联系,逐渐摆脱模仿的心态,转向独立设计教学的尝试,并初步体味到语文教学的苦与乐,积累较为丰富的经验。本阶段主要达到语文教学的经验(描述性)层次。

(3) 创新阶段。在积累了一些经验之后,与校内外同行进行比较,在比较中发现自己在语文教学的某些方面有所创新,包括看法和做法。在此基础上,从理论方面充实自己,并在实践中有目的地进行试验,并取得显著成效。本阶段主要达到总结经验层次。

(4) 成熟阶段。一位语文教师成熟的标志是理论上有系统的认识,实践上有成套的做法,风格上有独特的表现。本阶段主要达到理论层次。

要完成以上四个阶段,绝非易事,没有志气是不行的。没有志气,也许走到第二个阶段,就再也走不下去了。

语文教师要走"学者化"道路:思维要"科学化",经验要"理性化",教改要"实验化",教研要"优质化",没有志气,如何"化"得深入,"化"得成熟呢?

语文教师的志气,还体现为致力于语文教学改革的精神。如何涵养这种精神呢?

一是学习。被称为"百科之母"的语文教学是高难度的教学。语文教师只有从丰富的社会生活中汲取营养,从多彩的语文实践中获取经验,从千差万别的学生学习过程中探求方法,才能为语文教学改革打下扎实的基础。

二是研究。语文教师的研究工作,主要是对所教学科和学生的探讨。首先,深入了解"语言和文字的性质""认清汉语各种形式(普通话和方言,现代汉语和古代汉语)的区别和它们的相互关系"。深入了解文学和创作的本质、特点以及相互关系,等等。其次,逐步了解学生母语能力形成的特点,认清其阶段性与联系性。再次,通过教学实践和理论学习,总结教学经验,并反过来指导教学实践,使教学与研究联系起来,形成良性循环。

5. 养大气

语文教师要"大气",而不"小气"。"大气"着眼于语文教师的角色定位：语文教学的主导者,人文精神的弘扬者,民族语文的示范者,为人师表的教育者,着眼于全面提高学生的语文素养所开展的素质教育;"小气"是指仅着眼于学生学习成绩、着眼于尖子生的应试教育。

怎样涵养"大气"呢?

一是树立正确的语文教育观念。语文教育观念,可分为三个层次：元问题、基本问题和具体问题。

(1) 元问题,指最高层次的问题,包括语文学科教育是什么、语文学科的性质——工具性和人文性等本质意义上的问题。

(2) 基本问题,包括语文教育价值观、目的观、师生观、质量观等。

(3) 具体问题,指涉及某一方面或某一细节的问题。前者如阅读教学、写作教学、口语交际教学;后者如作文的命题、指导、批改和讲评等。

在元问题上,那种只重视工具性而忽视人文性的教师,就是"小气";在基本问题上,那种只重视升学率或学生的考试成绩的教师就是"小气";在具体问题上,只重视读、写教学,忽视听、说教学,只重视知识、技能教学,忽视情感、态度、价值观教学的教师,就是"小气"。

二是树立面向全体和全面发展的观念。面向全体,就是不要剥夺任何一名学生受教育的权利,坚信"没有教不好的学生";全面发展是指听、说、读、写全面发展,德、智、美全面发展,智力因素和非智力因素的全面发展。

6. 养气度

指语文教师在心理保健上要涵养的内容：加强社交、乐业合群;舒展胸怀、达观上进;正视困苦、战胜挫折等。因为语文教师是"集体的领导者""人际关系的艺术家""心理治疗工作者"。因此语文教师要涵养气度。如何去涵养气度呢?

一是坚定方向,热爱语文(通过自己的语文实践),热爱语文教育事业(通过自己的语文教育实践),热爱自己的教育对象(在转变学生的过程中)。

二是平时注意处理好自身的人际关系。正确处理自身与家庭的关系,与学校(特别是教研组和年级组)的关系,与其他社交范围的关系。处理好了人际关系,养成和气待人、谦恭为人的习惯和秉性,才能迁移到学生群体中,形成时时轻声细语、处处平易近人的美好境界。

7. 养气韵

气韵与人的气质和内在精神紧密相连,与教师的能力紧密相关。它外化为"一笔好字,一口好话、一手好文章",体现为表述的清晰度、思维的流畅性,涉及语文教师的听、说、读、写能力、教学设计、组织课堂、开展活动等教学能力和观察能力、思维能力、科研能力等职业能力,涉及教育机智和创新精神等品性上。它还表现为对教材的独特处理和教学的个性化所体现的独特的教学风格上。

我们认为"养气"说新的时代内涵与当代语文教师专业化发展应有的职业素养是一致的。从专业文化知识和职业能力上说,主要养底气、文气;从职业道德和职业精神方面说,主要养正气、志气;从心理品质和心理保健方面说,主要养大气、气度和气韵。所有这些,用一句话来概括,就是全面提高语文教师的职业素养。只有把"气"养好、养"盛"了,才会出现"言宜"的美好境界:培养出一代又一代有知识、强能力、善创新、高素质的学生。然而,有的语文教师往往重视养底气、文气,比如重视提高学历层次,重视学习语文专业知识,重视学术方面的准备,忽视正气、志气、大气、气度和气韵的涵养,比如,忽视对语文学科的情感、态度的涵养,忽视对学生的了解,忽视与学生的交流等。其实,这是片面的。邵瑞珍在《教育心理学》中指出:中小学教师的学科知识、学术准备到了一定的临界点(比如取得了一定的学历)后,与有效教学仅有微小的相关,与教师表述的清晰度、思维的流畅性有显著的相关;与教师对教育的情感、态度呈正相关;与教师组织教学的能力、了解学生并与学生交流的能力呈正相关。因此,养底气、文气与养正气、志气、和气、大气、气度、气韵要兼顾,不可偏废。

第二节　用支架式教学模式指导学生"参与课程研制"的尝试

一、尝试前的思考

让教师"参与课程研制"是新课程的重要理念之一,华东师范大学的博士生导师倪文锦先生说:"在新课程背景下,参与课程研制、用教材教、为了每一个学生的发展,将成为语文教师专业工作——语文教学的三大准则"。作为培养新课程实施者的高等师范院校,我们不能把"参与课程研制"这一理念、这一准则仅停留在口号上或简单的知识传授上,应该让他们在我们高校的课程中,在我们高校教师的指导下,亲身体验、亲手实践,以便他们走向工作岗位后真正地"参与"中小学的"课程研制"。

那么,在我们高校的课程中让学生参与研制什么具体内容呢?是否需要找到一个和现有的课程相联结的"点"呢?怎样指导大家"参与课程研制"呢?我在不断思考着这些问题。

在给新乡学院语文教育专业 2005 级 3 班和 4 班的学生上"中学语文教学法"课的时候,上到第六章——"语文综合性学习"时,我发现找到了一个联结点:《语文课程标准》中谈到语文综合性学习的三种形式——综合语文课程的各个领域,包括识字与写字、阅读、写作、口语交际等开展的语文综合性学习;通过语文课程与其他课程的有机整合,所开展的语文综合性学习;把学校与家庭、社会联系起来,突出"生活"这一主线的语文综合性学习。这三种形式的"语文综合性学习",如果没有实例做支撑,学生很难理解到位。然而,《中学语文新课程教学法》教材只举了其中两个——第一种和第三种,分别是《荷》和《我们在岛上的生活》,缺失了第二种。这一"缺失",为我指导学生参与"中学语文新课程教学法"这门课的课程研制提供了契机,何不让学生尝试一下,补上这一实例呢? 再说,学生要想学好"语文综合性学习"的有关理论,并对有关理论有较深的理解和把握,也必须亲手参与实践。于是,我把"参与课程研制"的内容确定为"给教材(《中学语文新课程教学法》)设计一个第二种形式的语文综合性学习实例"。

学生听到"参与课程研制"这一概念,都有些发怵,更不知如何"参与"了。那么,怎样打消学生的顾虑,使他们乐意参与呢? 我想到了支架式教学模式。支架式(scaffolding)本意是建筑行业中使用的脚手架,这里用来形象地说明一种教学模式:教师引导着教学的进行,使学生掌握、建构并内化所学的知识技能,从而使他们进行更高水平的认知活动。支架式教学模式,一般分"预热-探索-独立探索"三步来进行,是通过教师的帮助把管理学习的任务逐渐由教师转移给学生自己,最后撤去支架。支架式教学模式便于指导学生"参与课程研制"。

二、用支架式教学模式的步骤、做法

(一) 预热——教师讲明"参与课程研制"的内涵,并将学生引入问题情境中

"参与课程研制",从宏观方面说,是对一定课程基本问题的探讨,通常由一些思辨性较强的命题,以及相应比较概括化和抽象化的理论观点及其说明、论证构成。比如,对一定课程的课程目标、性质、价值、内容等方面的论述、分析、说明。从中观层面说,是对课程设计或编制方面的探讨,通常由一些操作性很强的要求、步骤、方法等构成,包括参与编写课程标准,编写教材、教学参考书、练习册,开发校本课程等。从微观方面说,通常指对课程、教材、教学的评价或对课程、教材、课程标准等某个具体方面的分析评价、开发利用,如开发和利用课程资源,发现并纠正教

材中正文或注释存在的问题,发现并纠正教材编写中的不当之处等。

今天,我们就从微观方面来参与"中学语文新课程教学法"这门课的课程研制,请大家打开课本看第六章第二节——"语文综合性学习的实施",看大家能否发现并纠正本节教材编写中的不当之处。

(二) 探索——教师启发引导,学生参与探究

请看课堂实录:

师:我们知道语文综合性学习有三种形式。三种形式的语文综合性学习,课本中只举了两个例子,分别对应的是哪种形式的语文综合性学习? 缺少了哪一种?

生:课本中举了《荷》和《我们在岛上的生活》作为实例,分别对应的是第一种和第三种形式的语文综合性学习,缺少的是第二种形式的语文综合性学习。

师:课本中缺少的是第二种形式的语文综合性学习的实例,需要我们把它填上,填补上了,就体现了我们对课程研制的参与。有些同学也许会说,这也太简单了吧? 有些同学也许认为这样理解"参与课程研制"是否偏狭了点儿? 我却不这样认为,理由是:第二种形式的语文综合性学习,和第一种、第三种一样,较难,较复杂,没有实例做支撑,读者很难把它搞清楚,应该填补;更为重要的是,通过我们的填补活动,使我们对语文综合性学习有更深的体验,同时培养我们的实践能力和创新能力。

生:(有些同学面带忧虑)既然设计第二种形式的语文综合性学习,和第一种、第三种一样同样较难,较复杂,我们应注意什么问题呢?

师:第二种形式的语文综合性学习,主要体现了课程整合的理念,要把不同的课程内容或因素按照语文的系列组织在一起,构成具有整体效应的专题,实现不同课程的共同价值和语文的独特价值。在设计过程中应保证它是"语文"课程而不是历史或地理或别的课程,应体现语文学科的工具性与人文性特征。

生:还是觉得太抽象。

师:五一节快到了,五一长假期间,你们可以尝试给初中生或高中生设计一则开展语文综合性学习的教学案例——《XXX 旅游景区风情和文学、文化探究》(设计出来后,你们也可以亲自到现场体验一下),在设计过程中,可考虑把"景点概况""搜集并整理该景点有关的历史故事和神话传说"等内容设计进去,因为"景点概况"一般涉及介绍地理位置、面积、气候特点等内容,这就和

"地理"学科结合了起来;而"搜集并整理该景点有关的历史故事和神话传说"又容易把"历史"学科与语文学科结合起来,从而体现"语文课程与其他课程的有机整合"。当然,为了保证它是"语文"课程而不是历史或地理或别的课程,可让学生把最感兴趣的物产写成说明文,也可以把他们对景区或某一个方面感受最深的内容写成游记或写成散文,从而突出"语文综合性学习"的"语文"。

生:(脸上露出兴奋的表情)我们明白了。

(三)独立探索——学生亲手设计,并以书面形式递交设计成果

学生对"第二种形式的语文综合性学习"有了初步认识后,"自我效能感"提高了许多,有的同学凑到一起讨论、交流,有的同学在课堂上开始动手设计了,教师巡回进行个别化指导,比如,对没有设计"活动目标""活动导引"的,要求他们补上,因为这也是"教学设计";对题目确定得过大或过小的,要求他们纠正。四十分钟后,多数同学完成了设计,不少同学的设计带有创造性。有的设计的是《牧野文化新探》,把语文学科与历史学科结合了起来,有的设计的是《新乡人民公园的花卉探究》,把语文学科与生物学科结合了起来……课堂上没有完成的,要求他们课后完成。完成后,把设计成果交给老师。

三、尝试后的感想、体会

(一)"在游泳中学习游泳"

对"参与课程研制"这一理念,如果我们只是从理论上说一说而已,学生缺乏这一方面的实践、体验,很难从深层次上解决问题,更谈不上什么质量和品位,正如教学生游泳,光在岸上讲一些方法是远远不够的,必须让他们在游泳中学习游泳。也许有人会说让在校大学生"参与课程研制"是不现实的。其实,正如上文所言,"参与课程研制",有宏观方面的,也有微观方面的;有难度大的,也有难度小的。这里涉及一个角度和难度的"度"的把握。开发一门校本课程或参与编写教材或者修订课程标准,都是参与课程研制,但这些对在校专科学生、本科学生来说也许勉为其难了,不是所有的学生有机会、有能力、有时间来开展的。那么从一个微观方面、从一个难度小的方面入手,不是没有可能的,因为它耗时少,周期短、工作量小,再加上有教师的指导,应该是可能的,也是现实的。

(二)发挥教师的主导作用,突出学生的主体地位

"参与课程研制",重在学生的"参与",因此,学生的动手实践与亲身体验显得尤为重要。而"支架式教学模式"的运用无疑体现了教师的主导作用。从"预

热——教师讲明'参与课程研制'的内涵,并将学生引入问题情境中",到"探索——教师启发引导,学生参与探究",再到"独立探索——学生亲手设计,并以书面形式递交设计成果",每一步都体现了教师的主导作用:启发与引导,管理与监控。事实上,"支架式教学模式"从"搭起支架"到"撤掉支架"的过程,是教师指导成分逐渐减少、学生自主探索逐步增多的过程。

(三) 有利于培养学生的参与意识、创造性和探究兴趣

经过本节课的教学,许多同学对"参与课程研制"产生了参与和探究的兴趣。正如叶贝贝同学一个月后所说的,"在老师的指导下,我亲手设计了第二种形式的语文综合性学习,实实在在地'参与'了一把,同时对'参与课程研制'的内涵、方法等有关理论有了更深的理解。课堂上的尝试激发了我课后的探究兴趣:我到图书馆翻阅了相关书籍,还利用五一长假对自己亲手设计的第二种形式的"语文综合性学习"开展了探究,感到收获不小。"限于篇幅,这里我们来看一下她针对《万仙山景区风情和文学、文化探究》第三个学习项目——"对联搜集与探究",搞出来的学习成果。

　　对联:万壑有声伴天籁,千峰无语立斜阳

　　解读与研究:该对联位于万仙山腹地的一座山峰上。环顾一座座奇峰,多层重叠,赳赳向上,直刺云天,姿态迥异,似神似仙,在雾遮云绕中飘然欲动:甲胄在身的将军峰,挥手遥望的华山石人,仰天侧卧的虎啸石,错落有致的七郎峰,体积上万立方米的太行石王……好一个"千峰无语立斜阳"。万仙山山高林密,人迹罕至,是众多野生动物的乐园,金钱豹、猕猴、黄羊、獾,时有出没,鹰、山雀、雨雉等,随处可见。还有众多色彩斑斓的蝴蝶。正所谓万籁四伏。这里水源丰富,汩汩清泉,淙淙小溪,汇成一个个深潭,真是"万壑有声伴天籁"!

　　此联对仗工整。如"千"对"万","有声"对"无语"。上联表现的动态美,下联表现的是静态美;上联以"壑"写水,下联以阳光衬山峰,有山有水,而重在写山,突出了万仙山景区的最大特征——千山万壑。

由此可看出,叶贝贝同学对上述对联的探究或解读是有创造性的。另外,她设计的《万仙山景区风情和文学、文化探究》成果也是有创造性的,表现在她加了"学习活动的背景",指明了做这一设计的原因;学习任务可任选4~6个,但1~3为必须完成的,体现了"语文综合性学习"的弹性。

第三节　教师科研常用的方法示例

一、经验总结法示例1：《在高校课程中指导学生开展合作性学习的尝试》

随着高等院校课程改革的深入，自主性学习、合作性学习、研究性学习作为三种学习方式渐渐引起了人们的关注。人们试图用这三种学习方式打破长期以来接受式学习在教学中过多运用甚至"独霸教坛"的尴尬局面。对教师教育专业的学生来讲，更具有非同寻常的意义：不仅教给他们这三种学习方式"是什么"，更要教给他们"怎么做"，并让他们亲自尝试，这样，他们才可能在中小学的教学中用得好、用得活。笔者曾多次指导学生运用这三种学习方式进行教学，收到了良好的效果。限于篇幅，这里，以笔者所任教的"现代汉语"课为例，谈谈自己是如何组织并指导学生开展合作性学习的。

（一）认真备课，选择合适的内容

在"现代汉语"课上，当同学们学到第五章第三节——"虚词"的时候，笔者发现《现代汉语》教材从第41～66页零零星星地介绍了虚词"的"的一些用法：有时候用作助词，有时候用作语气词。用作结构助词的时候，可作定语的标志，也可构成"的"字短语；可以用作表示时间的特殊助词，也可构成比况助词"似的"。面对"的"如此复杂的用法，不少同学学起来比较吃力，用起来容易混淆，甚至出现错误，有必要对它进行系统的分析和探讨，有必要总结出它的使用规律。那么，采用什么方式或方法才能实现巴班斯基所提出的"教学过程的最优化"，才能使教学效果更好一些呢？笔者在备课时进行了如下的思考：通过传统的讲授法灌输给学生固然可以，但耗时多，效果也不好；通过指导学生开展自主性学习固然也可以，但因为内容多，学生很可能自学的深度不够，规律也很可能总结得不到位，有些甚至总结不出来。想来想去，笔者觉得虚词"的"的多种用法这一内容很适合学生运用合作性学习这一方式来进行。那么，在学生课内、课外开展合作性学习的过程中，自己做些什么呢？自己是不是就成了"旁观者""局外人"呢？笔者想到了郑金洲先生的一句话：发挥教师的"指导和管理"作用。就这样，笔者在本节课的教案中，在"教学方法"一栏里填写了"组织并指导学生开展合作性学习"一行字。

(二) 指导学生确定学习方法,分解学习内容

针对学生在课后可能遇到的问题,结合《现代汉语》教材上的介绍,笔者启发大家采用比较法来学习、来研究,这样容易把学习或研究引向深入。笔者还启发大家将复杂的学习内容——"虚词'的'的多种用法",分解成几个较小的学习目标,这样有利于分工合作。经过讨论,大家确定了如下几个具体的学习内容(也可以叫学习目标):

目标1——结构助词"的"与"地""得"用法的比较。

目标2——"的"字短语以及"的"字短语中的"动词+的"与中补短语中的"动词+得"的比较。

目标3——语气词"的"的用法及其与"的"字短语的比较。

目标4——表示时间的特殊助词"的"与另一表示时间的特殊助词"来着"语法意义的比较。

(三) 组织学生分工合作,开展学习

确定了上述四个学习目标后,为节省同学们的时间,也为了使同学们在较短时间内把学习内容——"虚词'的'的多种用法"的探究引向深入,笔者要求学生分组并且在组内分工来展开学习和研究。比如A组有四名同学,分别是张三、李四、王五、麻六,建议他们在全面了解总的学习内容的前提下,这样分工:张三重点钻研目标1,李四重点钻研目标2,王五重点钻研目标3,麻六重点钻研目标4。

笔者还建议他们选出组长,定出纪录员。组长负责制订学习方案,监控大家的学习进展,负责召集大家在课下的讨论、交流;纪录员负责汇总、整理大家日后的学习成果。组内每名同学力求在规定的一周时间内完成自己的学习目标,然后抽出一个晚自习,大家汇总、交流、补充、完善。

(四) 针对难点,作出示范

针对同学们提出的难点,笔者以目标1"结构助词'的'与'地''得'用法的比较"为例,给他们作了示范。

作结构助词用时,"的"与"地""得"一样,都读"de",如"精美的书""前进的步伐""他的衣服"。那么,在使用时,怎样区分"的、地、得"呢?

请看以下几个句子:

伟大的祖国。

他高兴地说。

他讲得很好。

"的"用在名词"祖国"的前面，"地"用在动词"说"的前面，"得"用在动词"说"的后面。由此，可得出结论：名词前用"的"，动词前用"地"，动词后用"得"。

"的、地、得"分别是定语、状语、补语的标志。它们有分清结构性质，避免定语、状语、补语混淆的作用。请看以下几个句子：

(1) 我的战友飞快地冲了上去，打得敌人落花流水。

(2) 三五成群的鸭子在波光荡漾的水面上游得好自在。

(3) 她问得这样天真，把大人都逗乐了。

由此可看出，在一句话中，如三者都出现，"的""地""得"使用规律可表示如下：

<u>(……)</u>的＋名词‖【……】地＋动词＋得〈……〉

定语　　　　　状语　　　　　补语

另外，要根据及物动词中的谓宾动词的特性去区分"的"与"地"的用法。谓宾动词中的真谓宾动词能带状中、动宾等动词短语作宾语，但不能带以谓词为中心的定中短语作宾语。例如"值得认真地学习"不能换成"值得认真的学习"；"准备积极地参加"不能换成"准备积极的参加"。谓宾动词中的准谓宾动词可以带以谓词为中心的定中短语作宾语，而不能带动宾、状中等短语作宾语，例如"致以亲切的问候"不能是"致以亲切地问候""进行认真的调查"不能是"进行认真地调查"。

通过这样的示范，同学们明白了要从现象到本质、由表及里展开学习，才能探讨出语言规律的道理；也明白了只有运用比较法，才能把研究引向深入的道理。

(五) 抽出时间，监控学生课下的学习进展

同学们在课下学习了三天后，笔者抽出一定的时间对部分同学的学习情况进行了调查、了解，发现有的组的同学已做出了初步的成果。如孟小蕊同学以《"的"字短语以及"的"字短语中的"动词＋的"与中补短语中的"动词＋得"的比较》为学习目标，做出了如下的成果。

"的"附着在实词和短语后面组成"的"字短语。如开车的、打球的。"的"字短语指称人或事物，属于名词性短语，能做主语、宾语，有时可作介词短语。如：在"那本书是我的"一句中，"我的"作全句的宾语。在"大的要照顾小的"一句中，"大的"做主语，"小的"作宾语。在"说的比唱的还好听"一句中"说的"

做主语,"唱的"作"比"的宾语,并和"比"构成介宾短语,作状语。

多数"的"字短语后面其实省略了相应的名词,如开车的(人)、打球的(运动员)、我的(书)。

"的"字短语中的"的",是结构助词。"的"字短语中最常见的一种情况"动词+的"与"动词+得"(中补短语)有明显的不同。如:

例1. 大家少不了<u>吃的</u>。

例2. 红军<u>打得敌人落花流水</u>。

"吃的"是"的"字短语。"打得敌人落花流水"是中补短语,"得"是补语的标志。

应当说,孟小蕊同学的学习是比较扎实的。但笔者发现她没有总结出规律,学习的深度也不够。笔者启发她总结出了如下的规律。

因为"的"字短语后面往往省略了相应的名词,所以"的"字短语与"动词+得"构成的中补短语二者的区别,可表示如下:

"的"字短语   动词+"的"+名词(可省略)

中补短语   动词+"得"+补语

又诱导她向深处挖掘,做如下的探究:

"的"与"得"作虚词的时候,读音相同,口语中听起来一样,可以通用,如"吃的好""吃得好""他讲得很好""他讲的很好"。但在书面表达的时候,有时候不能通用,用哪个"de",要看句子的结构性质,要看强调的是什么:用"的",为"的"字短语,强调的是人或事物,而不是动作;用"得",为中补短语,强调的是动作,而不是人或事物。因为"的"字短语后面其实省略了相应的指称人或事物的名词。

笔者通过课下的跟踪调研,再加上各组组长的信息反馈,给学生以不断的调节、监控、指导,保证了学生的有效参与和学习的顺利推进。

(六) 督促检查,让各组进行组内交流

又过了两天,笔者督促各小组组长召集大家进行组内交流、讨论,记录员负责汇总大家一周来的学习成果,有条件的还要将汇总的结果输入到电脑中,做成课件。

据了解,笔者所任教的这个班共分了十个小组,其中九个小组搞得很好。各组有不少同学还写出了短篇小论文,这里把张景宵同学以目标3为学习内容所写的小论文摘录如下:

语气词"的"的用法及其与"的"字短语用法的比较

"的",用在句尾,有时表示陈述语气,表示肯定、确认,是语气词,如"那样说是可以的""他今天会回来的"。

语气词可以两三个连着用。连用是有层次的,最后一个语气词是全句的重点。如:"我不是说一会儿就来陪您的吗?"在这一句子中,有两层语气,"的"表示肯定语气,是第一层,"吗"表示疑问语气,是第二层。"吗"是全句的重点语气。

"的"字短语和语气词"的"都可以用在句尾。那么"的"字短语中的结构助词"的",与语气词"的"怎样区分呢? 那要看"的"后面能不能添加上相应的名词。"的"字短语中的"的",作为结构助词,后面可加上名词,说明其类别,如卖菜的(人),吃的(东西)。语气词后面不能加名词,如:我想他会来的。

(七) 提供时间和平台,让各小组进行班内交流讨论

笔者安排了两节课时间,在一个多媒体教室让每组派一个代表向老师和全班同学汇报、交流本组的学习成果。老师或其他组的同学发现问题后,可以随时询问发言人,可以质疑发言人,也可以随时补充。比如,有一个组的代表在讲"目标4"的时候,讲了表示时间的特殊助词"的"与另一表示时间的特殊助词"来着"语法意义的区别:

> 表示时间的特殊助词"的",插在动宾短语中间,表示过去发生的事情,一般用在句中,如"我六点钟到的郑州"。"来着"一般表示不久前发生的事情,用在句末,如"昨天上午你干什么来着?"。

看到这位同学的答案不全面,另一组的同学吴小刚补充说:

> "的"与"来着"的另一区别在于:是否肯定动作行为本身。"的",不肯定动作行为本身,偏重于强调动作的时间、处所、方式、施事,如"老王发的言,我没发言"一句中,强调的是动作的施事者"老王"。"我六点钟到的郑州",强调的是时间"六点钟"。"来着"偏重于肯定动作行为本身,如"我说什么来着?",肯定"说什么"这动作。

在整整两节课时间内,像如此的补充不下十次。除此之外,同学们之间的质疑、询问也不下十次。看到同学们经过认真钻研、合作学习后所表现出的思维的空前活跃,表达的空前流利、有理有据,笔者的心里有一种说不出的兴奋。

的确,笔者在课堂内外通过组织并指导同学们开展合作性学习,不仅使大家把"虚词'的'的多种用法"这一内容学得全面而深入了,更重要的是培养了他们的合作意识、团结精神,提升了他们碰到复杂问题后合作探究的能力。

二、经验总结法示例2:《在学科教学中开展研究性学习的尝试》

目前,研究性学习已悄悄进入中学课堂,并作为一种崭新的教学理念和教学实践活动,为越来越多的老师和学生所欢迎。因此,高等院校,尤其是师范类院校,如何在各门必修课、选修课中广泛探索并实践这种教学方式,具有十分重要而迫切的现实意义。笔者在"现代汉语"课堂上,曾结合教材内容作过多次尝试,确认对激发当代大学生的学习兴趣,对张扬他们的个性,培养他们的创新能力和实践能力,深化他们对教材的学习,都具有明显的成效。现根据自己的探索经历,以课程"现代汉语"第六章的内容——修辞为目标,以课题"毛泽东诗词中的修辞美"为例,谈谈指导学生开展研究性学习的做法、步骤和效果、体会。

(一) 指导学生开展研究性学习的做法、步骤

1. 确立课题与教学目标

黄伯荣、廖序东二位先生主编的教材《现代汉语》,其中第六章的内容为"修辞"。本章内容共分十节,其中前三节的内容学生不熟悉,后七节主要涉及的内容是"辞格",学生在中学接触较多,比较熟悉。因此,为达到理论联系实际的目的,达到本章《教学大纲》中所提出的"提高语言的运用能力和鉴赏能力"的目的,在学完前三节后,对本章后七节内容决定展开研究性学习。时间为三周,其中课内指导和交流占六课时,其余时间学生在课余学习和钻研。

毛泽东同志所写的数十首诗词,很适合进行研究性学习。首先,毛泽东同志的诗词中蕴涵着丰富的修辞,易于激活学生的思维;其次,毛泽东同志的诗词中有不少名篇,学生较熟悉,能够激发他们的探究兴趣;第三,相关资料较多,且容易查找。

教学目标确定为以下四点。一是方法目标:学习选题的方法,培养学生自主探究的意识与能力;二是认知目标:使学生在研究中注意学习教材的内容,注意把教材的前三节与后七节联系起来,注意利用教材的理论框架,注重利用各种媒体,搜集信息,开阔视野,做到学习与研究并重;三是能力目标:训练学生的分析和概括能力,发散思维和集中思维能力,进而提高诗词的鉴赏能力和创作能力;四是情感目标:使学生进一步感受毛泽东的思想情感,感受毛泽东的革命激情、宽大胸怀、宏大抱负,培养良好的审美情趣。

2. 学习准备

(1) 教师向学生介绍本次研究性学习的意义、注意事项,以激发学生的学习兴趣。

（2）教师给学生指导方法。一是分组用合作式去学习和探究：分头去图书馆或网上查资料，然后在组内交流，实现资源共享；二是和课堂上以及教材上所学到的修辞知识相联系，在学习中研究，在研究中学习。

（3）教师给学生提出学习要求。每位同学从毛泽东诗词中要背诵并欣赏至少四篇作品；每位同学尝试写一首诗或词，题目自拟；每组的同学要合作写一篇毛泽东诗词中有关修辞的小论文。

3.　学习过程

（1）随机抽几名学生每人向全班同学声情并茂地朗诵一首毛泽东的诗词，分析其中辞格的表达效果。

（2）对朗诵的优劣和所作的分析展开评论，并提出问题，大胆质疑，进行创造性的学习。

（3）小组代表向全班同学汇报准备写的论文的选题角度、主要观点、主要论据、结构层次等，对其中存在的问题，教师引导学生讨论，并适时点拨。经讨论和点拨，同学们普遍认为以下选题很不错（以下选题中的画线部分为本章教材中的内容或知识点），且有代表性。

① 论《卜算子·咏梅》中的比拟辞格。

② 论《七律·长征》中的辞格美。

③ 谈毛泽东诗词中词语的锤炼。

④ 谈毛泽东律诗中的音韵美。

⑤ 谈毛泽东诗词中辞格的综合运用。

⑥ 万里长征万里歌——谈毛泽东诗词中的辞格美。

⑦ 不同的时代，相同的人格——《沁园春·雪》与《水调歌头·游泳》修辞效果的比较。

⑧ 论毛泽东诗词中运用比喻的多样性和灵活性。

⑨ 从《蝶恋花·答李淑一》到《七律·人民解放军占领南京》谈修辞的原则和要求。

⑩ 谈毛泽东诗词中的常式句和变式句。

（4）学生对所选定的专题展开研究。

（5）学生总结研究成果，根据自己的能力和条件创作一首诗或词，撰写研究论文，有条件的同学可将自己的创作或论文制作成多媒体课件以便和大家交流。

（6）教师组织学生进行学习成果或研究成果的交流。交流形式大致有三类：一是朗诵自己创作的诗或词；二是宣读自己的小论文；三是展示自己制作的多媒体课件。

（7）邀请有关专家、教师、学生代表点评学生的研究成果，给予学生充分肯定和鼓励。教师总结此次研究性学习的成败得失。

（二）指导学生开展研究性学习的效果和体会

研究性学习使学生合作学习的热情空前高涨。在"学习过程"中，同学们纷纷拿起课本开始了研读，纷纷到阅览室、图书馆或网上查资料，然后在宿舍、教室交流，这促进了学生与学生之间的合作；执笔的同学纷纷向老师请教如何选题、如何把《现代汉语》教材的内容或理论体系与所写的论文联系起来，促进了师生之间的合作学习；诗词小创作、小论文完成后，不少同学忙着请家长、请好朋友帮助自己制作课件，促进了学生与家长、朋友之间的合作。这些都表明研究性学习使学生合作学习的热情空前高涨。

研究性学习使学生的个性进一步得到了张扬。在交流学习成果时，笔者发现学生写的小论文已远远超过了在"选题指导"时确定的十个题目，比如有的小组以《师古而不泥古，在继承中创新——谈毛泽东诗词中辞格的运用》为题，有的小组以《豪情如海，英气冲天——从"万"字的 12 次出现入手谈毛泽东诗词中的夸张》为题……从同学们自拟的一个个论文题目可看出他们的个性得到了进一步张扬。学生们写的诗也都很有个性。

参考文献

［1］语文课程标准研制组.全日制义务教育语文课程标准解读(实验稿)［M］.武汉：湖北教育出版社,2005.

［2］中华人民共和国教育部.全日制义务教育语文课程标准(实验稿)［M］.北京：北京师范大学出版社,2001.

［3］张贵新,杨玉宝.教师专业化与教师专业素质发展［M］.长春：东北师范大学出版,2002.

［4］倪文锦.初中语文新课程教学法［M］.北京：高等教育出版社,2003.

［5］周庆元.语文教育研究概论［M］.长沙：湖南人民出版社,2005.

［6］饶杰腾.语文学科教育学［M］.北京：首都师范大学出版社,2001.

［7］邵瑞珍.教育心理学［M］.上海：上海教育出版社.2000.

［8］王炳照,阎国华.中国教育思想通史(第六卷)［M］.长沙：湖南教育出版社,1994.

［9］周庆元,胡绪阳.走向美育的完整［J］.教育研究,2006(3)：33－34.

［10］纪怀民,陆贵山.马克思主义文艺论著选讲［M］.北京：中国人民大学出版社,1983.

［11］郝永得.课程研制方法论［M］北京：教育科学出版社,2001.

［12］周庆元.语文教育研究概论［M］.长沙：湖南人民出版社,2005.

［13］张楚廷.教学论纲(第2版)［M］.北京：高等教育出版社,2008.

［14］王荣生.语文科课程论基础［M］.上海：上海教育出版社,2003.

［15］韩雪屏.审视语文课程的基础知识［J］.语文建设,2002(5)：12-13.

［16］钟启泉.学校知识与课程目标［J］.教育研究,2000(11)：51.

后 记

从我1985年参加工作算起,至今已有30多个春秋。在这30多年中,我始终走在教育教学的第一线,既从事语文教学,又从事语文教学研究,后来又在高校任教。在工作中如饥似渴地学习,在工作中不懈探索语文教学的真谛。通过长期学习和探索,领悟教学规律;通过总结并完善自己的点滴经验,提高工作水平,于是就有了一些学习心得,有了一些科研成果,有了一些自认为有特色的、较为成功的教学案例。本书就是这些经验的结晶。

在这30多年中,我深深体会到"语文教师的专业化是一个理念,更是一个过程"的含义。语文教师只有与教学实践结合,与教学理论结合,吸收先进的教学经验,才能日益实现专业化! 在这30多年中,我深知不少语文教师的困惑:有一些纯教育理论的著作,包括教育学、心理学、语文教学法、语文教育学(或语文课程与教学论)的论著,教学实践中很难用得上;有一些纯实践操作的著作,因缺乏具有普遍指导意义的理论支撑而无法广泛迁移。于是,一些教师从事教学实践,因理论很难用得上而不去钻研和学习理论,运用他人的实践经验,因缺乏理论的指导,只好照搬照抄。因此,近几年,我一直想编著一本既有理论意义又有实践操作的著作,尽可能"明理",又尽可能"明法"。本书就是这一想法的产物。

在长期的教学与研究过程中,一直得到我的老师、长辈、同事许许多多的关爱与扶助,在此,谨向所有关心、爱护、支持、帮助过我的人,表示衷心的感谢和崇高的敬意!

由于本人的水平有限,本书存在一些不当甚至错误之处以及一些不尽如人意之处,热切期待得到语文教育界广大同仁和读者的批评和指教。

段全林

2019年12月于三亚学院